社会心理学实验

温芳芳　佐斌◇编著

华中师范大学心理学国家级实验教学示范中心 组编

世界图书出版公司

广州·北京·上海·西安

图书在版编目（CIP）数据

社会心理学实验 / 温芳芳，佐斌编著 .—广州：世界
图书出版广东有限公司，2017.11（2025.1重印）
ISBN 978-7-5192-3964-0

Ⅰ.①社… Ⅱ.①温… ②佐… Ⅲ.①社会心理学—实验
Ⅳ.① C912.6-33

中国版本图书馆 CIP 数据核字（2017）第 283214 号

书　　名	社会心理学实验
	SHEHUI XINLIXUE SHIYAN
编著者	温芳芳　佐　斌
责任编辑	冯彦庄
装帧设计	楚芊沅
出版发行	世界图书出版广东有限公司
地　　址	广州市海珠区新港西路大江冲 25 号
邮　　编	510300
电　　话	（020）84459702
网　　址	http://www.gdst.com.cn/
邮　　箱	wpc_gdst@163.com
经　　销	新华书店
印　　刷	悦读天下（山东）印务有限公司
开　　本	787mm×1092mm　1/16
印　　张	15.75
字　　数	266 千字
版　　次	2017 年 11 月第 1 版　　2025 年 1 月第 3 次印刷
国际书号	ISBN 978-7-5192-3964-0
定　　价	78.00 元

编 委 会

总　序

　　自从德国学者冯特在莱比锡大学建立第一个心理学实验室开始，心理学家便采用实验的方法研究感知觉等心理学问题。随后，艾宾浩斯采用实验方法研究记忆这一更高级的心理活动，画出了著名的"遗忘曲线"。采用实验的方法研究心理学问题，标志着心理学从哲学中分离出来，成为一门独立学科。经过一百多年的发展，实验方法已经在心理学各个研究领域得到应用。应用的范围也从早期主要关注感知觉、记忆等基本的认知过程，发展到研究意识、无意识知觉、思维、社会认知等问题。认知神经科学研究方法，采用新型仪器（如脑电、核磁共振成像、眼动仪等）来研究几乎所有心理学领域的问题。除了实验方法，心理学家也采用其他研究方法和工具，如心理测量、质性研究法等。这些方法并不矛盾，只是在适用的研究问题和逻辑规则上存在一定差异。

　　心理学研究既关注基础领域的问题，揭示心理现象的基本过程和发展规律，也关注心理学知识的应用和实践。尤其是在现代社会，人类面临个人和社会发展中的各种问题，因而心理学研究力求揭示心理现象和大脑的秘密，为人类个体的幸福和社会的进步做出自己的贡献。大学的心理教学，担负着培养心理学研究者和心理学工作者的重任。教给学生心理学的研究方法，既是为科学研究打基础，也是为心理学的专业服务打基础。研究方法是心理学专业的核心竞争力，无论是对于研究者还是对于以心理学为职业的工作者而言都是如此。本书系就是为了满足大学心理学科的实验教学需要而编写的。

　　华中师范大学心理学科的历史可以追溯到 1930 年代的华中大学时期，先驱者们从美国留学回来并引进了实验心理学的方法。1949 年以后，心理学教学时断时续，直到文革结束后得以恢复。特别是2005年心理学院独立建制以来，心理学科的教学和研究得到了跨越式的发展，实验室的建设则是这种发展的支撑和保障。2009年，我校心理学实验室成为湖北省教育厅立项建设的省级实验教学示范中心。2012年获批国家级心理学实验教学示范中心，2015年获批国家级心理与行为虚拟仿真实验教学中心，成为国内首家心理学科国家级虚拟仿真实验教学中心，也是国家首批、本校首家虚拟仿真实验教学中心。

华中师范大学心理学实验教学示范中心与湖北省人的发展与心理健康重点实验室、青少年网络心理与行为教育部重点实验室共建共享。本中心的发展以心理学院的学科发展为支撑，以服务于专业建设和人才培养为目的，形成了"培养实验技能、提高实践能力、训练科学素养、突出创新教育，促进学科交叉"的教学理念。中心经过几年的建设，形成了鲜明的特色。第一，构建了依托和支撑学科发展、教学对象广泛、教学和科研相互促进的实验教学平台。第二，建立了教师教育特色鲜明的多层次、分阶段和模块化的实验教学体系，以及网络化、信息化和人性化的实验教学管理体系。第三，实验中心建设和发展具有鲜明的交叉学科和新兴学科特色。

实验课程教学资源建设是本中心的重要工作之一。根据以下指导思想，我们编写了这套实验教学指导丛书。在已有实验教学体系中，实验课程设置和实验项目安排要适应不同生源、不同专业方向的要求，从基础演示型实验到研究创新型实验，进行分层次模块化管理。总体上根据教学计划，在不同阶段根据学生的基础和培养方案，安排不同的课程。充分尊重学生自主选择，独立实验，把最新的教学思想、教学方法和实验项目反映在教材之中。通过各个层次和阶段的实验教学，培养学生的实验操作能力、实践应用能力和创新能力。实验项目设置上充分考虑到实验软件和现代化技术对实验教学提出的要求，各门课程都开设了使用现代化设备的新型实验项目。随着认知神经科学的发展，事件相关脑电位（ERP）、脑功能成像（fMRI）、眼动实验技术等也被纳入实验课程。

丛书也充分体现了实验教学与科研紧密结合的思想。实验课程教师将创新型和设计型实验项目的开设与自己的科研项目结合起来。通过教师指导学生完成实验研究，或由学生自主完成实验研究，培养学生的科学创新能力。同时，心理学实验教学还应该与社会实践紧密结合，该套丛书也体现了实验室实验与实验室外的实践活动相统一的特点。在实验课程的内容设计上，采用广义实验教学的思路，将实验室实验与社会机构实践基地的活动教学结合起来。

本丛书从 2013 年底开始组织编写，由实验中心讨论确定指导思想，明确编写思路和写作风格，选定课程及指导书名称。丛书包括实验心理学、生理心理学、发展与教育心理学、社会心理学、心理测量与人才测评、认知神经科学、心理学实验编程、学校心理健康教育实践、心理学专业实习与实践等心理学实验或实践课程。由华中师范大学心理学院富有实验和实践教学经验的一线教师编写。由于每本实验指导书的课程性质和教学形式不同，为了教学中方便师生应用，我们在体例上没有完全统一。

感谢世界图书出版公司编辑付出的辛苦劳动。由于时间和水平所限，错误之处在所难免，敬请批评指正。

郭永玉　莫书亮

2016 年 6 月

前 言

社会心理学是研究社会情境中人（们）的心理与行为规律的科学。在客观揭示人的社会心理现象与心理影响机制及规律方面，实验发挥着举足轻重的独特作用，成为社会心理学的科学研究与学科发展不可或缺的工具与方法。社会心理学家一直以来采用实验等手段与技术，探讨人们如何认识自我、知觉与评价他人，人际关系及交往，群体接触与互动，他人与社会对个体心理与行为的影响等问题。但是，在传统的社会心理学教学中，学生对社会心理学经典实验的理解大多限于社会心理学家的有趣故事和内容梗概，缺乏对实验的设计思想与具体操作过程等细节的了解与理解。鉴于此，为体现以学生为主体的现代教育理念，我们认为有必要让学生在"做中学"，在对实验的理论基础和问题渊源了解的基础上，通过学生亲自动脑动手操作实践，感受社会心理学实验巧妙设计思想的魅力，在体验实验操作中探索未知奥秘的乐趣，同时激发他们参与实践的兴趣。为达此教学目的，编写一本社会心理学实验指导书对相应的实验进行详细介绍与演示，对学生的实践操作加以引导和规范就显得尤为必要。因此，本书适用于高校教师对心理学专业的学生进行社会心理学实验指导，以期为学生的科学研究思维的培养、实验操作能力的增强以及科学研究兴趣的激发助一臂之力。

本书包括两大部分，共 12 章。第一部分为理论阐述部分，包括第一章到第三章。其中，第一章为绪论，主要对社会心理学实验的发展、实验的思想、实验的作用与意义等进行了介绍；第二章为社会心理学实验的基本原理与方法，对实验的核心变量、额外变量控制以及心理学实验设计的主要类型等进行了简要阐释；第三章为社会心理学实验的操作与伦理，对实验操作流程、实验报告撰写和相关伦理问题等进行了说明。第二部分为实验介绍部分，从第四章到第十二章，包括个人知觉、人际关系、群体心理和社会影响四方面的内容，共8个主题，每个主题按照基础型、综合型和研究型的实验性质层级递进，对29个社会心理学实验进行介绍。具体而言，第四章为社会认知，包括认知失调、印象形成、基本归因错误、面孔吸引力的感知等4个实验；第五章为人际吸引，包括外表对人际吸引的影响研究、爱情心理的研究、社会测量法的使用等3个实验；第六章为助人与人际侵犯，包括施比受更有福、观察学习、媒体对攻击性的影响等3个实验；第七章为刻板印象与偏见，包括刻板印象内容模型、内隐性别刻板印象的测量、观点采择对偏见的影响、反刻板印象信息对刻板印象的作用等4个实验；第八章为竞争与合作，包括小组竞争与合作、博弈中的竞争与合作、愿意与什么样的人合作等3个实验；第九章为群际关系与群体心理，包括内群体偏好、交叉分类改善群际关系、群体极化3个实验；第十章为社会影响，包括从众实验、少数派影响、社会助长与抑制3个实验；第十一章为态度改变与说服，包括行为与态度一致性、态度差异与宣传者可信性对态度改变的影响、恐惧诉求对态度改变的影响等3个实验；第十二章为文化心理，包括自我构念情景激活，文化与归因差异，水稻理论等3个实验。

每个实验介绍的编写体例均包括以下几个方面的内容：

1. 背景知识。导引与介绍核心概念及相关的社会心理与生活现象等。

2. 科学问题。说明实验欲解决的关键问题。

3. 变量与假设。介绍实验中涉及的自变量与因变量等核心变量以及研究假设。

4. 实验准备。对实验材料如问卷、量表、仪器等及具体操作准备加以说明。

5. 程序与步骤。介绍实验所采用的方法和整个实验流程。

6. 结果与实验报告要求。对实验的结果分析进行简要说明，并对实验报告的具体要求和建议加以说明。

7. 实验范例。对与此实验相关的经典实验或其他范式、案例等加以介绍。

8. 参考文献与推荐阅读。引用实验介绍中所涉及的主要参考文献，并推荐与实验有关的比较重要的文献。

9. 思考题。启发学生对所做实验加以深入思考。

在本书的编写过程中，我们力求突出以下几个特点：

1. 系统全面性。本书对社会心理学的经典实验的理论基础、背景知识、核心概念、首次应用、操作描述等进行了系统详细的说明，并且与时俱进地将社会心理学的新实验范式和应用进行了补充介绍。

2. 操作实践性。本书突显操作这一实验最鲜明的特点，以学生为操作主体对实验具体流程、自变量、因变量和实验刺激材料等进行了详细说明与介绍。除了让学生进行传统的实验室实验，还包括调查测量、现场研究等实践环节。

3. 层次递进性。本书依据社会心理学中"社会中人"在人际互动和社会化发展进程中"自我→人际→群际→社会"的逻辑思路，进行整个实验板块的结构设计，表现出一定的层次性。在每个板块中，各个实验之间又根据基础型、综合型和研究型进行编排设计，体现出递进性特点。

4. 思考启发性。本书在对经典实验进行介绍的同时，也对实验设计中可能存在的问题进行了剖析，并对与实验有关的其他应用加以拓展，有利于学生的思考，并且启发学生在对基础实验进行了解的基础上，进行自己的实验设计和实践活动。

本书虽然由温芳芳、佐斌编著，也凝聚着华中师范大学佐斌工作室成员的辛勤劳动与集体智慧。代涛涛、吴漾、施菁青、朱雯琪、王萌、宋莉薇、蔡馥、吴月鹏、卞宁、王苗、徐同洁、赵苗苗、谭开桦、严磊、冯轲、王咏霞、宋静静、李妍等参与了资料收集与部分章节内容初稿的撰写，孙山、代涛涛、谭潇和谢志杰等先后协助进行了统稿与校对修改方面的工作。在这里，我们对以上"佐派"参与人员表示衷心的感谢！同时，对本书存在的错误和不足之处，我们恳请读者予以指正。

编者

2016 年 6 月 22 日于桂子山

目　录

第一章　绪　论 ……………………………………………………1

　　一、社会心理学实验的发展历程 …………………………………1

　　二、实验的思想 ……………………………………………………3

　　三、实验的作用与意义 ……………………………………………4

第二章　社会心理学实验的基本原理与方法 ……………………5

　　一、核心变量 ………………………………………………………5

　　二、对额外变量的控制 ……………………………………………7

　　三、心理学实验设计的主要类型 …………………………………9

第三章　社会心理学实验的操作与伦理 …………………………13

　　一、实验操作流程 …………………………………………………13

　　二、实验报告的撰写 ………………………………………………19

　　三、实验的伦理问题 ………………………………………………21

第四章　社会认知 …………………………………………………24

　　一、实验1　认知失调 ……………………………………………24

　　二、实验2　印象形成 ……………………………………………31

　　三、实验3　基本归因错误 ………………………………………37

　　四、实验4　面孔吸引力的感知 …………………………………44

第五章　人际吸引 ·· **51**

　　一、实验 5　外表对人际吸引的影响研究 ··················· 51

　　二、实验 6　爱情心理的匹配效应 ··························· 55

　　三、实验 7　班级人际关系的同伴提名测量 ··············· 60

第六章　助人与人际侵犯 ·· **69**

　　一、实验 8　施比受更有福 ································· 69

　　二、实验 9　观察学习 ····································· 74

　　三、实验 10　媒体对攻击性的影响 ························· 81

第七章　刻板印象与偏见 ·· **88**

　　一、实验 11　刻板印象内容模型 ··························· 88

　　二、实验 12　内隐性别刻板印象的测量 ··················· 95

　　三、实验 13　观点采择对偏见的影响 ····················· 102

　　四、实验 14　反刻板印象信息对刻板印象的作用 ········· 110

第八章　竞争与合作 ·· **117**

　　一、实验 15　小组竞争与合作 ····························· 117

　　二、实验 16　博弈中的竞争与合作 ························· 122

　　三、实验 17　我们更愿意与什么样的人合作 ··············· 127

第九章　群际关系与群体心理 ···································· **133**

　　一、实验 18　内群体偏好 ································· 133

　　二、实验 19　如何改善群际关系 ··························· 141

　　三、实验 20　群体极化 ··································· 148

第十章　社会影响 ·· **156**

　　一、实验 21　从众 ······································· 156

二、实验 22　少数派影响的测量 ································· 164

三、实验 23　社会助长与抑制 ··································· 171

第十一章　态度改变与说服 ································· **178**

一、实验 24　行为与态度一致性 ································· 178

二、实验 25　态度差异与宣传者可信性对态度改变的影响 ········· 184

三、实验 26　恐惧诉求对态度改变的影响 ······················· 189

第十二章　文化心理实验 ··································· **195**

一、实验 27　自我构念的情境激活 ······························· 195

二、实验 28　文化与归因差异 ··································· 200

三、实验 29　水稻理论 ··· 207

主要参考文献 ··· **214**

第一章 绪 论

社会心理学发展至今已 100 多年，在这期间收获了不少科学果实，它用科学的方法来研究人们的思维、情感和行为是以怎样的方式受到真实或者想象的他人的影响。从 20 世纪 20 年代至今，实验法一直处在社会心理学研究方法的舞台中心。在正式讲解具体的实验操作之前，本书前三章对社会心理学实验的基本理论和方法进行了简要介绍。第一章简要介绍了社会心理学实验的发展历程，阐述了实验法的基本思想，并初步总结了实验法的作用和意义；第二章着重阐述社会心理学实验的基础原理与方法；第三章介绍了社会心理学实验的具体操作过程、实验报告的撰写以及在实验过程中针对实验者和被试的一些伦理问题。

一、社会心理学实验的发展历程

1879 年，德国心理学家冯特在莱比锡大学建立了第一个心理学实验室，从此心理学正式脱离了哲学，成为一门独立的学科，而他本人也成为了实验心理学的创始人。冯特最早对社会心理现象进行了集中研究，他认为普通心理学是研究个体心理特征的个体心理学，个体心理学只有同集体心理学（民族心理学）结合在一起，才能构成心理学的整体。冯特的个体心理学，虽然涉及高级心理过程，如语言、思维、情绪等，但毕竟处于实验心理学的开端，他的研究因缺乏适当的研究方法而遇到困境。不过他在研究民族心理学的路上却很快有所成就，在冯特看来，民族精神通过艺术、宗教、语言、神话、风俗习惯等表现出来，研究它们是唯一可靠的途径。总的来说，冯特对社会心理学的贡献是：第一，他最早从社会的立场，系统地研究人类心理现象；第二，他最早从社会心理学角度反思民族文化，揭示了个体心理发展与客观文化背景的内在联系；第三，最早研究了群体心理现象。但遗憾的是，冯特未能将社会变量引人实验室。

1897年，布莱特进行了早期的社会实验的探索，他探寻了团体对个人的影响，做了关于人们骑车速度和儿童卷线效率的研究。他发现个人独自骑车的速度比一群人一起骑车要慢20%，儿童单独卷线要比团体一起卷线慢10%。因此他得出一个结论：团体工作效率高于个人工作效率。但他的这个结论只是对一种社会心理现象的总结，忽视了其他的心理因素，比如情绪、动机等。

随着心理学的不断发展，20世纪20年代的社会心理学发生了历史中最具革命意义的转折，即研究从描述转变为实验，从定性分析转变为定量分析，从理论探讨转变为应用研究，从大群体分析转向个体和小群体研究，并从普遍论转向特殊论，而这一系列的转变也使社会心理学更走向科学。

1920年，德国心理学家莫勒在莱比锡发表了关于团体实验的研究，这被认为是社会心理学进入实验分析阶段的标志。莫勒的团体实验包括多项内容，比如，耐痛阈的测定、注意的稳定性、辨别声音的能力、计算能力、用手紧握测力机的强度等。实验结果表明，当被试与他人在一起时，其忍受疼痛的能力、辨别声音的能力、注意的稳定性和强度，都要优于独处时。他还确认，人们对群体会持不同类型的态度（积极、消极、中性），团体对个人在认知方面的影响要小于情绪、动作和意志方面的影响，由于人们对群体的态度类型不同，其行为表现亦有不同。

1924年，阿尔波特发表了《社会心理学》一书。该书所确立的实验主义与个体主义立场，具有启发意义，该书在现代社会心理学随后几十年的发展中具有举足轻重的作用。莫勒和阿尔波特成了科学社会心理学的创始人。他们的重要功绩在于首次把社会心理学理论建立在实验基础上，进行了必要的数据分析，超越了仅仅对社会心理现象的事实进行经验描述。而他们所着重的实验法使社会心理学研究能够获取有关社会实际问题的可靠的信息和知识，从而摆脱了空谈与臆见，摆脱了权威的思辨和纯理论的探讨。实验法是将人们的社会心理现象当作客观的自然现象一样观察并做定量分析，然后根据得到的信息、资料和数据来解释或调控人的行为。该方法对社会心理学由形而上学向科学转变起到了决定性作用。毋庸置疑，强调发展实验法本身，也意味着社会心理学的进步。

自科学社会心理学诞生后，实验的方法也成为社会心理学研究的基本方法。受实验法和奥尔波特对于社会心理学研究对象界定的影响，当时掀起了一个对小群体研究的热潮。1935 年谢里夫进行了关于社会规范形成的研究，1939 年勒温进行了关于社会气氛的研究，1940 年李凯尔特展开了关于自由调查技术创造的研究等等。特别是勒温所创立的著名的群体动力学，对群体的形成、群体内聚力、领导作用以及群体中人与人的关系等方面，进行了系统的研究。实验法对后来的社会心理学研究者影响巨大，自 1924 年以后，几乎所有心理学出身的社会心理学家都强调实验室工作的重要性，实验社会心理学应运而生。

实验社会心理学的建立发展对社会心理学发展的意义是划时代的，但早期的实验社会心理学却局限于在实验室内进行，而这样的情况有碍社会心理学继续发展。需要注意，社会心理现象纷繁复杂，并不能在实验室内"全篇模拟"，这也就意味着大量社会心理现象研究不能在实验室中进行。当然，实验研究并不意味着一定在实验室中开展，很多研究可以在自然情境中进行现场实验。立足于实验研究，研究者所得到的实证结果累积成一个个理论，并使其系统化。

二、实验的思想

在心理学研究中，当涉及变量与变量的关系时，大体可以分为两类：一类是相关关系，反映两个或者多个变量之间的联运关系；另一类是因果关系，表明自变量对因变量存在某种影响。实验法就是用于探寻因果关系的一种方法。其核心思想是通过操控自变量，考察因变量是否会随着自变量水平的变化而变化。当其他条件均相同时，如果因变量在自变量的不同水平上存在差异，就可以认为这种差异是由自变量的变化引起的。

实验法是建立在假设和推论的基础上的，实验的目的往往是为了对某种未经证实或有待确证的观点和假设进行检验。例如"吸烟会导致肺癌"是一个假设，同样也可以假设"吸烟不会导致肺癌"，当然这些假设是研究者依据一定理由做出的合理推断，并不能盲目进行假设。再例如，"刻板印象会导致偏见"也是一个假设。实验的目的就是对假设进行检验。为了检验假设，还需要对从假设中做出一些可以进行检验的推论。例如，当对"刻板印象会导致偏见"这一观点进行检验时，就可以推论：当激活刻板印象时，个体对目标对象有着更多的偏见和消极态度，当没有激活刻板印象时，个体对目标对象的偏见和消极态度较少。此时，只需要比较激活和未激活刻板印象的个体对目标对象的态度即可对这一假设进行检验。

根据实验设定的情境以及对额外变量的控制程度的差异，可以将实验研究分为实验室研究和现场研究。实验室研究是在实验室中通过创造和模拟情境来完成的，可以通过对情境和环境进行控制尽可能减少无关因素的影响，从而更好地考察自变量与因变量之间的关系。但在实际的研究中，很多研究对象很难或者无法在实验室中进行，如真实的班级群体和工作团队，这种情况下，虽然对额外变量的控制没有实验室那么严格，但其情境更加接近实际情况，因此实验结论更有可能进行推广，也就是说具有更高的生态效度，因此也受到研究者的认可和青睐。

三、实验的作用与意义

作为社会心理学最常用的方法，实验法具有观察法和相关法无法比拟的优势，因此要从事社会心理学的研究，掌握实验法是一项必备的技能。实验法最大的优点在于考察因果关系，即通过控制无关变量，单独考察自变量对因变量的影响。当控制其他变量之后，可以认为因变量的任何变化都是由自变量的原因引起的，而其他非实验法却只限于对现象进行描述或者对变量的关系进行预测，并不能做出因果推断。

当然，每一种方法都有其优点和缺陷，实验法也并非完美的方法。例如，实验室研究是在严格控制实验环境的条件下完成的，其结论很容易被重复和再次验证，可信度较高，但其人为性也很高，结论的推广性可能不高。而现场实验虽然推广性很高，但是由于对额外变量的控制是有限的，因此结果的可靠性会受到影响。虽然存在一些不足，但相比于其他科学方法，实验法在社会心理学中的方法学中的地位是非常突出的，也是当前社会心理学的主流和核心方法。

另外，实验法不能取代观察法和相关法等描述性方法。观察法和相关法也是社会心理学研究方法的重要一部分，它们往往可以为实验假设和设计提供初级的证据和材料，为进一步进行实验控制和探索提供丰富且重要的材料。可以说，观察和相关研究能为实验研究做前期准备，而实验研究通过操纵和控制变量能提供更为确切的和令人信服的证据来解释现象。

第二章 社会心理学实验的
基本原理与方法

　　当代实验社会心理学的兴起与发展离不开严格的实验方法。事实上，社会心理学中的许多实验控制与操作原则往往比心理学的其他分支更加严格。原因在于社会心理学面对的研究课题常常是复杂的社会问题在个体身上的体现，其中牵扯的影响因素非常多。在这种情况下，如何严格控制无关变量的影响，如何在实验室中有效地操作和测量研究的变量，则显得十分关键。

　　这一章将介绍社会心理学实验经常涉及的核心变量、实验设计的类型和实验流程。核心变量中，含自变量、因变量以及中介变量和调节变量。实验设计的类型中，着重于被试间和被试内设计的介绍。简单来说，被试间设计的特点是每个被试只接受一个自变量水平的处理，而被试内设计的特点是所有的被试都会受到每个自变量水平的处理。

　　在社会心理学实验的方法分类中，按照实验方式分类可分为实验室实验和现场实验。实验室实验是在实验条件严加控制的情况下进行的，人为控制的较强，得出的结果比较精确，但外部效度没有现场实验高，现场实验是在人们正常学习、工作和生活的情境中进行的，实验条件的控制没有实验室实验严格。

一、核心变量

　　社会心理学实验侧重对研究变量的操作与测量，在此，对社会心理实验常见的核心变量加以简要说明，如自变量、因变量、中介变量、调节变量、控制变量和额外变量等。

1. 自变量

自变量（independent variable）是研究者根据自己的实验意图，加以选择、操纵或改变的变量。通常自变量的改变会导致其他变量的变化，实验的目的就是探究自变量的变化是否会造成其他变量的变化以及产生怎样的变化，以此推测心理或行为上的改变由自变量的操纵造成。

2. 因变量

因变量（dependent variable）又叫作反应变量，是研究者观察或测量的行为或心理变量，在实验假设中随自变量的改变而改变，理想状况下因变量的测量结果取决于自变量不同水平上的操纵。

3. 中介变量

中介变量（mediator）试图反映操纵自变量后造成因变量变化的过程和机制，是统计学的中介作用模型中的概念。提出中介变量的假设是认为自变量对因变量的影响通过中介变量起作用。比如，环境温度（自变量）提高导致人的攻击倾向（因变量）上升，其中的中介变量可能是生理唤醒水平。

4. 调节变量

调节变量（moderator）是自变量对因变量起作用的边界条件，即自变量对因变量的影响在什么条件下发生。调节变量改变自变量对因变量影响的方向和强度，在分类上，调节变量的取值既可以是质的、离散的，如性别、地域等，也可以是量的、连续的，如奖励水平、群体认同水平等。比如，环境温度的提高导致人的攻击倾向上升，性别可能在其中扮演调节变量的作用。可能对男性而言，环境温度的提高会导致攻击倾向有较大幅度上升，但对女性而言，温度的上升对攻击倾向的影响较弱。

5. 控制变量和额外变量

除了自变量和调节变量，实验中还可能存在其他影响因变量的因素。为了将这些因素的影响降低到最小，使实验能够有效地将自变量的作用分离出来，研究者会采用一系列的方法对这些因素加以控制。即便如此，仍然有一些因素无法在实验中加以控制。被研究者控制的影响因变量的因素称为控制变量（control variable），而未被控制的因素称为额外变量（extraneous variable）。也可以理解为，凡是在实验中被控制，其效应与自变量效应清晰区分的额外变量即为控制变量。在有些书籍与文献中，控制变量和额外变量的概念经常混用，需要根据具体情况理解其表达的含义。

二、对额外变量的控制

当额外变量与自变量彼此独立时，心理学中使用的统计分析模型本身在一定程度上能够实现对额外变量的控制，当被试量较大，随机抽样和自变量本身的效应较大时，额外变量的影响会降低到最小。在线性模型中，额外变量被视为误差或残差，在模型假设均得到满足的前提下，随着样本量的提高，误差会彼此抵消。然而，在实际的实验研究中，额外变量与自变量常常并不独立，单纯依靠统计模型，不对额外变量采取任何控制方法是不可取的。

1. 对额外变量控制的思路

对额外变量的控制可以分为两大思路，一是在实验之前和实验过程之中施加控制，另一个则是在实验结束之后，使用特殊的统计方法控制额外变量的影响。

实验前和实验中的控制，又称为事前控制。事前控制是指在实验进行之前，在实验设计和实验流程中对可能产生影响的额外变量专门加以考虑。在下一节介绍实验设计时，会结合实验设计介绍具体的控制策略。总体而言，事前控制分为两种类型。一种类型试图使额外变量在实验过程中保持恒定，从而消除其对因变量的影响。在维持额外变量恒定难以做到时，研究者则试图平衡额外变量的作用，比如使用区组设计或拉丁方设计。

统计控制是事前控制难以做到时采用的方法。如果额外变量既不能维持恒定，也很难通过实验设计对其进行平衡（在很多情况下，平衡会导致样本量提高到研究无法承担的程度），研究者可以将额外变量进行测量后，在数据分析阶段将它的影响从自变量和因变量上剥离。经常使用的统计方法包括协方差分析和分层回归。另外，也可索性将效应很强的额外变量作为一个自变量纳入研究中。

2. 对额外变量控制的原则

控制是实验的重中之重，那么实验控制究竟要达到什么样的程度？它是否存在止境与界限？实际上，这个困扰会贯穿于整个实验的进程之中。从一方面说，出于某些理论上的考量，研究者总希望自己的实验控制能够做到深入与完美；但另一方面，一味地执着于实验控制，又可能会分散实验者的精力从而忽略了实验的核心部分。作为一个初学者，首先需要明确：实验控制是没有止境的，其原因在于实验的自变量和因变量虽然是有限的，但其他所有可能的变量是无穷的；也就是说，在有限的实验变量之外，永远存在着无穷的额外变量。因此，想将所有的额外变量都控制住，这根本就是无法完成的任务，反而还会使实验程序变得冗杂，失去可操作性。

也许这些事实会使实验心理学的初学者感到沮丧，从而认为无论怎样努力都无法进行很好的实验控制，因为总可能出现一些额外的变量。但请不要忘记：实验研究的本身就包含了这样的前提，即个体总能以某种方式理解世界。若将被试的空间位置和新陈代谢都当作是变量的一部分而加以考虑，必定会让所有的事物都变得无法理解，也违背了科学方法的初衷。

因此，我们需要以科学实验的方法来理解问题，学会接受一个现实，那就是：无法将所有变量控制到极限。而我们需要做的，就是从准备资料确立课题开始，选择那些最可能对实验造成影响的变量进行控制。至于其他额外变量，我们一方面要明白实验过程中很多额外变量的影响可能过小，因而不必多花时间；另一方面还可以依靠科学的方法来完善实验，有待将来的某些理论将现阶段遗漏的某些变量重新纳入考虑。

3. 社会心理学中一种特殊的实验控制方法

社会心理学中的许多现象受到大量无关因素的影响，常常使得传统的问卷与实验法无法测得被试真实的心理反应，比如内隐态度、内隐刻板印象等等。为了解决这一问题，社会心理学家结合统计学中的"随机效应方差分析"（random effect ANOVA），通过增加实验材料变量的方式，得以实现对这些无关因素的控制。

三、心理学实验设计的主要类型

心理学实验设计包括多种类型，在此，主要对准实验设计、被试间设计、被试内设计和混合设计加以介绍，在心理学研究中，这四种实验设计目前使用最为广泛，但并未穷尽目前已有的各种丰富的实验设计模式，随着心理学研究的进步，未来可能亦会借鉴其他领域的实验设计模式，如嵌套设计和部分析因设计等。

1. 准实验设计

准实验设计指的是不对自变量进行控制和操纵，但会按照实验的一些方法对实验数据进行搜集整理和统计分析。当严密控制的实验没有办法进行的时候，准实验设计往往能帮助我们得到实验结果。比如有的实验者由于伦理道德因素的制约，不能让被试药物成瘾或者是自然灾害等实验条件，面对这种情形，实验者只能采取准实验设计。

一般而言，在准实验设计中，实验者会选取不同被试的某个特征作为自变量，对被试的行为在这一自变量的不同水平上进行比较。例如，很多准实验经常使用被试变量作为自变量，这是由于大多数的被试变量，比如性别、年龄、种族等等是无法因为操纵而发生改变的。或者是由于社会环境因素如社会阶层、宗教或者居住区，被试是否身患疾病等等因素，这些只能通过准实验设计进行比较。实验者只是选择了在他们需要的被试变量上具有差异性的被试，却很难能够保证被试在其他变量上是同质的。在准实验设计中，实验者对额外变量的控制和自由程度都是比较小的，很难排除额外变量对于研究结果的干扰，所以得到的结果并不能完全如严密的实验控制那样把因变量的变化全部归因于自变量的变化。所以准实验的结果只能说明自变量和因变量之间的相关关系。在准实验研究中，我们只能说自变量和结果之间的相关，而不能说是这个变量的变化导致的另一个变量的变化。

随着目前统计技术的进步，也有一些统计方法能够在准实验设计条件下判定统计上的因果关系，比如 Granger 因果检验（Granger Causality Test）。

2. 被试间设计

被试间设计，又称为"组间设计"。主要特征是被试只接受一种自变量水平的处理。依据自变量的个数，被试间设计具体称为"两因素被试间设计"、"三因素被试间设计"等。

被试间设计的缺点在于由于每种处理下的被试存在不同程度的个体差异，因而就无法断定因变量的变化是由于对自变量的操纵造成，还是仅由被试间的差异所导致。解决方法就是，在被试间设计时，可以采用匹配法或随机分配法将被试的差异平衡掉或减小到最低，以保证各种处理下被试的同质性。

为了保证匹配后的被试是同质的，即被试在某一个或几个特征水平上是相同或相似的，通常采用前测的方法进行被试分组。首先，对被试进行前测，确定被试的某一特征水平，然后根据前测表现将相同或相似的被试随机分配到同一组。前测分为两种形式，一种是另选一种任务，该任务与实验作业高度相关；另一种是实验作业的初期表现，通常一个任务的前后两阶段都是高度相关的。

运用匹配技术平衡被试间的差异，使不同组的被试在各个特征上都能得到很好的匹配，以便很好地进行实验控制，是理想状态下的考量。在实际操作中遇到这些问题时应该把握如下的原则：①不可能在所有特征上都进行一一匹配，只在一些关键特征上匹配即可；②对多个特征进行匹配时可能会混淆实验结果，因为多个特征之间可能会出现交互作用；③对于一些很难测量的相关变量，通常会耗费大量时间和精力，即使进行了额外的测量也不能实现被试的匹配；④谨防回归假象。即在多次测量中，通常第一次测验的高分组和低分组在第二次测量时，分数会向平均数靠拢，导致高分组得分偏低，低分组又较第一次偏高的现象。

相较于匹配，随机化是被试间设计更为常用的一种方法，它没匹配那样需要大量的准备工作、耗费精力。随机化的过程即以相同的概率将被试分配到不同条件下接受自变量处理的过程。随机化的统计学前提是：被试组在接受不同的随机分配处理之前是相等的，即使存在差异也是随机误差，在统计允许的范围以内。

总的来说，被试间设计的优点是每名被试只接受一种实验处理，而一种实验处理不可能影响到其他的实验处理，因此避免了练习效应和疲劳效应等由实验顺序造成的影响。但被试间设计也有两个基本的缺点：第一，它需要大量的被试，因为各个自变量的各个处理水平都需要不同的被试；第二，被试的个体差异可能对结果造成一定的干扰。

3. 被试内设计

被试内设计，又称为"组内设计"。被试内设计的特点就是每名被试都接受所有自变量水平的处理。该设计可以有效节省被试人数，而且不同处理组的被试差异也得到了较好的控制。被试内设计在考察实验组与控制组之间的差异上比被试间设计更有效力，但被试内设计要解决实验处理之间以及自变量之间的污染问题。其一，不同的自变量水平在实验过程中总会存在时间间隔，因而实验者要防止偶然事件的发生，以免对实验结果产生影响。其二，由于被试先后接受不同的实验处理，顺序误差就有可能产生，包括练习效应或疲劳效应，即被试因逐渐熟悉实验后出现的提升现象或因连续作业的疲劳而出现的下降现象。

顺序误差出现后的应对方法主要是平衡法。平衡主要是对实验处理顺序的平衡，目的是为了消除或减少实验顺序效应，采用一些改变实验处理呈现顺序的方法。平衡法的逻辑在于：既然处理顺序会导致处理效用与顺序误差相混淆，那么让被试在所有可能的顺序下都接受实验处理，这样由顺序而导致的误差就受到平衡，得到的各处理结果就能归因于自变量的变化。

4. 混合设计

混合设计是一种既包括被试内设计又包括被试间设计的一种实验设计，在实验设计领域又称为"裂区设计"（split-plot design），这一术语源于最早使用混合设计的农学实验。心理学实验常由于变量众多而使用混合设计。

混合设计既要在被试间的变量处理的过程中关注被试的匹配，还要在被试内变量的处理过程中控制每一种呈现给被试的各种自变量水平之间的相互作用和影响，尤其要控制好时间顺序所造成的误差。

5. 其他的实验设计类型

除了以上介绍的四种实验类型外，还有两大类实验设计模式：嵌套设计和部分析因设计。

　　嵌套设计涉及方差分析中固定效应和随机效应的问题，对当代实验社会心理学者比较陌生。一个嵌套设计的例子：研究者希望考察两种教学法的作用，选择了四所中学进行实验，两所中学使用新式教学法，两所中学使用旧式教学法，获得了学生的学习绩效数据；现在，研究者主要希望比较不同教学法的效应，同时，也想比较两种教学法下各自两所学校之间的差异。此时，一般的两因素被试间设计无法回答这样的问题，需要使用嵌套设计。在教育心理学和组织心理学中，这样的问题出现较多，嵌套设计和与之类似的多层线性模型（multilevel linear model）更受重视。

　　部分析因设计较多运用在工业实验中，心理学实验中目前比较少见。工业领域实验主要使用组间设计，变量之间较少出现交互作用，但经常出现自变量较多、自变量水平较多的情况。自变量多、自变量水平多直接带来的结果是实验组数量近乎天文数字。如 10 个自变量，每个自变量 5 个水平，则有 $5^{10} = 9765625$ 个组，实验变成几乎不可能完成的任务。部分析因设计则主要用于解决这一问题，其思路为虽然实验涉及多个自变量，但是研究者关注的可能只是一两个具体的自变量，并不需要将所有变量之间的关系都搞清楚。因此，研究者可以在明确研究问题后，采用一系列统计方法，选出尽可能少的实验组来回答研究问题。

第三章 社会心理学实验的
操作与伦理

　　科学规范的实验流程在社会心理学实验中扮演着重要角色。实验流程主要包括五部分，分别为确定课题、选择被试、确定实验控制、数据整合和撰写研究报告。其中，研究报告的撰写是整个实验的最后一步，往往也是最重要的一步。规范的实验报告写作是在这个领域不断做出努力和贡献的必要基础。如何有逻辑地、清晰简明地将自己的研究及其贡献呈现给学术共同体，在很大程度上决定了一个实验的意义与价值。因此，本章也仔细地介绍了社会心理学实验报告的写作。并且，实验的伦理问题也越来越成为心理学研究者关注的热点，本章对此也进行了简要说明。

一、实验操作流程

　　概括而言，社会心理学实验的操作流程包括阅读文献，确定问题，确定实验类型，提出假设，选择被试，数据分析和撰写研究报告 6 个步骤。在此，对这 6 个实验操作流程进行简要说明。

1. 阅读文献、确定问题

　　选择研究问题是科学研究的第一步。研究者可以从不同的来源得到启发，从而提出自己的研究课题。一般而言，研究问题的选择通常有以下四个来源。

　　（1）实际需要。在社会生活和实际工作中存在着许多问题，这些问题亟待实验研究来得到解决。例如，拉塔内发现人们都不愿在集体工作中倾尽全力，而是有所放松、保留，针对这一现状，他提出了这样的问题：人们在集体工作中是否真的有放松现象？他们为什么要放松努力？如何解决集体工作中的这些问题？这些问题就成了拉塔内进行"社会浪费"研究的来源。类似于这种来自于实际生活中的问题，都可以成为实验研究的问题，进而再通过实验研究的方法获得明确的答案。

（2）理论需要。除了实际生活中的问题外，研究者还可以根据某些理论或学说推演出某个假设，进而对这些假设是否符合实际进行检验。

（3）个人经验。在学习、工作和日常生活中，每个人都会遇到一些与心理学相关的问题，比如，"江山易改，禀性难移"这一说法是否正确？父母赞扬孩子聪明好不好呢？针对个人经验中的这些实际问题，也能够设计出不同的实验。

（4）前人研究与文献资料。尽管实验研究不一定要从文献出发，但是研究者在确定课题之前，必须系统地查阅相关的文献。通过阅读大量的文献，研究者可以对那些已经解决了的问题有所了解，也可以发现一些尚待解决的研究问题。

2. 确定实验类型

尽管各种研究问题来源不一样，但它们都是从提出"为什么"开始的。对于这些"为什么"的科学探索，可以分为两阶段或两个类型：第一阶段是探究规定某个行为的条件是什么；第二阶段是探究某些条件与行为之间的函数关系如何。与这两个阶段相对应的实验可以分为两种类型：因素型实验（factorial type experiment）和函数型实验（functional type experiment）。

第一种类型是因素型实验，是探明规定行为的条件"是什么"的"什么型实验"，也就是探究规定行为要素的实验。在此类实验中，研究者需要逐个排除或改变那些被认为是规定行为要素的几个条件，然后根据行为是否有相应变化，来判断这些条件是否是行为的要因。需注意的是，实验过程中研究者应当严密地控制被操作条件之外的其他条件。据此，因素型实验又被伍德沃思和施洛斯贝格称为定性实验。

第二种类型是函数型实验，它是探求各种条件是"怎样"规定行为的"怎样型实验"，也就是探究条件和行为之间函数关系的实验。在这类实验中，研究者首先要根据因素型实验的结果，对规定行为的要素条件进行系统的、分阶段的改变，然后再确定条件与行为之间的函数关系，从而找出行为的法则。按照伍德沃思和施洛斯贝格的分类方法，函数型实验也可称为定量实验。

所以，在提出研究课题进行实验的同时，应明确研究的问题是属于因素型实验还是属于函数型实验。就二者的关系而言，因素型实验可以作为函数型实验的预备实验，或者是函数型实验前的铺垫。在实际研究中，许多研究者将因素型实验和函数型实验合并为一个实验来进行研究，但是如果已经确定了规定行为的要因，那么研究者就可以直接进行函数型实验。

3. 提出假设

在明确了课题及其所属的实验类型之后，还需以假设的形式提出研究问题。所谓假设是对条件和行为之间的关系的陈述。根据因素型、函数型两种实验类型，相应的假设的陈述也包括因素型假设和函数型假设两种方式。

如果 a 是对条件的叙述，b 是对行为的叙述，那么因素型假设的形式就是"如果 a，那么 b"。一切科学定律、法则虽然表面上不一定都符合这个形式，但实际上却包含了先行条件（自变量）与后继条件（因变量）的逻辑关系。

另一种表示假设的方式是使用函数关系，其方程式为 $b = f(a)$，以此显示出自变量 a 与因变量 b 之间存在的共变关系。此方程式的含义为：b 是 a 的函数，或者说 b 数量地依存于 a。

4. 选择被试

被试的选择，包括被试应具备的机体特征，选择恰当的可以代表总体的样本等。总的来说，要解决这些问题主要依赖两个重要因素：一是研究本身的性质，二是研究成果的概括程度。

研究的性质可以为实验被试的选择起指导作用。而研究成果的概括程度可以为在选择被试时如何取样提供参考和指导。心理学研究的群体规模有时可能较小，仅具备某类特征，心理学研究的主体可以是某个国家的所有人、某个民族、全部大学生、某学校的在校学生等。而选取被试样本的依据在于研究问题和根据问题推论的全体两个方面。

倘若在选择被试的过程中出现偏差，实验效度就会相应地受到影响。若要尽可能地减少这种偏差，可以采用以下两种方法：第一是随机抽样，这也是最基本的方法。随机抽选被试，换句话说，总体中每个人都有被抽中的可能性，且这种机会是均等的。此外，由于选择过程是独立的，所以一个人是否会被选择与其他人被选择是没有关联的；第二种方法是分层随机取样，此方法适用于总体由不同规模的小组和层次组成的情况。例如，研究国内成人的自我与外国人是否存在差异时，研究者就需要在中国选取相当数量的被试，且这些被试最好是由不同年龄、性别、职业、地区甚至是不同民族的成人组成的，只有这样研究结果才具有一定的代表性与说服力。

5. 数据分析

心理学实验的目的就是通过一定的实验操纵，记录实验结果，形成研究的数据或资料。心理学研究的数据大致可以分为以下四类：计数数据（enumeration-data）、计量数据（measurement data）、等级数据（ranked data）和描述性数据（descriptive data）。

一是计数数据，即按个体的某一属性或某一反应属性进行分类计数的资料。计数资料只反映个体间质的不同，而没有量的差别，例如性别、年级、专业等。

二是计量数据，即用测量所得到的数值的大小来表示的资料，例如年龄、身高、体重等。

三是等级数据，它介于计数资料和计量资料之间，可称为半计量资料。例如，成绩分为优、良、差四个等级，就能得到等级资料。

四是描述性数据，即非数量化的资料。描述性资料可以补充说明数据，使数据更有说服力。但是由于没有数量指标作为客观尺度，描述性资料在进行解释时容易主观片面。

实验结论是通过对数据的分析而得出的，因此需要针对数据的特点，选择合适的统计方法。在以上介绍的四种类型的数据中，不同类型的数据之间可以相互转换，比如可以将等级数据转换成计量数据，计量数据又可以作为计数数据使用。所以，下面主要介绍在不同变量情况下，计数数据与计量数据该如何选择合适的统计方法。

（1）自变量为计数数据，因变量为计量数据

当研究者要考察不同年级小学生的攻击性水平差异，在处理这一类数据时，最为有效的统计工具是方差分析（ANOVA）。方差分析将对应自变量每个水平的因变量数据叫作一个组，并告诉研究者各组数据之间是否存在差异。方差分

析是十分强大且常用的统计工具，甚至在数据形态并不严格符合这一方法的前提假设时（比如因变量的分布并不很好地符合正态），它也能较好地完成实验数据分析。

方差分析可以出现多个自变量与因变量。由于多个自变量的存在，可以很好地分析出不同自变量之间的交互作用；使用多元方差分析可以更好地考察多个因变量的线性组合是否随自变量的变化而呈现差异。在统计分析中使用方差分析的另一个优势是它能够通过引进协变量，构成协方差分析，对影响实验的额外变量进行控制或消除。

除了在统计中使用方差分析之外，如果实验设计比较简单，只涉及一个自变量和因变量，那么在相应的统计分析中可以选择更加简单的方法，比如 t 检验，当然不同的实验操纵需要使用不同的分析方法，具体的统计方法在心理学统计教材中都有详细的介绍。

（2）自变量和因变量都为计量数据

当自变量和因变量都为计量数据时，研究者可以考虑以下数据分析技术。

可以将计量资料的自变量降级为计数资料使用。这样，上面所介绍的诸如方差分析和 t 检验等技术也都可以适用于此类情况。

如果不希望将自变量降级使用，就应该选择一些基于相关的统计分析方法。需要指出的是，基于相关的统计分析，和此前我们所说的科学研究方法中的相关研究法，是不一样的概念。前者是一种实验数据的分析技术，实验设计本身可以保证因果推论是可靠的；而相关研究法并非实验研究，没有实验控制，因此不能做出明确的因果关系推论。

心理学研究中经常会遇到这样的情况：用多个自变量来解释单个因变量。此时，多元回归是比较常用的一种方法，因此它能够提供一个因变量对多个自变量的函数关系式。一般而言，多元回归分析可以提供多个备选的函数表达式，并相应提供关系式对研究数据的解释能力，研究者可以根据自己的理论假设和预期做出选择。

（3）自变量为计量数据，因变量为计数数据

在心理学研究中，研究者总是尽量选择等级较高的因变量，如果因变量过于简单就不能显示出自变量操纵的有效性，因此自变量为计量资料而因变量为计数资料的情况并不多见。

对于这类研究，研究者往往只是找到因变量变化的转折点，例如，在阈限实验中就是求出阈限的值。不过，研究者如果想要进行更加深入的统计处理，那么可以选用 logistic 回归分析方法。这一方法相对复杂，在心理学实验中的应用并不常见。

（4）自变量和因变量都为计数资料

此类实验是最为简单的心理学实验类型，从数据解释潜力来看也是最薄弱的实验类型。例如，研究者想知道在特定情境下的某一行为发生的概率是否存在性别差别，就会构成此类实验资料。此时，自变量为计数资料——男和女，因变量也为计数资料——出现某一行为或不出现某一行为。

由于此类实验的所有数据等级都较低，因此在数据统计技术上的选择余地较为狭窄，研究者只能采用一些非参数检验方法。对于上面的例子，较好的方法是进行卡方检验，这种方法能告诉研究者数据的频数分布（男女出现特定行为的比例）是否符合某一假定的分布（比如 1 比 1，即男女在某一行为发生概率上没有差异）。如果卡方检验推翻了关于男女出现某种特定行为的概率是 1 比 1 这一虚无假设，那就意味着在特定情境下该行为的发生率存在性别差异。

6. 撰写研究报告

撰写研究报告是心理学实验研究程序的最终步骤。此处仅列举一些撰写研究报告时的注意事项：第一，研究者需要回顾与该研究相关的前人的工作，不管前人的研究结果是否与研究者的理论观点一致；第二，研究者应该明确地描述实验设计和实验具体过程，并报告研究过程中涉及的重要信息，例如，如何操作定义自变量与因变量等；第三，其他研究者可以通过研究者的实验报告来重复验证研究者的工作，以确保研究结果能够得到科学的反复的检验；（4）实验报告中的客观描述部分与研究者的主观解释部分应清晰地区分开，这将使阅读者容易理解报告中哪部分是实验结果，哪些又是研究者对结果所做的解释。

二、实验报告的撰写

心理学实验报告一般按照美国心理学会（American Psychology Association）2001 版的《APA 出版手册》（Publication Manual of APA）（第五版）的要求进行撰写。实验报告的封面包括文章的题目、作者的姓名和所属单位以及行文标题。其中，标题应尽量简洁明了，能够总结性概括报告内容。APA 格式规定题目长度为 10 ~ 12 个单词，而中国心理学会规定的中文期刊的题目则一般不超过 20 个汉字。作者是那些对发表文章具有主要贡献，并且对数据、概念和结果解释等负责的人。作者中既可能包含论文的撰写者，也包含一些对该研究有实质性贡献的人。手稿中每页的右上角会有短标题。当手稿被打印发表的时候，这种短标题就称为行文标题，会被打印在手稿的封面上。

第二页包含短标题、摘要及关键词。摘要是对论文内容的简短又全面的概括，能让读者迅速总览论文的内容。摘要既要有高度的信息浓缩性，又要具有可读性，还要组织良好、篇幅简洁且独立成篇。好的摘要有以下特点：①准确，能准确反映论文的目的和内容，不包含论文中没有的信息。②独立，摘要应自成一体，独立成篇，对所有缩写、省略语和特殊术语做出说明。③简洁具体，摘要中每个句子都要最大限度地提供信息，并尽可能简洁。总的来说，实验报告的摘要应说明：要研究的问题、被试（相关特性）、实验方法（包括仪器、数据收集程序、方法等）、结果（如统计显著水平）、结论、应用等。关键词则一般是在摘要后，列出和文章内容息息相关的几个词或短语。此外，从第二页开始，除了最后的图片页外，每页顶端都要列出短标题和页码。

实验报告正文从第三页开始，首先是文章的完整标题，然后是引言。引言一般包括提出问题、说明研究背景、阐明研究目的和理论基础这三部分内容。要让读者认为你的研究正在对某个领域进行一定的创新和推进。

引言后是方法，在撰写方法部分时，应写上几个下一级子标题，如"被试""仪器"和"程序"等，以帮助读者快速明确相关信息。对于被试，要注意充分的描述，一般在社会心理学的实验中，需要报告是怎么将人分组的，被试的性别、年龄，被试的总数目以及分派到各个具体实验条件下的具体数目。如果有被试中途退出或被淘汰，也须说明和解释。对于仪器，该部分简单描述实验中所使用的仪器或材料以及它们在实验中的功用。对于程序，该部分说明过程中的每个步骤，包括对被试的指导语、分组情况、具体的实验操作，以及实验设计中的随机化、抵消平衡和其他控制特点的描述。

完成方法之后紧跟结果。结果的任务是对数据收集过程及所用的统计或数据分析处理进行总结，这是结果部分的任务。在该部分中，要向读者说明主要的结果或发现，尽量详细报告数据以验证结论。应选择能够清楚又经济地说明数据的报告形式，如：表格是不错的选择，能够使复杂的数据和分析一目了然。结果的撰写不须换页，小标题就打印在行的中央。需要注意的是：正文中不要直接出现图表，只需在相应位置标出图表编号即可，所有图表的详细内容都在正文之后另行打印。

结果之后是讨论部分。讨论是一篇文章中最富有创造性的部分，此处需要对研究结果进行评价，并解释研究结果的意义，特别是与初始的假设有关的结果，强调对结果的理论分析以及所得结论的有效性。在讨论开始的部分，应清楚地说明是否支持所提出的初始假设，还应说明研究结果与他人研究的异同，以及他们是怎样证明结论的。应承认研究的局限，接受而不是掩饰负面结果。一般来说，在讨论部分需要考虑以下几个问题：研究问题的重要性如何？完成的研究有什么贡献？从研究中可以得出什么结论和理论含义？研究对解释实际生活中的心理现象有何帮助？需要给出清楚、直接又明确的答案。切记不要夸大结论，要审慎地对待。

在讨论之后为参考文献。文中所引用的前人的相关研究及观点看法等，均应加以注明，并在参考文献中一一对应列出，同时参考文献中的文章或著作也必须在文中引用过。参考文献是整篇论文中写作格式最为复杂的一部分，可以参考《APA 出版手册》和最近的期刊文章。如果实验报告包含有作者注或脚注，则也分别需要另起一页写在参考文献的后面。一般研究者准备发表论文的时候，考虑受到过各方援助，需要写作者注来表示感谢，而行文过程中若有些部分需要另行注释，就按编号写脚注，但一般不鼓励研究者写脚注。

最后需要另起一页，开始正文中涉及的图和表，先表后图。表格每页一个，前面要标上号码并设置简单易懂的标题；图则首先集中报告所有的图片的编号和说明，然后每页打印一张图，背面要写上作者的姓名以及图的号码。

以上述方式组织手稿，是研究报告正式发表的条件之一。

三、实验的伦理问题

近年来，社会心理学界日益重视研究的伦理问题。社会心理学实验者对待实验研究本身要做到实事求是，对待数据客观公正。对待实验的被试要充分尊重并保护被试的权利。首先，被试是自愿参与、自由退出实验的，他们对实验研究有知情的权利。第二，不得已欺骗被试时，要及时向被试说明并加以解释。第三，要保证对被试的生理和心理最低程度的伤害，尽量避免造成参与者心理过于不适或不安。第四，要尊重被试的隐私，严格遵守为其保密的协定。

1. 实验者的伦理

研究者要审慎地搜集与处理实验数据资料，确保数据资料的正确性。要客观、正确地分析及报告研究结果。不得捏造、编造实验数据或结果，或抄袭、剽窃他人的实验数据。

依据专业的判断，决定最适当的资料分析工具与方法；不迎合预期目的，而任意选择最为方便的工具和方法。要采用最适当的分析方法，针对搜集到的所有资料进行分析，不可刻意选择或舍去实际的实验资料。实验者需根据实验结果做与事实相合的诠释与推论，详实描述研究的方法与结果。研究者要秉承科学态度，依据设计程序来搜集资料。数据和资料分析之后，客观诠释资料所代表的意义，并详实报道分析的结果，不可刻意隐瞒或遗漏，客观呈现研究结果。

初学者非常害怕遇到与预期不符的结果。直接报告实验失败，或强行篡改数据使之与预期相符，两者均不可取。实验失败后，应认真思考未获得理想结果的原因。面对失败的结果，应当从实验的假设、材料、操作过程、被试的属性、测量工具和统计方法等诸多问题上去思考。严格意义上说，不显著的实验往往蕴含着新的科学现象，这些现象能否被真的发现，取决于实验者的理论功底和实验态度。

2. 针对被试的伦理

（1）知情同意和自由自愿原则

被试是自愿参与，并可以自由退出实验的。他们有拒绝参加或者中途退出研究的自由，研究者应尊重这个权利，并遵守承诺。

"知情同意"（informed consent）是以人为被试开展实验需要遵守的首要原则。研究者应首先对研究对象解释清楚研究目的和过程，在其充分了解的基础上，征得书面认可。对于未成年的研究对象，除当事人同意外，还要征得其法定监护人的认可。

如果研究者的研究进程需要进行录像或者拍照，事先应获得对象的同意。但如果研究本身不涉及个人隐私，比如记录公共大众行为等，则不需要事先征求同意。

研究者为获取被试的参与意愿，在向其解释研究的目的意义和现实价值时，要清楚地阐释研究成果所带来的好处与坏处。研究者不能勉强被试参与，更不宜采用金钱或其他不当诱饵来让被试参与。此外，研究者应跟被试解释清楚，他们有权利了解和使用研究对象本身的资料。

此外，研究者应让被试知道，他们完成实验后可以立即向研究者询问研究结果以及结论。研究者有义务向被试解释说明研究的目的和内容。如果由于特殊原因，不能立即提供这些信息，研究者应向对象解释说明。

（2）事后解释说明原则

研究者不得采取欺骗隐瞒的方式来获取搜集研究数据，除非此研究具有很重要的理论与实践价值，且没有其他可行策略时，可以采用欺骗隐瞒的手段，但前提是不对被试的身心造成影响和伤害，符合研究伦理规范。当有些研究设计需要采取欺骗手段时，如从众实验中的假被试，研究者应在实验结束后向被试加以解释说明。

（3）最小风险与伤害原则

实验必须以保护研究对象的身心免受痛苦和伤害为前提。要保证对被试的生理和心理最低程度的伤害，尽量避免造成参与者心理过于不适或不安。

实验者在实验过程中要确实考虑是否会影响研究对象的身心的问题，并应维持在最低伤害可能的范围之内，如超过此范围，必须慎重考虑并以书面方式告知实验的对象。最低伤害可能的范畴即指凡参与研究可能受到的身心伤害或不愉快，不超过日常生活正常情况下身心起伏变化的范围或例行身体检查或心理测验的情形。若超过这些标准者，则属于有伤害可能的范畴。

心理实验的结果和影响具有一定的不确定因素，在整个实验进程中，实验者都应坚持"有利无害"的原则。在实验开始前，实验者应对整个实验流程进行认真分析，整体把握，制定设计好方案；实验进行中，实验者也要注意可能发生的各种安全隐患，如果发现问题，应立即终止实验；实验完成后，实验者要谨慎考虑整个实验是否对对象身心有不利影响，如果存在问题，则要及时干预，承担起相应的责任。为了有利无害原则的有效实施，实验者要有意识地提升自身道德素养和强化研究技能，始终以研究对象为中心，将他们的健康、安全、尊严和利益放在首位，保证实验的安全有序进行。

（4）隐私保密原则

要严格遵守隐私保密原则，如匿名，对照片、录像等信息加以保密。实验中获得的关于被试的资料，应严格保密或匿名。未经被试同意，其相关资料数据不得公开，即使被试同意，引用其资料时，也必须以适当的方法隐藏可能被识别的资料。

第四章　社会认知

一、实验 1　认知失调

1. 背景知识

认知失调理论由美国著名的社会心理学家 Festinger（1957）提出。此理论认为：大多数个体都有希望被看作是明礼诚信、道德高尚且富有智慧的人的需要。可有时，他们接收到一些信息，暗示他们的行为可能看起来有些粗鲁无礼、道德低下或愚蠢呆板，他们就会感到不适。这种源于个体做出一种和自己习惯的（并且通常是正面或积极的）自我概念不相符的行为而产生的不适感，称之为认知失调。

很多研究表明，认知失调是个体进行思考并产生行动的一大诱因。产生认知失调最强烈且最令人感到不舒服的情况便是个体的行为威胁到了其自身的形象。这让人感到不安的原因在于它强迫个体去直面自己认知与行为之间的差距。

认知失调总会引起个体的不适感，因而人们会尝试各种方法试图减轻这种不舒服的感觉。Aronson（1997）提出，减少认知失调的方式往往会使个体对世界的看法和自身的行为方式发生巨大的改变。那么，个体到底是如何减少认知失调的呢？主要有以下三种方式：

（1）改变自身行为，使行为与失调的认知保持一致。

（2）改变其中一项认知，从而为自己的行为寻找合适的理由。

（3）增加新的认知，从而为自己的行为寻找合适的理由。

认知失调理论可用于改变个体的态度或行为，Aronson（1994）的研究发现，以下六个因素会对以认知失调理论为基础的干预的潜在效果产生影响：

（1）选择权：被试有自主决定是否参与实验的权利。

（2）对过去不当行为的认识：通过使被试接触到一些相关的信息，使其意识到自己过去的某些行为是不正确的。

（3）公开：通过某些特定的方式，使得被试将主试要求其发表的观点公之于众。

（4）对将来得当行为的承诺：被试在认识到以往不当行为之后，公开承诺今后要做出得当的行为。

（5）向别人传教：在包含以上四个因素的基础上，号召他人也做出得当的行为。

（6）威胁自我概念：即个体做出基于以上五种要素的行为后，由于其公开发表的内容与其自我概念的不一致性，而出现的威胁其自我认知的现象。

而 Monteith 和 Devine（1993）的研究表明个体辩解水平的高低，即外部理由也是影响个体态度或行为改变的重要因素。他们研究发现，从低辩解（外部理由不充分）的个体上发现其行为与态度可能发生的改变，但不能在高辩解的个体上看到类似的改变。当个体发觉自身的行为与其自我认知发生冲突时，便会从内外部寻找理由。而当他认为是外部原因导致当前局面时，他便找到了充分的外部理由，从而不会对自我概念产生威胁；相反，当个体无法找到充分的外部理由时，便会从自己身上找原因，此时他的行为就会与其原本的自我认知产生矛盾，引发认知失调。为了减轻这种失调带来的影响，他便会开始尝试说服自己，改变原本的认知，以求达到认知与行为的一致性，从而出现了态度的改变。

2. 科学问题

当个体被劝说去接受并支持一种与自身认知相反的态度或说法时，随后便可能发生在被劝说方向上的态度改变。费斯汀格对此的解释是：当个体被迫发表或做出与自己本身态度不相符的事情时，便会体验到一种"认知失调"，而承受的压力越大，相应的失调程度越轻。然而这是建立在个体实际上已经获得了对立立场的情形下的。若考虑到对立立场的言语化（即找理由辩解以支持该立场的合理性）问题，则存在不确定性。有研究表明，言语化可能会对降低认知失调产生影响。费斯汀格提出的认知失调理论提供了这样一个可能性：对对立立场的言语化可能是因为认知失调而引起的态度改变的其中一个方面。那么，对于对立立场的言语化究竟是增加了态度改变的量还是降低了态度改变的量呢？

3. 变量与假设

采用 2（情境：态度—文章 vs. 文章—态度）× 2（辩解水平：高 vs. 低）被试间设计。"态度—文章"情境条件是指先确定被试的态度，再让他们写文章；"文章—态度"情境条件是指被试做出决定后马上让他们写文章。

研究假设：

（1）个体若在某个问题上选择对立立场，便会引起认知失调及之后在该立场上发生的态度改变。

（2）对于对立立场的言语化倾向于阻碍由认知失调引发的态度改变。

4. 实验准备

问卷中的题目为开放性问题，其中包含一个对辩解处理的检验问题。被试会被问道："你认为在主试所建议和要求的那一方面态度上写出的文章中的论点是被迫的吗？你觉得这种强迫程度如何？"其他问题包括检验降低认知失调的可选择途径，被试会被问道："在什么程度上，你不能够将自己与所写文章中的理据联系在一起？""从你的角度看，你觉得我们要求被试举出可能反对他们的论点是公平的吗？""若你把写这篇文章仅仅当作是参与到一种学术研究中，你会感觉舒服些吗？"

5. 程序和步骤

主试向被试介绍这是一项对于"学校禁摩"的看法和意见的调查。被试被随机分成四个小组：分别为"态度—文章"高辩解组，"态度—文章"低辩解组，"文章—态度"高辩解组和"文章—态度"低辩解组。

在介绍完下列指导语后，要求被试写一篇文章：

我们调查的目的是要从对这一举措持不同观点的两边都收集到证据。最好的办法就是让学生通过写文章的方式表明其态度。我们已经收集到很多文章支持"学校禁摩"，因此我们现在真正需要的是反对"学校禁摩"的文章。当然，如果你真的想的话，也还是可以写支持"学校禁摩"，但这不是我们现在需要的。而且，了解持不同观点的人在文章中提出哪些不同的论点是非常有意思的。

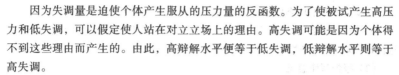

因为失调量是迫使个体产生服从的压力量的反函数。为了使被试产生高压力和低失调，可以假定使人站在对立立场上的理由。高失调可能是因为个体得不到这些理由而产生的。由此，高辩解水平便等于低失调，低辩解水平则等于高失调。

在高辩解水平下，主试要对被试说明：

因为写反对"学校禁摩"的文章，你的做法将对我们研究交流中心将这种新的研究方法运用到其他领域起到很大的帮助。我希望你能够帮助我，因为为了证明这种研究方法的可行性并运用到我的论文中，我必须得到更多反对"学校禁摩"的文章。全靠你了！大多数人都按我的这种要求写出了文章，我希望你也一样。

而在低辩解水平下，省略了以上指导语，只是简单地要求被试写站在对立立场的文章。

被试的态度将根据他们在标有"强烈反对学校禁摩"和"绝对支持学校禁摩"的答题纸上的选项而定。

在"态度—文章"情境组，被试一旦做出决定，就立即告知他们：

现在你已经决定写一篇反对"学校禁摩"的文章了，我需要你们回答以下两个问题。需要说明的是，这仅仅只是研究的一部分，并没有与调查相关的事情要做。你们在问卷上填写的答案与最终的管理措施无关，而只是用于科研。我们想知道的是个体对于这样的调查情境下的一般态度所能达到的程度将如何影响其在文章中写出的论点的质量与数量。这只是为了得到现在所采用的研究方法的效度而使用的一种方式。因此，很感谢你们参与到这次调查中，若你们能够尽量真实地回答问卷的话，请给出你们对此事相关的个人看法。

随后要求被试写文章然后完成问卷。该问卷是用来测量辩解的成功程度以及降低失调的可供选择的办法。

在"文章—态度"情境组，被试做出决定之后，马上要求他们写文章。写完文章之后再完成问卷。

被试分别有十分钟的时间写文章和填写问卷，在这二十分钟内要保证他们不被打扰。

6. 结果与实验报告要求

（1）数据分析

将被试在情境这一变量的两个水平（水平一：态度—文章；水平二：文

章—态度)上的平均态度分数进行 t 检验,比较平均态度分数的差异。

另外,在"态度—文章"情境下,对高辩解组与低辩解组的平均态度分数进行 t 检验,比较平均态度分数的差异。

(2)报告写作意见

实验报告的写作中需要注意以下几点。首先,学生关于"学校禁摩"的态度问题要以大学本科生匹配组的前测数据为基础,观察这些数据是否显示在这一措施两个方面都有很强的偏见,尤其是在支持"学校禁摩"方面。之所以选择这些态度是因为大多数被试都站在问题的一个方面,而且两方面都有较高的涉入。因此对于被试来说,通过降低对问题的重视性而减轻失调带来的紧张感是十分困难的。其次,因为这些态度都被假定为是阻抗性的,因此任何由实验控制而导致的态度改变都应当是检验假设的有说服力的实例。最后,尽量用图表的形式来呈现结果,进行对比说明。图表呈现方式更为直观,便于对实验结果有更好地理解。

7. 实验范例

费斯汀格关于认知失调的经典研究:"一美元与二十美元实验"

费斯汀格和其学生卡尔斯密斯1959年所做实验揭示了个体会在什么情况下进行自我辩护以及态度转变的内在机制。其实验程序包括以下四个步骤。

(1)实验者要求被试花费两个小时时间完成"表现测量"任务。实验者需向被试解释实验目的:被试需要参与一系列实验,并在实验之后对这些实验进行评估以期未来的研究能够达到更好的效果。如果愿意成为被试须接受一个面谈,希望被试在实验过程中能够做到完全诚实并配合。被试在实验中需完成的任务包括:将12个绕线框放在托盘上,随即将托盘清空,再重新将绕线框放进托盘。被试被告知需一只手按照自己的速度重复这一过程共半个小时时间。之后,实验者将绕线框和托盘撤去,又给被试一个钉着48颗方钉的木板,并告诉被试任务是将每一颗方钉沿顺时针方向旋转90°,然后再转90°……同样地,将这一过程重复半个小时时间。

(2)在步骤1完成后,实验者向被试解释原定的被试因为某些原因不能按时参加实验,因此请求他们继续完成之后的实验。实验者将被试分成三组:其中一组为控制组,他们没有得到报酬,也不需要说谎。另外两组为实验组,他们需帮助实验者对等待实验的其他被试谎称实验过程实际上非常有趣和愉快。两组实验组中，一组被试获得20美元作为协助研究的报酬，另一组则仅获得1美元，如表4-1所示。

表4-1　认知失调实验组和控制组操作

控制组	实验组	
不说谎	说谎	说谎
无报酬	报酬1美元	报酬20美元

（3）实验者随后把已完成所有实验的被试带入一个房间，他在实验之前曾在那里等待，而下一个被试（一个女孩）正等在那里。实验者要求做完实验的被试对还未做实验的被试介绍一下实验的相关信息。实验者随即借故离开房间，并说明两分钟之后会回来。这个女孩实际上是研究助手假扮的，她在被试对实验做出积极评价之前几乎不怎么发表自己的意见。直到被试向她说明实验过程很有趣，她才开始表现惊讶，说自己的一个朋友一周前也做过这个实验并向她抱怨实验的过程非常无聊，劝她不要来参加这个实验。大多数被试面对这样的情况会说："呃，不是这样的，实验其实真的挺有趣的，我相信你会喜欢的。"那个女孩，安静地听完被试的表述，"接受并同意了"被试所说的话。他们的对话内容会被隐藏的磁带记录下来。

（4）在以上过程结束后，实验者要求被试使用一个11点计分的量表对于实验过程的有趣程度和参加此类实验的意向进行评估。量表问题如下：

①实验任务有趣吗？②这系列实验给了你一个你了解自己完成这些任务的能力的机会吗？③你认为实验结果会具有科学价值吗？④你愿意参加另一个相同的实验吗？

而对这四个问题的解释分别为：

（1）实验任务有趣吗？

被试对于这个问题回答的结果，对实验来说是最关键的。原因在于这些数据会直接涉及具体的失调问题，而失调正是通过涉及无聊和枯燥的实验任务而产生的，因此它是实验中最主要的独立变量。

（2）这系列实验给了你一个了解自己完成这些任务的能力的机会吗？

这个问题是内含的，因为其对由实验所引起的失调几乎不起作用，而且也不用于降低失调。

（3）你认为实验结果会具有科学价值吗？

引入该问题的原因是很可能有差异出现。因为对被试来说，有许多方法可以降低由实验所导致的失调。

（4）你愿意参加另一个相同的实验吗？

对被试来说，这个问题与实验所产生的失调有关系。他们觉得实验越有趣，参与类似实验的意愿可能就越强烈。因此可以预测：被试对于这个问题的答案产生的结果可能会与第一题类似，但程度上可能会弱一些。

本实验用金钱作为诱因，使被试完成一系列无聊的实验任务，然后要求其告诉还没有做实验的被试这些实验是有趣的，得出两个结论：一是若某个体是因为外部动机（如奖励）而做出与自己观点相反的事情，他将会改变自己原来的观点以符合当前的做法。二是用于引起表面行为的压力越大（超出了引发行为所必需的压力），则观点改变的倾向越小。

8. 参考文献与推荐阅读

Aronson，E.（1988）. *The Social Animal*（*5th Edition*）. New York：W. H. Freeman and Company，pp. 113－115.

Aronson，E.（1994）. On the motivation alnature of cognitive dissonance：Dissonance as psychological discomfort. *Journal of Personality and Social Psychology*，*67*（3），382－394.

Aronson，E.，Wilson，T. D.，Akert，R. M.（侯玉波译）.（2007）. 社会心理学（第五版）. 北京：中国轻工业出版社.

Festinger，L.（郑全全译）.（1999）. 认知失调理论. 杭州：浙江教育出版社.

Festinger，L.，& Carlsmith，J. M.（1959）. Cognitive consequences of forced compliance. *Journal of Abnormal and Social Psychology*，*58*，203－210.

Monteith，M. J.，& Devine，P. G.（1993）. Self-regulation of prejudiced responses：Implications for progress in prejudice-reduction efforts. *Journal of Personality and Social Psychology*，*65*（9），469－485.

9. 思考题

（1）认知失调的基本原理是什么？

（2）减少认知失调的主要方式包括哪些？

（3）会对以认知失调理论为基础的干预的潜在效果产生影响的因素包括哪些？

（4）想一想，生活中有哪些和认知失调相关的实例？

（5）你认为费斯汀格关于认知失调的经典研究有哪些优缺点？

（6）你认为将基于认知失调理论的干预措施应用到实际生活中时应该注意些什么？

二、实验 2　印象形成

1. 背景知识

印象形成（impression formation）是社会心理学的重要研究领域。印象是我们最初在遇到某一个人的时候，根据自己的主观理解而形成的对别人的评价。印象作为我们认识了解他人和是否采取下一步行动的依据，会直接影响到我们的人际交往和人际关系的质量。而个体首次接触客观事物后在头脑中形成的较为深刻的具体形象，被称为第一印象。它能够影响个体的认知，并成为其之后交往的重要依据之一。

印象形成作为一个复杂的社会互动过程，不同的研究者对其定义也有所不同。其在《心理学百科全书》中被定义为：人们第一次遇见陌生人或在与之交往的初始阶段，根据有限的信息资料所产生的是否喜欢他的感觉和对其人格的认知。此定义指出印象形成过程产生的时间点。而《心理学词典》对印象形成的定义为个体协调零星的信息，形成一种广泛的综合性印象，强调了印象形成的加工过程及认知层面。国内学者俞国良（2006）则认为印象形成是个体对认知对象的某些属性做出判断或对其总体特征形成印象的过程。这些定义从多个角度表现出了印象形成过程的不同层面。

在生活中，对个体而言，对别人形成某种印象是一种司空见惯且自然发生的认知活动。而且印象形成的过程是短暂的，我们常根据很少量和片面的信息迅速地形成对于别人的印象。试想：假如我让你去见一个你从未谋面的人，并且在见面之前我向你简要地介绍了一下这个人：他口才很好、有进取心且有点洁癖。那么你会把他想象成什么样？你喜欢与他交往吗？当你们见面的时候你会选择以什么方式与他交流？也许你能够对这些问题做出回答，而你的依据不过是我向你介绍时所用的三个形容词而已。正如 Asch（1946）在自己研究中所说的那样：

"我们一见到某个人就会立即在头脑中形成与他的性格有关的某种印象。瞬间的一瞥、寥寥数语的交谈就足以让我们对一个极其复杂的生命有大致的了解。我们知道，这种印象的形成速度惊人而且没有丝毫困难……我们所具有的这种了解他人性格的惊人能力……是社会生活的先决条件。这些印象是以什么方式形成的？是否有一些规律制约着这些过程？"

实际上，我们往往会在很短的时间内获得与某个体相关的很多信息，一些与他人交往的新经验也有可能会影响已有的印象。个体会加工并整合这些获得的信息，从而形成一个整体的印象。心理学家就给如何进行印象形成的信息整合，提出了以下三种不同的模式：

一是加法模式。大多数研究者都认为，个体对他人印象形成中的一个重要方面就是对该人某些特质及总体的积极或消极的评估，个体在对他人形成整体印象的过程中是将所有单个特质的评估的值全部相加得到的。

二是平均模式。Anderson（1965）通过一系列研究证明印象形成的加法模式缺乏一定的科学性，从而提出了印象形成的平均模式。该模式认为，个体是通过将印象形成的对象的所有单个特质评估的值平均起来，从而形成一个总体的印象。

三是加权平均模式。Anderson 对自己提出的平均模式进行了进一步的研究及修正，并于 1981 年提出加权平均模式。根据此模式，个体在印象形成过程中，虽然平均了单个特质的平均值，但会给予某些特质更多的权重，而给予其他一些特质较少的权重。换句话说，就是对每一个特质乘以它的权重之后再加以平均。其中，以下五个因素会对个体对于特质信息所赋予的权重产生影响，分别为信息的可信度，信息的效价，信息的先后顺序性，信息与当前的目的及判断是否有关，以及信息与先前印象和定型是否不一致。

2. 科学问题

在印象形成的过程中，我们需要至少掌握某人的几个特征以形成对其的印象。但在实际生活中，你不会认为某个体是由几个不同的特点拼凑起来的，而是会对其形成一种整体印象。著名心理学家 Asch 的研究表明，个体的不同特征在印象形成的过程中发挥着不同的作用，其重要性也各不相同。在个体的信息中，显然一些信息要比其他信息更为重要。那么个体对他人在形成完整印象的过程中，是怎样将没有关联的特征组织起来的呢？我们研究的关注点并不集中在个体内部人格特征是怎样组织的，而是比较注重个体在对他人形成整体印象时的认知过程是怎样的。也就是说，我们探讨个体是如何组织各种特征以形成整体印象的，这是一个认知的过程。

3. 变量与假设

研究假设：

假设某个体有 a、b、c、d、e 五种不同的特征。

（1）印象形成并不是单纯地将他人的特征相加，而是采用一种较为一体化的模式，将并无关联的特征融合在一起，即：

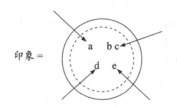

$$印象 =$$

图 3-1　印象形成采用较一体化模式的理论假设

（2）在印象形成的过程中，个人信息的重要性有所不同。有些信息比其他信息在此过程中起到更加决定性的作用。

4. 实验准备

（1）实验一特质词

两列只有一对词（"热情的"—"冷酷的"）不一样的特质词表，具体如下：

聪明的、灵巧的、勤勉的、热情的、坚定的、实际的、谨慎的。

聪明的、灵巧的、勤勉的、冷酷的、坚定的、实际的、谨慎的。

（2）实验二特质词

两列只有一对词（"礼貌的"—"粗鲁的"）不一样的特质词表，具体如下：

聪明的、灵巧的、勤勉的、礼貌的、坚定的、实际的、谨慎的。

聪明的、灵巧的、勤勉的、粗鲁的、坚定的、实际的、谨慎的。

5. 程序和步骤

实验一

（1）将被试随机分成 A、B 两组。

（2）主试要求被试仔细听一组描述人特质的形容词，并对该个体形成一种印象。两组被试听到的特质词分别为：

A 组：聪明的、灵巧的、勤勉的、热情的、坚定的、实际的、谨慎的。

B 组：聪明的、灵巧的、勤勉的、冷酷的、坚定的、实际的、谨慎的。

（3）要求被试对该个体写一段简单的描述，并从 18 对词义相反的形容词中选出自己认为最能恰当概括该个体的词。

实验二

（1）将被试随机分成 A、B 两组。

（2）主试要求被试仔细听一组描述人特质的形容词，并对该个体形成一种印象。两组被试听到的特质词分别为：

A 组：聪明的、灵巧的、勤勉的、礼貌的、坚定的、实际的、谨慎的。

B 组：聪明的、灵巧的、勤勉的、粗鲁的、坚定的、实际的、谨慎的。

（3）要求被试对该个体写一段简单的描述，并从 18 对词义相反的形容词中选出自己认为最能恰当概括该个体的词。

我们可以注意到，对两次实验的两组被试而言，除了说明目标任务特征的形容词词表中有一个词发生变化外，其他的情况均相同。我们想要通过这两个实验探讨某形容词对被试对他人形成的整体印象的影响有何不同。

6. 结果与实验报告要求

（1）数据分析

对实验结果的测量和统计分为两个方面。一是被试对被描述的个体所写的简单叙述，二是计算不同组别的被试从 18 对词义相反的形容词中选择词语的人数所占的百分比。

（2）报告写作意见

实验报告的写作中需要注意以下几点。首先，要注意 A、B 两组对被描述的个体所写的简单叙述的区别，特别是叙述是偏积极的还是偏消极的，以此对印象形成中究竟是何种特质起着关键作用有个直观的了解。其次，我们需要注意在描述某个体的单词表中，仅仅改变一个词是否能够使他人对其形成的整体印象发生改变，这种改变的影响力如何，是影响个体印象的某些方面，还是会对个体的所有方面都造成影响。再次，在实验过程中要注意额外变量的控制。具体表现在实验材料制定的方面：两组只有一个词的差别，且把这个词放在中间，就很好地使额外变量得到控制。其原因在于印象形成存在着近因效应，所以不能把目标词放在形容词表的末尾，并且由于频因效应的存在，所以，每个词在呈现时应该只出现一次。最后，在结果呈现部分，尽量用图表的形式来呈现结果。图表呈现方式更为简洁和直观，可以方便读者快速的理解，对实验结果的印象会更加深刻。

7. 实验范例

印象形成的后续研究

在 Asch 将印象形成研究发表的几年后，Kelly（1950）将 Asch 的研究从实验室搬到了现实情境中。他将正在学习心理学课程的学生们召集起来去听一位客座教授的讲座，并向其中一半的学生呈现 Asch 研究中包含"热情的"一词的形容词表，而向另一半学生呈现 Asch 研究中包含"冷酷的"一词的形容词表。之后，客座教授来到了现场并为学生主持了时长为 20 分钟的讨论。讨论结束后，学生被要求对这位教授从不同的几个方面进行评价。结果与 Asch 的研究相似，两组学生对教授的印象存在着很大的差异。值得一提的是，"热情"组的学生与教授有更多的互动和交流，并且在提问中显得更加积极。这表明，不仅我们对某人的印象会随着核心特征的变化而改变，新印象的形成还会使我们对该个体的行为方式发生改变。

另一项探讨人们是怎样对那些自己认为可能成为朋友、约会对象、拍档或下属的人形成某种印象的实验，也是在 Asch 的研究基础上展开的（Shaw & Steers，1996）。在此研究中，主试为男女各 60 名被试提供了目标人选的外貌、代表性的行为方式、基本的人格特征和人口统计学资料（年龄、收入等），并要求被试根据提供的信息选出自己心中最佳的朋友、约会对象、拍档和下属。研究结果显示，除了约会对象外，被试在选择其他三种类型的人选时最多考虑人格特征而最少关注外表。此外，男性比女性更加注重外貌，特别是在选择约会对象时；而女性比男性更加注重人选的人格特征。

McKenna 和 Bargh（2000）将 Asch 的研究应用到网络人际关系领域。他们认为，"心理学需要找到一种可靠的分析方法对于网络中发生的与现实生活中有所不同的人际交往和社会认同感等问题进行解释"。他们通过研究指出了网络人际关系形成中与我们熟悉的印象形成的规则的不同之处：①人们之间的匿名状态在彼此认识后还能持续较长的一段时间；②相较于现实环境，网络亲密关系的产生和发展受到外貌的影响大大减少；③在人际关系的形成过程中，身体距离的作用不再那么重要。④相比于现实中面对面的人际关系，个体在网络上的人际关系的发展速度方面有较强的控制力。研究者指出，我们不应该只是一味地指责网络给处于信息时代的我们所带来的孤独和抑郁，而是应该在充分了解的基础上对这种新兴的人际交往方式进行更加广泛的研究。

8. 参考文献与推荐阅读

阿瑟. S. 雷伯.（1996）. 心理学词典. 上海译文出版社.

李晓庆，权朝鲁.（2005）. 刻板印象对印象形成过程中信息加工的影响. 心理科学，3，598−601.

心理学百科全书编委会.（1995）. 心理百科全书. 浙江：浙江教育出版社.

俞国良.（2006）. 社会心理学. 北京：北京师范大学出版社.

钟毅平，陈梦稀.（1997）. 社会认知中印象形成的记忆和认知表征研究. 心理科学，20，530−535.

钟毅平，杨治良.（1998）. 内隐社会认知：印象形成的启动效应研究. 心理学报，1，21−26.

周爱保.（1999）. 信息的性质对内隐社会印象的影响. 心理科学，22，516−520.

周爱保.（2000）. 社会印象：意识，还是无意识控制. 心理科学，4，440−445.

佐斌.（2009）. 社会心理学. 北京：高等教育出版社.

Best, J., & Addison, W.（2000）. A preliminary study of perceived warmth of professor and student evaluations. *Teaching of Psychology*，27（1），60−62.

Fiske, S. T., & Taylor, S.（1984）. *Social congition*. Reading, MA：Addison-Wesley.

Kelly, H.（1950）. The warm-cold variable in first impression of persons. *Journal of Personality*，19，431−439.

Mckenna, K., & Bargh, J.（2000）. Plan 9 from cyberspace：The implications of the Internet for personality and social psychology. *Personality and Social Psychology*

Review，*4*（1），57-75.

Roger，R. H.（白学军译）.（2004）. 改变心理学的 40 项研究. 北京：中国轻工业出版社.

Shaw，J.，& Steers，W.（1996）. Effects of perceiver sex，search goal，and target preson attribution on information search and impression formation. *Journal of Social Behavior and Personality*，*11*（5），209-227.

9. 思考题

（1）印象形成的定义是什么？

（2）印象形成的模式及特点分别是什么？

（3）印象形成过程中会出现哪些效应和偏见？

（4）人际印象形成中出现的效应及偏见会对人际关系产生怎样的影响？

（5）想一想，"热情的中心性品质"实验的核心是什么？

三、实验 3　基本归因错误

1. 背景知识

归因研究是社会心理学中一个非常重要的研究领域，回顾社会心理学的历史，基本归因偏差是其中最著名也是最有趣的归因倾向之一。

让我们设想一下这样的场景：你和你的朋友约好晚上七点在某餐厅共进晚餐。可是你一直等到 19：30，还是不见朋友的踪影。这时，你会如何就这件事情给自己一个说法呢？你会认为他是因为什么很重要的事情所以才耽搁了，还是会觉得他根本没有把你们的约会放在心上？这两种不同的选择分别代表了情境归因和倾向性归因。研究表明，一般而言，人们会更愿意选择第二种原因来进行解释，并且这种倾向非常强烈。

最早提出基本归因错误的心理学家是 Heider，而最早对此进行实证研究的是 Jones 和 Harris。直到 1977 年，Ross 通过实验证实了基本归因错误（fundamental attribution error）的存在，并对此进行了准确的定义：一般来说，对于他人的行为，我们更有可能将其用他们的内部倾向来解释，也就是更多地关注他们的人格特质或态度，而其当时所处的环境并不会成为我们注意的焦点。这种倾向便称为基本归因错误。

确切地说，基本归因错误是一种稳定的倾向，指将他人的行为自然而然地归因于行为主体的个人特征而非情境因素。当然，个体的特征无法对主体行为进行完全的解释，甚至也不一定是致使主体行为发生的主要因素。从这种层面上说，基本归因错误是一种有偏差的或可以说是错误的归因倾向。而至于"基本"的含义则是指它是具有普遍性的归因倾向。

一直以来，社会心理学家都认为基本归因错误在全世界范围内是普遍适用的。然而，随着文化心理学的兴起，很多研究发现，基本归因错误并非一个简单的心理现象，其背后隐藏了不同的文化脉络。有研究发现，相较于个体主义文化，基本归因错误在集体主义文化中并没有表现得那么常见（Leung & Chan，1999；Norenzayan & Nisbett，2000）。例如 Joan Miller（1984）的研究表明，印度人在解释个体日常行为的时候会做更多的情境归因，而美国人则可能更多地做个人特质的归因。

2. 科学问题

那么我们该怎样设计实验来证实基本归因错误的存在呢？实验的主要依据如下：

人际接触为自我评价和社会判断都提供了十分重要的信息基础。然而，我们在这些社交场合中的表现却又受到自身社会角色的塑造和限制。最为典型的例子就是，不同的社会角色对接触的风格、内容和持续时间拥有不同的控制权；而这一社交控制，在角色极力掩盖自身不足时，反过来又会促进知识、技能、洞察力、智慧或者敏锐性的表现。

角色——授予在有关常识的问答比赛的自我展示中所体现出的优缺点并没有被刻意放大或是掩饰。提问者在实验过程中被鼓励去提出各种各样困难、冷僻的问题来展示他的学识，当然由于问答游戏规则的约束，提问者是知道这些问题的答案的。而至于实验中的对抗者，相反，会被阻止进行自我展现，也因此这些回答者就会无可避免地表现得非常无知。从某种意义上来说，这种实验前对参与者身份进行事先安排的做法，使得参与者所需判断的提问者和对抗者的知识储备这一项目本身就存在着不具代表性和巨大偏差的问题。

提问者和回答者这一实验设计的目的在于模拟现实世界中的特点，从而找到其中的本质特点：参与双方中的一方拥有主导权并控制着整个相处的风格，而另一方需要对这些设定和限制做出回应。问答游戏为证实基本归因错误的存在提供了一个非常好的实验方法，因为参与者们似乎非常乐意去克服那些事先设定好的偏差；这一实验也不同于许多真实世界中的相处模式，因为实验中参与者的角色很明显是随机分配的，此外，参与双方事先都已明白自己在游戏中的权利和义务并且尽力去实现这些要求。

3. 变量与假设

研究假设：

问答游戏的知觉者——既包含问答参与双方，也包含观察者——会认为游戏中的提问者的知识储备较为丰富，而回答者的知识储备较为匮乏。我们需要强调的是，这一假设始终遵循了这样一个预测，即实验中的参与者不能对实验中的偏差效应做出足够的补偿。于是我们根据这一预测继续推断可知，由于实验中的参与者以一个有偏差的范例作为"证据"来做出判断，因而，印象也会因此出现偏差。

4. 实验准备

对照组问卷准备

从"一站到底"（一个流行的电视常识问答游戏）选出的有 15 个难度适中的问题的纸质问卷。问题举例如下（括号中的为正确答案）：

（1）符号"&"的中文意思是？（和）

（2）用哪种材质的锅炒菜，对人体健康更有益？（铁锅）

（3）书画作品中的"四君子"是指哪四种植物？（梅、兰、竹、菊）

（4）好莱坞位于美国哪个州？（加利福尼亚州）

（5）沙漠之舟——骆驼的驼峰是用来做什么的？（贮存脂肪的）

（6）"两情若是久长时，又岂在朝朝暮暮"是哪位词人的名句？（秦观）

（7）瑞士是联合国的成员国吗？（不是）

（8）人体消化道中最长的器官是？（小肠）

（9）四大名茶之一的龙井茶产地是？（浙江杭州）

（10）为了便于让望远镜观测天体，天文台的房子屋顶一般被设计成什么形状的？（圆顶）

（11）白炽灯用久了会发黑的原因是？（钨丝升华）

（12）"三过家门而不入"说的是哪一位历史人物的故事？（大禹）

（13）国际女子羽毛球团体比赛的奖杯叫什么？（尤伯杯）

（14）"红娘"是元朝哪部戏剧作品中的人物？（《西厢记》）

（15）中国象棋的双方各有几种棋子？（七种）

5. 程序和步骤

实验1

（1）在被试开始实验之前，由相同的实验人员向他们解释了这一研究的目的在于弄清"人们构建关于自身知识丰富程度的印象"的过程。之后，实验人员向他们介绍了问答的形式以及每对被试者中会有一个人被选作"回答者"而另一个则是"提问者"。为了实现对于角色的随机安排，被试们通过翻背面标有"提问者"或"回答者"的卡片来决定在实验中的身份。

（2）被试被两两分成一组，被安排坐在同一房间里两张桌子上。每组的两个被试都会听到一份有关自己身份和任务的详细口头介绍，并且也能听见有关他们同伴身份和任务的介绍。

（3）包含两种性别的12对被试被设置为实验组。在情境中，提问者被要求先创作10个"具有挑战性但非不可回答"的问题给回答者。提问者既需要小心地避开太过简单的问题（例，4月有多少天？），也不能提出完全无法回答的问题（例，我哥哥叫什么名字？），并且这些问题可来自于任何他们感兴趣或是他们的专业领域（例，电影、书、运动、音乐、文学、心理学、历史等等）。提问者被要求在10或15分钟内创作出10个可用1到2个单词回答的问题，并且一旦他们遇到任何问题可以立即向实验人员求助。为了帮助提问者提出合适的问题，实验人员为他们准备了一些范例（例，墨西哥的首都？），并且还给他们提示了一些可能的领域或问题格式（例，你可以问关于你在新闻中阅读到的东西，有关特定地区的地理知识，或者问最大的……或者最高的……）。

在提问者出题期间，回答者同样在完成一个问题准备任务。不同的是，回答者的任务是出一些与随后的自我展示的优劣势无关的简单问题。实验人员给回答者的介绍中着重强调了任务的不同点：

"你作为'回答者'的任务是回答提问者当前正在出的问题。而现在，我们希望你来做一些'热身运动'，来出一些属于你自己的问题。你所出的问题不会用在实验中；出这些问题只是为了帮助你进入学习状态。而给提问者的任务介绍则是，要求他或她创作 10 道类似电视真人问答秀里那样的问题。但是，我们希望他们创作 10 道相对比较容易的问题，至少 90% 的高中一年级学生都能回答上来这些问题。"

（4）对包含两个性别的被试被设置为对照组。在对照组中，实验人员给被试们一张从"一站到底"选出的有 15 个难度适中的问题的纸质问卷。完成这一问卷主要有两个目的：①对被试的常识水平做出一个较为"客观"的评价，并且可以此作为主观评分中统计学差异的协变量（尽管差异的出现已经足够证明本实验不需要协变量分析）。②通过回答这份纸质问卷，被提问者和提问者双方都可以重新评估他们自己的知识水平。

在完成第一份问卷后，被试会被要求完成另一份问卷，挑出他们之前回答过的问题（这一问卷中，不包含与他们在纸质问卷中回答过的特别相似的问题）。实验人员会告知这些被试，"你们可以尽情修改你的评分，直到你们认为评分客观准确为止。"我们需要注意的是，在评分的过程中，被试们仅仅知道自己在纸质问卷中的表现，并不知道他们的同伴们表现是怎样的。

（5）所有的被试在问答环节结束后都会要求对自己和同伴的知识水平进行评分，并在完成评分后接受由实验者事先准备的知识测试。

实验 2

（1）从实验 1 中女性被试组中选取 2 位成员来重现实验 1 中实验组的 12 个场景。每一次重现都会由一名男性本科生和一名女性本科生作为观察者给予评价，并且每个场景都会重现两次（因而，两名参与者有机会互换各自提问者和回答者的身份）。共有从基础心理学课程中选出的 48 名被试（24 个男性、24 个女性）作为观察者参与到了实验 2 中。

（2）这些观察者会由实验人员引导，从而相信他们眼前的模拟是真实可信的——模拟中的双方都是随机获取自己在模拟中的身份，并且这个问答游戏也是现场编排的并非是事先设计好的。实验中参与者的身份安排，至少在这些观察者眼中，是遵循实验 1 中的规则，随机分配的。也就是说参与双方依旧会用翻卡牌的方式来决定自己的身份，然而不同的是，这些卡牌的背面写的都是"观察者"，而他们在游戏中的身份也是实验人员事先安排好的。

（3）实验 2 中的模拟过程与实验 1 中的实验过程相似。首先由实验人员向游戏参与者介绍规则及各自任务（同时也能被观察者听到），模拟提问者的哪一方会假装创作 10 个问题，而回答者也会假装创作 10 个简单问题。在这一问题准备的时间段里，这些作为观察者的被试同样会被要求创作如同实验 1 中被提问者类似的一些简单问题。模拟中提问者的提问以及被提问者的回答都是对实验 1 中实验双方应答反应的情景再现。如同实验 1 中的要求一样，参与双方也不能有不相关的讨论以及表达自己意见。而在问答期间，实验人员也会要求作为观察者的被试们全神贯注地观察参与者的反应，不能相互交谈。

（4）在问答模拟结束后，观察者将会对提问者和被提问者的知识水平进行评价。事实上，实验 2 中的所有由实验人员所做出的对于实验目的的说明和描述都与实验 1 中保持一致。观察者们给提问者和被提问者知识水平评价用的量表也是一样的，除了将"自己"和"同伴"两项名称变为了"回答者"和"提问者"。

6. 结果与实验报告要求

（1）数据分析

对实验结果的测量和统计分为两个方面。一是提问者、回答者和观察者评价参与游戏的提问者的一般知识水平；二是提问者、回答者和观察者评价参与游戏的回答者的一般知识水平。

（2）报告写作建议

实验报告的写作中需要注意以下几点。首先，要注意对照组问卷题目的筛选。要确定选取题目的难度是适中的，的确能够对被试的常识进行一个客观的评价。其次要注意提问者、回答者和观察者对于参与问答游戏各方的评分是否具有差异性，这是实验的关键所在。因为不同的评分者的判断都会由于在实验环境中对存在偏差的数据取样而出现偏差。最后，在结果呈现部分，尽量用图表的形式来呈现结果。图表呈现方式更为简洁和直观，可以方便读者快速的理解，并对相关结果进行比较，对实验结果的印象会更加深刻。

7. 实验范例

有争议文章作者态度中的基本归因错误

琼斯（Jones）和哈里斯（Harris）（1967）的研究也可以证实基本归因错误的存在。他们的实验室考察被试对有争议文章作者态度的归因，文章的主题为有关卡斯特罗统治下的古巴。实验者为被试学生提供文章，实验 1 中告诉他们作者自由选择亲卡斯特罗或反卡斯特罗的立场；实验 2 中告诉他们作者是被分配到某个立场的，并不能按照自己的意愿做出选择。实验结果如表4-2所示。

表4-2 Jones 和 Harris(1967)实验1和2不同条件下亲/反卡斯特罗的结果

条件	亲卡斯特罗	反卡斯特罗
实验 1		
有选择	59.6 *	17.4
没有选择	44.1	22.9
实验 2		
有选择	57.7	22.9
没有选择	41.3	23.7

*高分表示将亲卡斯特罗立场归因于作者。

研究表明，即使作者是被分配的写作立场，被试观察者仍然会高估其内部倾向的作用（作者对于卡斯特罗的真实立场），而低估外部情境的力量（无法选择自己的立场）。

8. 参考文献与推荐阅读

理查德·格里格，菲利普·津巴多. (王垒，王甦等译). (2003). 心理学与生活. 北京：人民邮电出版社.

谢利·泰勒，利蒂希亚·安妮·佩普卢，戴维·西尔斯. (崔丽娟，王彦等译). (2010). 社会心理学（第12版). 上海：上海人民出版社.

Amabile, T. M., Ross, L., & Steinmetz, J. L. (1977). Social roles, social control, and biases in social-perception processes. *Journal of Personality and Social Psychology*, *35*, 485−494.

Jones, E. E., &Harris, V. A. (1967). The Attribution of attitudes, *Journal of Experimental Social Psychology*; 3 (1), 1-24.

Leung, N. K. H., & Chan, C. C. K. (1999). Costs and benefits of ISO 9000 series: a practical study. *International Journal of Quality & Reliability Management*, *16* (7), 675−90.

Miller, J. G. (1984). Culture and the development of everyday social explanation.

Journal of Personality and Social Psychology，46（5），961.

Norenzayan，A.，& Nisbett，R. E.（2000）. Culture and causal cognition. *Current Directions in Psychological Science*，9，132−135.

9. 思考题

（1）基本归因错误的基本含义是什么？

（2）基本归因错误的特点是什么？

（3）基本归因错误的原理是什么？

（4）想一想，基本归因错误在人际交往过程中可能会产生怎样的影响？

（5）你认为基本归因错误具有文化差异性吗？

（6）除了基本归因错误，你还知道有哪些认知偏差？

四、实验4 面孔吸引力的感知

1. 背景知识

面孔吸引力心理学作为一个研究主题，过去的几十年有着快速的发展，成为了文化人类学、进化心理学和社会心理学等领域广泛关注的焦点。面孔吸引力（facial attractiveness）是指目标人物面孔所诱发的一种积极愉悦情绪体验并驱使他人产生接近意愿的程度（转引自李鸥，陈红，2010）。研究者从面孔吸引力与个体社会交往、择偶、求职、健康的关系等方面进行了探讨，发现面孔吸引力对个体社会生活的多个方面都有极其重要的影响（Buck-ingham et al.，2006；张妍等，2010）。男性和女性经过青春期第二性征的发展后逐步形成了体态上的性别二态性（马华维，俞琴燕，陈浩，2007）。性别二态线索（sexual dimorphismcues）即男性化—女性化线索（Masculinity—Femininity Cues），是决定面孔吸引力的重要指标（Enquist，Ghirlanda，Lundqvist，& Wachtmeister，2002）。Rhodes（2006）通过元分析表明性别二态线索对面孔吸引力会产生很大影响。

以往研究一致表明女性化的女性面孔更有吸引力。女性的吸引力几乎是"女性化"的代名词，因为吸引力能够预测判断一张女性面孔的性别所需的时间，同样也能预测判断此面孔女性化程度的时间（Rhodes，2006）。研究者发现被认为有吸引力的女性面孔，确实具有更多的女性化特征（梁静，李红，2010）。当人们用计算机生成的更有吸引力的女性面孔同样被认为更女性化（Johnston & Franklin，1993）。

但女性偏好男性化还是女性化的男性面孔一直存在争议，根据进化心理学中性选择的优良基因理论（good genes theory of sexual selection），女性偏好男性化的男性面孔。多元化策略权衡模型（the trade off model of strategic pluralism）表明女性对男性化面孔的偏好存在"好基因"收益（benefits）和"坏父亲"代价（costs）之间的权衡，并且文化的差异会对女性的权衡决策产生影响。

2. 科学问题

鉴于以往关于女性对男性化面孔偏好研究的争论，并且考虑到以往关于男性化与女性化对面孔吸引力影响的研究均采用的自我报告法，存在一定的主观局限性，可以结合计算机图像处理技术考察性别二态线索对面孔吸引力的影响。

3. 变量与假设

采用 2 × 2 的组内实验设计，其中，两个组内变量分别为目标性别（男 vs. 女）和性别二态线索（男性化 vs. 女性化）。因变量为行为指标，即被试对配对呈现照片吸引力评价的按键反应。

实验假设，女性化的女性面孔比男性化的女性面孔更有吸引力，男性化的男性面孔比女性化的男性面孔更有吸引力。

4. 实验准备

（1）面孔图像原型

我们需要利用计算机图像处理技术生成男性和女性的平均化面孔图像原型。我们可以从自己学校的毕业生信息采集登记照片数据库获得面孔刺激材料。所有照片为同一批在相同背景、光线条件下拍摄的正面像，共取 300 张，男女各取 150 张。按照要求，从 150 张男性照片中剔除面带表情、有胡须、配戴眼镜的部分，得到符合要求的男性彩色登记照若干张。以同样方法，从 150 张女性照片中挑选与符合要求男性照片等量张数。采用 FantaMorph 4.0，分别将男女照片合成男性和女性的平均化面孔图像原型。采用的方法是将两张照片上关键点的数值（像素）平均化而产生一张由两张面孔合成的图像，并且依此法类推，最终我们可以得到我们所需要的男性、女性平均化面孔图像原型。对于面孔图像原型的获得，可借用之前学者的研究（温芳芳，佐斌，2012）。

（2）不同性别和性别二态线索的面孔刺激材料

采用 Perrett 等人（1998）所发展的性别二态技术分别将平均化面孔图像原型照片进行男性化—女性化处理。基本原理是通过夸大或减少男性与女性的平均化面孔图像原型之间的形状差异来分别创建男性化和女性化的男性面孔。操作过程在阿伯丁大学心理学院 DeBruine 等人创建的网站 www.faceresearch.org 上实现。将男性和女性的平均化面孔图像原型上传到网站的处理程序接口，然后采用性别二态技术将照片进行处理。男性化的男性面孔图像是通过夸大男性与女性的平均化面孔图像原型的形状差异，将男性的平均化面孔图像原型偏离女性的平均化面孔图像原型方向扭曲 50%而创建，女性化的男性面孔图像则是通过减少男性和女性的平均化面孔图像原型的形状差异，将男性的平均化面孔图像原型朝向女性平均化的面孔图像原型方向扭曲 50%得到（Perrett et al.，1998；Rhodes et al.，2000），最终得到经过性别二态技术操作的不同性别的男性化和女性化的面孔图像刺激。

5. 程序和步骤

实验地点选取环境安静、无干扰的实验室对被试进行单独施测。首先，主试先告知被试指导语："一会儿，请注视屏幕中央出现的注视点，之后屏幕上将会配对出现两张面孔图片，这 2 张面孔图片之间很相似，只有非常细微的差别，请仔细观察，选择您认为更有吸引力的那个面孔。认为左边面孔更有吸引力按电脑的 C 键，右边面孔更有吸引力则按电脑的 M 键。如果您已理解以上说明，请按 Y 键开始"，使其明确任务和要求。实验正式开始前，让被试左手放在 C 键位置，右手放在 M 键位置，做好按键准备。配对出现的男女面孔刺激以随机的方式呈现，平衡了男性化与女性化的位置和不同性别面孔刺激的呈现顺序。

6. 结果与实验报告要求

（1）数据分析

我们可以应用 2（目标性别）×2（性别二态线索）二项式分析来对结果进行探究。分别研究被试对于男性面孔刺激和女性面孔刺激的偏好。

（2）报告写作意见

写作实验报告时我们应该注意以下几点。首先，应该明确基本假设如，"女性化的女性面孔比男性化的女性面孔更有吸引力，男性化的男性面孔比女性化的男性面孔更有吸引力。"其次，应该充分考虑到被试性别对于目标刺激评价的影响，应该合理利用所采集到的人口学变量信息，使得实验报告能够完整呈现。最后，在结果呈现部分，尽量用图表的形式来呈现结果。图表呈现方式更为简洁和直观，可以方便读者快速的理解，并对相关结果进行比较，对实验结果的印象会更加深刻。

7. 实验范例

性别二态线索对红色效应的调节作用研究

对于面孔吸引力的感知，之前有学者已经做过深入的研究（温芳芳，佐斌，2012）。新近研究发现红色对人际吸引会产生一种独特的心理效应（Elliot & Niesta, 2008）。一些研究者表明，男性感知到在红色背景或穿红色衣服的女性更有吸引力（Elliot & Niesta, 2008; Guégune, 2012）。显然，红色能够增加女性的性吸引力。从面孔吸引力的感知来讲，已有较多研究指出面孔中的性别二态线索与不同性别个体繁殖价值和身份地位的联系。女性化的女性往往表示其生育和繁殖能力更具优势；男性化的男性则与较高的身份、支配地位密切相关。然而，目前还不清楚，无论男性化与女性化线索，红色是否对所有年轻目标都会提高其性吸引力。通过实验我们可以探索在崇尚红色的华夏大地，对于不同的男性化、女性化线索，红色会怎样影响面孔吸引力的感知。

（1）被试

武汉某高校299名学生（男149人；女150人），中途中断、不完整答卷以及数据记录错误导致 16 份无效数据。剔除无效被试后，剩余 238 名学生（男139人；女144人），均为异性恋，年龄范围为18~26岁，平均年龄20.95岁，标准差为1.95。无任何心理疾病史，其裸视力或矫正视力正常，均无色盲或色弱，且均自愿参加，实验结束得到小礼品。

（2）实验设计与假设

本研究采用 2 × 3 × 2 的组间实验设计，其中，三个组间变量分别为被试性别（男 vs. 女），衣服颜色（红色、蓝色和白色），性别二态线索（男性化 vs. 女性化）。因变量包括：（1）性吸引力（仅限异性评价）；（2）一般吸引力判断。

（3）实验刺激材料

首先，采用计算机图像处理技术生成男性和女性的平均化面孔图像原型。

其次，实验所采用的男性和女性照片各一张从同一个数据库中选出，然后由 87 名 18—26 岁（M=20.77，SD=1.63）的大学生（男 41 人，女 46 人）对其面孔吸引力程度进行 7 分等级评价（1 表示非常没有吸引力，7 表示非常有吸引力），所选取的男女照片均为中等面孔吸引力程度，其中，男性照片的面孔吸引力评价为 M=3.94，SD=.89；女性照片的面孔吸引力评价得分为 M=4.03，SD=.86。男女照片都穿着无领 T 恤。随后，采用 Perrett 等人（1998）所发展的性别二态技术分别将两张照片进行男性化—女性化处理。基本原理是以平均面孔图片为参照物，通过夸大或减少实验照片中男性与女性的图片与平均面孔之间的形状差异来创建男性化和女性化的面孔。其中，衣服的颜色采用 Adobe PhotoshopTM 软件抓取与 Meier 等（2012）中所采用的相同红色和蓝色来填充本研究男女照片的衣服颜色。

（4）因变量测量

因变量测量均在 7 点李克特式量表上评分（1=非常不……，7=非常……）。测量主要包括：①性吸引力和亲密关系意愿（包含三个题目"您认为这个人的性吸引力水平"，"您想与这个人发生亲密关系的意愿水平"，"您对这个人有多强的性欲望"）②一般吸引力（同样包含三个题目，"您认为这个人的吸引力程度"，"您认为这个人的好看程度"，"如果您和图片人物面对面，您认为这个人的吸引力程度"）。

（5）实验程序

将被试随机分配在 12 种条件（男性化/红色/男性面孔；女性化/红色/男性面孔；男性化/蓝色/男性面孔；女性化/蓝色/男性面孔；男性化/白色/男性面孔；女性化/白色/男性面孔；男性化/红色/女性面孔；女性化/红色/女性面孔；男性化/蓝色/女性面孔；女性化/蓝色/女性面孔；男性化/白色/女性面孔；女性化/白色/女性面孔）中的一种进行实验。

采用与 Elliot 和 Niesta（2008）相同的实验程序，到实验室后，告知被试实验目的是关于对他人印象形成的实验。在被试面前的桌面上放一个文件夹，这个文件夹中包含一张面孔照片（前文提的 12 种条件之一），和一份问卷。首先，让被试打开文件夹，看面孔照片 5s，看完后，将照片拿开背面朝上放在桌上，接着开始做问卷部分。问卷内容包括被试的人口学信息和因变量测量。被试做完后，向其表示感谢，赠送小礼品离开。

8. 参考文献与推荐阅读

李鸥，陈红. (2010). 面孔吸引力的回顾与前瞻. 心理科学进展，18，472—479.

梁静，李红. (2010). 面孔吸引力研究的概览. 科教导刊（中旬刊），1，120—121.

马华维，俞琴燕，陈浩.(2007). 面孔吸引力研究方法综述. 心理科学，30，906-908.

温芳芳，佐斌. (2012). 男性化与女性化对面孔偏好的影响——基于图像处理技术和眼动的检验. 心理学报，44，14—29.

张腾霄，韩布新. (2013). 红色的心理效应：现象与机制研究述评. 心理科学进展，21（3），398—406.

张妍，孔繁昌，陈红，向燕辉，高笑，陈敏燕. (2010). 男性对女性面孔吸引力的认知偏好：来自 ERP 的证据. 心理学报，42（11），1060—1072.

Aslam，M. M. (2006). Are you selling the right colour? A cross-cultural review of colour as a marketing cue. Journal of Marketing Communications, 12 (1), 15—30.

Bosson，J. K.，& Michniewicz，K. S. (2013). Gender dichotomization at the level of ingroup identity: What it is，and why men use it more than women. Journal of Personality and Social Psychology，105 (3)，425—442.

Buss，D. M. (2008). Evolutionary psychology: The new science of mind (3rd ed.). Boston: Allyn & Bacon.

Buckingham，G., Debruine，L. M., Little，A. C., Welling，L. L. M., Conway，C. A., & Tiddeman，B. P., et al. (2006). Visual adaptation to masculine and feminine faces influences generalized preferences and perceptions of trustworthiness. Evolution & Human Behavior，27 (5)，381—389.

DeBruine，L. M.，Jones，B. C.，Smith，F. G.，& Little，A. C. (2010). Are attractive men's faces masculine or feminine? The importance of controlling confounds in face stimuli. Journal of Experimental Psychology: Human Perception and Performance，36，751—758. Elliot，A. J.，& Niesta，D. (2008). Romantic red:

red enhances men's attraction to women. Journal of Personality & Social Psychology, 95 (5), 1150—64.

Guéguen, N. (2012). Color and women attractiveness: when red clothed women are perceived to have more intense sexual intent. Journal of Social Psychology, 152 (3), 261—5.

Johnston, V. S., & Franklin, M. (1993). Is beauty in the eye of the beholder?. Ethology & Sociobiology, 14 (3), 183—199.

Meier, B. P., D'Agostino, P. R., Elliot, A. J., Maier, M. A., & Bm., W. (2012). Color in context: psychological context moderates the influence of red on approach- and avoidance-motivated behavior. Plos One, 7 (7), e40333—e40333.

Perrett, D. I., Lee, K. J., Penton-Voak, I., Rowland, D., Yoshikawa, S., & Burt, D. M., et al. (1998). Effects of sexual dimorphism on facial attractiveness. Nature, 394 (6696), 884—7.

Rhodes, G., Hayward, W. G., & Winkler, C. (2006). Expert face coding: configural and component coding of own-race and other-race faces. Psychonomic Bulletin & Review, 13 (3), 499—505.

Rhodes, G., Hickford, C., & Jeffery, L. (2000). Sex-typicality and attractiveness: are supermale and superfemale faces super-attractive?. British Journal of Psychology, 91 (1), 125—140.

Wen, F., Zuo, B., Wu, Y., Sun, S., & Liu, K. (2014). Red is romantic, but only for feminine females: sexual dimorphism moderates red effect on sexual attraction. Evolutionary Psychology An International Journal of Evolutionary Approaches to Psychology & Behavior, 12 (4), 719—35.

9. 思考题

（1）目前有哪些理论可以解释为何一些情况下女性偏好男性化的男性面孔？

（2）面孔吸引力的感知是否存在文化差异？

（3）面孔吸引力的感知是否会受到情境的影响？

第五章　人际吸引

一、实验 5　外表对人际吸引的影响研究

1. 背景知识

在社会交往过程中，外表是一个人最突出也是最可及的个人特征之一。大多数有关外貌的理论所推进的推论方法都沿着"美的就是好的"这条路线来进行。

美国历史上的首次总统大选电视辩论于 1960 年 9 月举行，当时的候选人肯尼迪和尼克松论能力势均力敌，分不出上下。但是值得注意的是，与尼克松相比，肯尼迪比较注意个人的形象，在准备上电视之前他就做好了充足的准备，养精蓄锐，因此辩论的当天，观众们看到的是精神状态非常好的肯尼迪。相反，尼克松显得颇为疲惫，没有精神，表情也很痛苦。结果，精神焕发的肯尼迪战胜尼克松当选为美国总统。虽然注重外表并不是获得当选的决定性因素，但是我们可以看到，肯尼迪注意外表形象增加了他的人际吸引力，这无疑是有助于提升他的综合竞争力。尼克松满脸的疲惫自然就缺少了人际吸引力。这告诉我们，外表吸引力发挥着不可替代和不可忽视的作用。

1996 年，沃尔斯特利用大学的迎新舞会，设计了一个实验。他先为学生们打分，根据外貌，评价学生的吸引力。在舞会中，他通过计算机，使参加舞会的大学生们随机配对，形成舞伴。舞会结束后，他让学生们评价自己舞伴的受欢迎程度。结果发现，外貌吸引力较高的学生，受欢迎的程度也比较高。

沃尔斯特等人所认为"美的就是好的"这种说法可能是有一些道理的，得到了一些证据的支持。首先，因为人们内在的品质和外表是有一些联系的，内在人格特质会影响外表。比如说，一个冷静放松的人要比一个紧张、急躁的人

的皱纹少。其次，美与丑应该具有什么样的特质是一种文化刻板印象，这种文化刻板印象又塑造了这些个体身上的特质。人们可能认为高吸引力的人要比低吸引力的人更加真诚、高尚和诚实，那么有吸引力的人就会获得更多的尊重。由于人们自我概念的形成受到他人对自己评价的影响非常之大。因此，如果一个有吸引力的人长期被认为是一个正直的人，那么久而久之，他就真的可能变成一个正直的人。

2. 科学问题

研究者们基于以上的考虑，提出了以下几个关心的问题：

（1）人们是否对吸引力不同的人应该具备的人格特质有刻板信念？

（2）这种刻板信念的准确性如何？

（3）如果外表和特质的关系确实存在，那这种联系存在的原因是什么？

3. 变量与假设

实验采用被试内设计，自变量是面孔的吸引力水平，包含三个水平：高吸引力、中等吸引力和低吸引力。因变量为人格特质和生活经历的推断。

基于以上的问题，研究者提出了以下的实验假设：

H1：人们认为，具有外表吸引力的人（男性和女性）比不具有外表吸引力的人具备更多的社会满意性的人格特质。

H2：人们预期，具备外表吸引力的个体被认为比不具备外表吸引力的个体能过上更好的生活。即，人们预期具备外表吸引力的个体更有可能成为好丈夫、好老婆、好家长，以及在社交、工作方面更加成功。

4. 方法与程序

（1）被试分别对三种照片在 21 个人格特质词上进行 6 点评级，判断照片中的人与这些特质词的相符程度。人格特质词中积极特质、中性特质和消极特质各 7 个，且特质词的顺序随机呈现。

（2）判断照片中的人可能有的生活经历，采用 6 点评分，分数越高表示可能性越高。具体包括四个指标：①婚姻美满；②成为好的父母；③社交及职业上的成功；④总体幸福。

5. 实验准备

研究者先通过预实验对 50 张照片的外表吸引力进行了评定，得出 12 张不同吸引力等级的照片。每个被试收到三个信封，每个信封里有一张与被试年龄接近的刺激目标的照片，三个信封分别装着高吸引力、中等吸引力以及低吸引力的照片。同时，为了提高实验结果的概括性以及确保评价的是吸引力的一般维度（而不是特殊的，比如头发的颜色等），实验者将 3 种等级的照片进行了 12 种组合，每个被试只随机评价一种组合。

6. 结果与实验报告要求

使用方差分析比较不同吸引力水平面孔在积极人格特质得分上的差异，如果发现高吸引力水平的面孔在积极人格特质上的得分显著高于中等吸引力和低吸引力面孔，则说明人际吸引中外表吸引力的刻板印象确实是存在的，它包含的内容可以佐证"美的即是好的"的论点。高外表吸引力的人，会被认为拥有更多的好的人格特质。

同样使用方差分析比较面孔吸引力对生活经历推测的影响，考察吸引力对婚姻美满、成为好的父母、社交及职业上的成功以及总体幸福上的影响。

7. 实验范例

"美即是好"的晕轮效应研究

研究人员选取了 60 名学生，男女各半。被试来到实验室后，主试告诉他们将进行一项有关"个体知觉准确性"的研究。实验者向被试说明："心理学研究表明，人们确实是基于一些线索来对他人形成具体的印象，但是，是什么因素导致了这些印象的准确性，至今还未得到充分的验证。在此这个研究就是比较一下不同人群对他人感知准确性的差异，主要比较的是没受过训练的大学生，和一些受过人际知觉训练的人，包括临床心理学专业的学生和临床心理学家。"

考虑到"嫉妒心"会影响实验效果（如果一个人对另一个人存有嫉妒之心，他可能会拒绝给予他认为别人应该有的地位），同时，对于有吸引力的个体被试可能对同性抱有更多的嫉妒心，因此，实验者在做实验时，将被试性别与刺激目标性别的交互作用进行考察。

（1）操作性检验：对自变量的操作检验对实验来说是很重要的，直接关系到实验的操作是否有效以及对因变量的影响。检验结果发现，实验者选取的 6 个不具备吸引力的刺激目标与具备中等程度吸引力的刺激目标相比确实被认为是更没吸引力的，同样的，具备中等程度吸引力的刺激目标与 6 个具备吸引力的刺激目标相比，后者更具有吸引力，这些都达到了统计上的显著水平。实验者选取的三种不同程度吸引力的刺激目标是有效的。

（2）被试是否会认为具备吸引力的个体比不具备吸引力或具备中等程度吸引力的个体拥有更多的社会称赞特质？嫉妒心是否会减少这个效应？因为实验被试可能更多地对同性的刺激目标存有嫉妒心，实验者考察了被试性别与刺激目标性别的交互作用，即如果嫉妒心确实对吸引力程度的主效应造成影响时，那么被试性别与刺激目标性别会有交互作用。

数据分析结果发现，具备吸引力的刺激目标确实比其他两个水平的刺激目标获得了更多的积极特质评价。嫉妒心并没有影响主效应，被试性别与刺激目标性别的交互作用不显著，也就是说，不管被试是与刺激目标的性别相同或不同，他们都认为有吸引力的刺激目标拥有更多的好的特质。

（3）被试是否认为具备吸引力的刺激目标有可能获得更有声望的工作，收获更美满的家庭，担当更好的父母，拥有更完满的社交及职业生活？实验结果也发现被试认为具备吸引力的刺激目标确实能获得声望更高的工作，同时，被试性别与刺激目标性别的交互作用不显著，无论被试与刺激目标是同性或是异性，都认为吸引力强的刺激目标获得声望更高的工作。

另外，结果也验证了，被试认为具备吸引力的刺激目标比不具备吸引力的刺激目标会成为更合格的配偶，婚姻生活更美满。关于这个结论，有学者也验证过，Kirkpatrick 和 Cotton（1951）研究表明："调节能力好的妻子比调节能力差的妻子，其外表吸引力更高。"

但是，实验结果并没有发现具备吸引力的刺激目标比不具备吸引力的刺激目标能成为更好的父母，他们的得分要比不具备吸引力目标的低，虽然这并没有达到统计上的显著水平。

与假设相同，被试认为具备吸引力的刺激目标能获得更好的社会生活和职业生涯。

（4）具备吸引力的刺激目标是否更容易结婚？被试对不同程度吸引力的刺激目标是否会更早结婚进行了判断。分析发现，被试认为具备吸引力的刺激目标更容易找到适合的伙伴、容易更早地结婚。

8. 参考文献与推荐阅读

Berscheid, E. & Hatfield, E. (1969). *Interpersonal attraction*. New York: Addison-Wesley. ca.

Clifford, M. M., & Elaine W. (1973). The effect of physical attractiveness on teacher expectations. *Sociology of education*, 248−258.

Dion, K. K., & Ellen, B. (1974). Physical attractiveness and peer perception among children. *Sociometry*, 1−12.

Hatfield, E. & Walster, G. W. (1985). *A new look at love*. Lanham, MD: University Press of Ameri.

Kirkpatrick, C., & Cotton, J. (1951). Physical attractiveness, age, and marital adjustment. *American Sociological Review*, 81−86.

Nisbett, R. E., & Wilson, T. D. (1977). The halo effect: Evidence for unconscious alteration of judgments. *Journal of personality and social psychology*, *35* (4), 250−256.

9. 思考题

（1）外表与内在人格特质、社会生活、职业生涯、家庭有什么关系？
（2）"美的即是好的"这个现象背后的原因机制是什么？

二、实验 6 爱情心理的匹配效应

1. 背景知识

神秘美好的爱情，一直广受社会心理学家的青睐。什么样的人是我们心中的白马王子或梦中情人？是与我们相似的人还是与我们互补的人？我们选择什么样的人作为伴侣才更般配呢？这些匹配效应问题一直是爱情心理领域关注的热点问题。

自 20 世纪 60 年代以来，爱情的匹配研究逐渐进入心理学者的视野，形成了两种假说，分别是相似性匹配和互补性匹配，其中相对互补性匹配而言，相似性匹配更占优势（Dijkstra & Barelds，2008）。从进化心理学的角度来看，个体选择配偶的过程并非是随机过程，而是有选择的匹配过程，往往根据自己与对方在某些特征上的相似性来加以选择（Buss，1984）。Alvarez 和 Jaffe（2004）表示这种选择性匹配过程可能基于两种配对，一种正选型匹配，即相似性匹配，也就是说个体往往选择与自己相似的配偶，另一种可能是负选型的，即个体倾向于选择与自己不相似或相反的配偶。

现有研究证据倾向于表明相似性匹配在爱情心理中发挥着更重要的作用。首先，在面孔和身体特征方面，俗有"夫妻相"的说法，现有研究也表明面孔吸引力和身体特征上的相似性匹配在爱情心理中普遍存在。研究者一致表明，相对于随机配对呈现的面孔照片，被试倾向于认为实际订婚或已婚夫妇配对的面孔相似度明显更高些（Hinsz，1989；Bovet，et al.，2012）。同样，在身高方面，日常生活中，如果看到男性远远高于女性伴侣，或女性高于男性伴侣的现象总觉得有些不协调，这可能与违背了情侣身高的男高女低，并且男女身高差异保持在一定范围内更合适有关（Seki，Ihara，& Aoki，2012）。除了身高，人们也倾向于选择与自己的身体质量指数（BMI）相似（Fisher，et al.，2014），以及外表吸引力与自己相似的人为配偶（Little，Burt，& Perrett，2006）。其次，研究者表明，伴侣在社会人口统计学特征上的相似性匹配也在爱情和婚姻中扮演着重要角色。例如，国内外一系列研究发现，伴侣在年龄、社会经济地位、受教育程度以及职业收入等方面的相似性越高，则择偶偏好越明显，夫妻关系越稳定（Hitsch，Hortacsu，& Ariely，2010；Verbakel & Kalmijn，2014）。最后，除了人口统计学上的客观相似性外，研究者将视线转向主观相似性，"物以类聚，人以群分"，在爱情心理中也存在"同类相吸"、"志同道合"的现象，除了人口统计学特征上的客体相似性外，伴侣在态度、价值观等上的主观相似性是爱情心理产生的重要基础。研究者表明，人们更容易受到与自己态度相似的人的吸引，伴侣的价值观相似度与其婚姻满意度之间呈正相关，稳定关系的夫妻也具有更多的相似观念等（Rusbult，Kumashiro，Kubacka，& Finkel，2009；Gaunt，2006；佐斌，高倩，2008）。可以看出，伴侣在客观方面，如面孔和身体特征、社会人口统计学特征，以及主观方面，如态度、价值观上的相似性匹配在爱情心理中起着关键作用（张秋丽，孙青青，郑涌，2015）。

除了相似性匹配外，互补性匹配在爱情心理中的作用也受到研究者的重视。互补性匹配指两个彼此有差异的人所形成的匹配现象。互补性匹配包括两种情形，一种情况是，伴侣的某一特点满足了自己的理想，而增加了自己对他的喜爱度；另一种情况则是，交往中的一方能满足另一方的某种需要，弥补其某方面的短处，前者对后者就产生了吸引力，如现实生活中，妻子性格外向开朗，而丈夫性格木讷内向也可以生活得很幸福。

虽然，相似性和互补性看似矛盾，实则不然，两种因素发挥的领域范围不同，相似性更多表现在兴趣、爱好、思想、观念、态度方面，互补性更多表现在性格、气质、个性等方面，即在思想观念上强调"志同道合"，在性格气质上更强调"刚柔互补"，这体现了人际交往的复杂性（佐斌，2009）。同时也表明，相似性匹配和互补性匹配在爱情心理中均发挥着极其重要的作用。

2. 科学问题

人们在爱情心理感知中，存在怎样的匹配效应呢？人们倾向于选择相似性的伴侣还是互补性的伴侣呢？相似性和互补性匹配体现在哪些方面对爱情心理选择更占优势？此外，客观相似性和主观相似性哪个发挥的作用更大呢？对这些问题进行考察，将是爱情心理的有趣主题。

3. 变量与假设

研究采用2客观相似性（客观相似 vs. 客观不相似）× 2 主观相似性（主观相似 vs. 主观不相似）× 2 互补性（互补 vs. 不互补）组间实验设计。因变量为，被试感知目标刺激与配对刺激之间的爱情般配的选择频率。

4. 方法与程序

本实验为红娘速配实验，让被试充当红娘的角色，对目标刺激与其可选择的速配对象之间的般配程度进行评价。首先，给被试呈现需要配对的目标刺激基本信息卡片，包括六个方面：籍贯、受教育程度、爱好、态度、性格和气质类型六个方面的描述，告知被试这是需要寻找伴侣的目标基本情况；然后，主试向被试发放另外可以速配的 8 个供选择的伴侣卡片资料，卡片资料操作客观相似性、主观相似性和互补性三个变量，最后，让被试选择最与目标刺激般配的对象。实验中，目标性别与被试性别注意平衡。

5. 实验准备

研究者需要对速配目标刺激的信息以及与之速配的可供选择对象信息进行编制。

（1）速配目标刺激包括 2 名目标（男目标和女目标），具体包括六个方面的信息描述：客观相似性（籍贯、受教育程度）、主观相似性（爱好、态度）、互补性（性格和气质类型）。

（2）可供速配的对象卡片信息编制，包括 8 个不同的对象信息，分别是：①与目标刺激客观相似，主观不相似，不互补；②与目标刺激客观不相似，主观相似，不互补；③与目标刺激客观不相似，主观不相似，互补；④与目标刺激客观相似，主观相似，不互补；⑤与目标刺激客观不相似，主观相似，互补；⑥与目标刺激客观相似，主观不相似，互补；⑦与目标刺激客观相似，主观相似，互补；⑧与目标刺激客观不相似，主观不相似，不互补。

（3）被试对刺激般配情况的选择卡片和个人基本信息填写问卷。此外，在实验准备的预实验中对于目标刺激和与之配对的对象信息材料需要进行操作性检验，选取让被试选择配对后，对对象与目标之间的客观相似性、主观相似性和互补性进行操作性评价，确保编制材料的有效性。

6. 结果与实验报告要求

（1）数据分析

可以应用组间设计2（主观相似性）×2（客观相似性）×2（互补性）方差分析来进行探究。我们需要了解主观相似性、客观相似性和互补性的交互作用，两两交互作用，以及主观相似性、客观相似性和互补性的主效应等。此外，也可以比较不同性别被试对不同性别目标刺激的同性与异性评价是否存在差异。

（2）报告写作建议

实验报告的写作中需要注意以下几点。首先，对预实验材料刺激编制的操作性检验进行分析，保证所编制目标刺激和配对对象刺激的相似性和互补性匹配的有效性。其次，报告结果中既包括对被试整体的配对选择分析，也包括不同性别被试对不同性别目标刺激的同性异性评价分析。再次，在结果呈现部分，尽量用图表的形式来呈现结果。图表呈现方式更为简洁和直观，可以方便读者快速的理解，并对相关结果进行比较，让读者对实验结果的印象会更加深刻。最后，在讨论中，与以往相似性和互补性对爱情心理影响的相关研究进行比较，发现本研究结果的一致和不一致之处，并通过相关的爱情心理理论加以解释说明。

7. 实验范例

熟悉性和相似性对人际吸引的影响

爱情作为人际吸引的特殊形式，佐斌、高倩（2008）通过两个情景模拟实验考察了熟悉性和相似性对人际吸引的影响。

实验1考察了相似性和熟悉性对人际吸引的影响。研究采用2×2组间实验设计，以40名大学生为被试，实验程序如下：首先让被试完成包括籍贯、专业、性格、爱好（后三项用选项控制）的"自我介绍报告单"，然后主试发放"自我报告反馈单"，告知另外一个伙伴的资料，卡片所有内容由主试根据被试的内容信息填写，卡片开头提示此伙伴与被试的熟悉程度，反馈内容分相同和不相同两种，从而操纵了熟悉性和相似性两个变量，最后让被试对合作伙伴的喜爱程度和渴望了解程度加以评价。结果发现，在熟悉水平下，被试对相似的虚拟伙伴的喜欢要显著高于对不相似的虚拟伙伴的喜欢；被试对于与自己相似的伙伴的喜欢显著高于对不相似的伙伴的喜欢；相似性在人际吸引中的作用要显著高于熟悉性在人际吸引中的作用。

实验2在实验1的基础上，将相似性分为内部和外部相似性，考察了陌生人之间与熟悉人之间人际吸引的异同。采用2×2×2组间实验设计，选取72名大学生为被试，实验程序与实验1基本相同，只是在给被试卡片二反馈的时候，略有不同，在反馈中，构成外部相似性、内部相似性和熟悉性三个变量。结果发现，在陌生人之间，双方的外部相似性越高，越能提高人际吸引的水平；在熟悉的人之间，双方的内部相似性越高，越能提高人际吸引的水平。

8. 参考文献与推荐阅读

（美）罗伯特·J·斯腾伯格，凯琳·斯腾伯格.（李朝旭等译）.（2010）.爱情心理学（最新版）.世界图书出版公司.

（美）罗兰·米勒，丹尼尔·珀尔曼.（王伟平译）.（2011）.亲密关系（第5版）.人民邮电出版社.

高倩，佐斌.（2009）.主我分享：人际吸引研究的新发展.心理科学，2，391-393.

张秋丽，孙青青，郑涌.（2015）.婚恋关系中的相似性匹配及争议.心理科学，
　　3，748-756.

佐斌，高倩.（2008）.熟悉性和相似性对人际吸引的影响.中国临床心理学杂志，
　　6，634-636.

9. 思考题

（1）为什么人们在爱情中存在相似性匹配心理呢？

（2）相似性匹配与互补性匹配哪个在爱情中更起作用？

（3）人们为什么会选取与自己互补的人作为伴侣呢？

（4）爱情心理的匹配效应存在怎样的文化差异？

三、实验7　班级人际关系的同伴提名测量

1. 背景知识

　　每一个群体的内部都会形成自己独有的人际关系结构与人际关系模式，这种人际关系结构的好坏直接影响着整个群体活动的效率以及群体的可持续性发展。如果群体中的人际关系是融洽亲密的，这个群体就会有很好的凝聚力，群体的力量就能得到有效的发挥。相反，群体人际关系如果四分五裂，这个群体的发展也是岌岌可危的。所以，为了更好地增加群体凝聚力、发挥群体的力量，对群体内人际关系结构进行研究和测量十分重要。

　　社会心理学家一直期望能对人际关系进行定量的分析。20世纪30年代美国精神病学家、社会心理学家莫雷诺（J. L. Moreno）提出了一种测量群体内人际吸引和排斥的方法——社会测量法（sociometry），也称为社交测量法。

　　人际交往是多方面的，如果一方对另一方在多方面做出肯定的选择，表明这一方对另一方的接纳程度是高的，如果这种肯定选择是双方兼具的，就意味着双方在很多方面都能接纳彼此，双方的心理距离也就小了。

　　同理，如果一方对另一方在多方面做出的是否定的选择，表明他对另一方的排斥程度是高的，如果这种否定选择是相互的，那么拒绝和排斥也是相互的，心理距离也就大了。

社会测量法具有以下几个显著特点：

（1）社会性变量的参与。人际关系和人际互动的模式、结构等是社会测量主要的关注点，这些都强调人与人之间的作用。

（2）涉及对人的某种评价。社会测量主要要求人们对他人做出某种评价，因此，可以很好地调动测量兴趣。

（3）特别适用于小群体。应用性很强。

通过在群体中使用社会测量法，可以对群体内部的人际关系以及人际互动模式、群体凝聚力等进行了解。掌握了群体中的这些信息，领导者能够更深层地熟悉和了解群体，对于制定相关方案有着良好的指导作用。同时，群体成员从这些信息中也知晓了自己在群体中所处的位置和环境，这些都有利于群体整体效率的提升和凝聚力的改善。因此，在实践方面，工厂、公司、学校、企业等在考察人际关系以及人员选拔时都用到了社会测量。

社会测量法的特点使得它被广泛地运用于各个领域的人际关系和群体凝聚力等研究。这样一种经济灵活的研究方法在教育、儿童、管理、人事、消费等许多领域已经开始发挥其不可代替的作用。

虽然社会测量的实用性很强，但是也存在着突出的局限性。人际关系十分复杂，可能受到很多其他因素的影响，如压力、特殊需求等。因此在选择过程中，肯定选择并不一定表示喜爱或者吸引。否定选择也不一定表示厌恶。同时，选择的时候并没有解释选择的原因，只存在数据上的呈现，因此只能看出表面的关系，对于深层次的因果关系并不能解释。

2. 科学问题

人际关系是相对隐蔽的交往模式，大学班集体的人际关系呈现出相对复杂的特点。大学生同伴群体的整体人际交往状况和结构如何？同伴群体中每个人的人际关系状况及其在同伴群体中的地位怎样？大学生的人际交往表现出怎样的类型特征？在此拟采用社会测量法的同伴提名法进行定量考察。

3. 变量与假设

原理和假设：社会测量法关注于群体内人际互动的模式，尤其是小群体内。以定量方法来了解一些群体特征，如人际知觉方式、群体凝聚力等。在社会测量法中，同处于一个群体中的成员或多或少地存在着相互的联系，而这种联系必然对他们的心理产生某种影响，而人与人之间的关系，会通过行为来反映，那么人们之间的相互选择行为就折射着他们心理上的距离，也就是心理学意义上的人际关系。社会测量法就是基于这一原理。

同伴提名法是最常用、最主要的社会测量法，即让个体根据一定的标准，在群体中提名几个成员（通常3~5人），比如，让成员选出班上他最喜欢或最不喜欢的同学。提名法的基本原理即群体成员之间的相互选择，反映出彼此心理的相互联系。人们做出肯定的选择就表明是对关系对方的接纳和承认。相反，否定选择就意味着拒绝和排斥。通过分析群体成员同伴的选择结果，就可以定量测量群体成员之间的人际关系。

4. 方法与程序

采用社会测量法的同伴提名法来对班级的人际关系状况进行测量。

具体程序如下：

（1）提名标准的确定

社会测量法的同伴提名法的关键在于提名标准的确定要有效、适当、具体。设计的标准尽量选取那些能够反映群体成员人际交往关系的问题。测验的条目不宜过多。在此，选取4个测验标准，分别包括正向和负向选择，具体包括："①如果去郊游，你最（不）愿意和你们班上哪三个人一起去；②如果组织学习小组，你最（不）喜欢同你们班上的哪三个人在一起；③毕业分配时，你最（不）喜欢同你们班上的哪三个人在一起工作；④如果选举班长，你最（不）信赖的人是哪三个人。"

（2）提名法的实施

采取纸笔团体施测的方式向成员发出问卷，将之前确定的标准、要求和问题等写在问卷上，让被试进行作答，同时注明自己的名字。需要提醒的是，在提名问卷的填写过程中要讲究实事求是。假如被试只有一个提名，不必凑出3个，若没有合适提名，则只写出自己的名字即可。

5. 实验准备

要有效地进行社会测量法的施测，需要以下几个步骤：

（1）测量目的的明确

测量目的的明确是测量的开始，明确的目的能帮助我们在测量中获取更加实用的信息。通过对群体进行测量，我们可以知道群体中谁最受到大家的喜爱和尊敬，最具有领导能力。同时我们也可以了解群体内的人际关系是否良好，群体氛围和凝聚力的情况如何。目的的明确也为接下来的几个步骤指明了方向。

（2）测量变量的确定

测量变量的确定要根据测量目的进行选择，变量的选择直接影响着测量的结果，测量结果是服务于测量目的的。由于社会测量法的特点，我们往往可以对被测者的多方面进行考量，这些方面都具有不同的评价意义，例如领导力、组织力、交往能力等。也可以测量被测者对群体内其他人的评价。

（3）测量标准的选择

测量标准的选择需要考察下面几个要点：

①标准的性质、数目都是要进行考虑的。根据研究的要求来决定标准的多少，充分考虑被测者在进行选择时的困难程度。

②标准可以分为强标准和弱标准两种。他们在重要性和时间维度上存在一定的差异。对生活或工作有重大的意义以及长时间影响的称之为强标准。比如一起工作、生活等。对生活和工作的影响比较短期的称为弱标准，比如一起看电影、过周末等。

③选择具体的标准。为了避免被测者理解的偏差，选择标准时，尽可能将标准具体化，便于理解其中的内容。

④不同描述方式。一般来说，可以用两种方法来描述标准，积极表述和消极表述。积极表述如："你愿意与谁一起度过周末？"；消极表述如"你不希望与谁一起度过周末？"。在使用消极表述时，应该谨慎，因为消极表述往往容易引起被测者的焦虑。

⑤唯一性。除了特殊情况之外，测量只选用一个测量标准。

6. 结果与实验报告要求

对群体成员的最后提名结果的统计，按其提名的先后顺序，有非加权记分和加权记分两种方法，但加权记分法相对更复杂，更费时，在此主要采用非加权记分的方法。对提名结果的分析，依据每一个题目单独来进行。

在此，采用矩阵表示法、图示法和指数分析法三种方法将同伴提名法的结果表达出来。

（1）矩阵表示法

将群体成员以序号表示，被选者以行（A）表示，选择者在总列（B）中表示，"1"表示肯定选择，"0"表示否定选择，自己不选择自己。最后，可以计算出团体中每个成员被选的次数。

这种分析方法主要适用于小团体，当团体增大时，很难从数目差异中纵观整个人际关系。在这种情况下，社会测量图更有效果。

表5-1　不同成员相互选择的结果

成员		A				
		①	②	③	④	⑤
B	①	—	1	0	0	1
	②	1	—	0	0	1
	③	0	0	—	1	1
	④	0	1	0	—	1
	⑤	1	1	0	0	—
	合计	2	3	0	1	4

（2）图示法

上例结果也可以用图示法表示，如下图5-1。

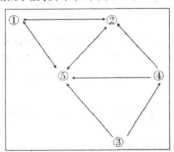

图5-1　不同成员相互选择的结果

在图中，成员5处于选择的中心，被选次数最多，双箭头表示成员之间的相互选择（如1、2、5），他们在团体内可能是一个非正式的小群体；为了方便结果的解释，在使用图示法时，群体规模一般要少于20人。

图示法的可比性不高，因为图示法存在很大的灵活性，用一样的数据可以做出很多不一样的分析图。

（3）指数分析法

通过公式计算，得出更加精确的综合指数来考察群体的不同特性、社会结构关系等。其计算公式如下：

个人测量指数 = 个人被选次数/ ($n-1$)

公式中 n 表示的是群体成员的人数，因为每个人不能选择自己，因此分母为 $n-1$。

通过这个公式，群体中的每一个成员都能得到自己的一个测量指数，对自己和他人在群体中的位置进行了解。

例如，在矩阵分析中我们可以算出成员 1 和 5 的测量指数：

成员 5 的测量指数 = 4/ （5－1） = 1

成员 1 的测量指数 = 2/ （5－1） = 0.5

群体成员之间的彼此互选，表明了群体凝聚力的程度，群体的内聚力指标可以运用群体社会测量指数来表示，计算公式如下：

群体社会测量指数 = 相互选择的数目/所有可能的互相选择的总数。

同时，对于群体成员的提名结果记分采用单项记分与综合记分两种方式来记录。单项记分包括正提名分和负提名分，根据群体成员肯定提名的结果计算出正提名分，即接纳分，根据否定提名结果计算出负提名分，即被拒绝分；综合记分包括社会喜好分与社会影响分，用正提名分减去负提名分则得出社会喜好分，用正提名分加负提名分则得出社会影响分。将正提名分和负提名分分别转换成标准分数，则可以将群体成员进行分类，标准如表 5–2 所示。

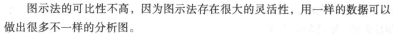

表 5–2　群体成员关系类型提名计分标准一

	正提名标准分	负提名标准分
受欢迎群体成员	≥1.0	≤0
被拒绝群体成员	≤0	≥1.0
被忽视群体成员	≤0.5	≤0.5
矛盾型群体成员	≥0.5	≥0.5
一般型群体成员	上述分类所剩成员	

除此之外，也可以将单项分与综合分结合起来划分群体成员的关系类型，

具体做法也是先将原始分数转换成标准分数，然后按照下列分类标准确定社交地位类型，如表5-3所示。

表5-3　群体成员关系类型提名积分标准二

	正提名 标准分	负提名 标准分	社会喜好 标准分	社会影响 标准分
受欢迎群体成员	>0	<0	≥1.0	
被拒绝群体成员	<0	>0	≤-1.0	
被忽视群体成员	<0	<0		≤-1.0
矛盾型群体成员	>0	>0		≥1.0
一般型群体成员	上述分类所剩成员			

7. 实验范例

社会测量法在运动队群体内人际关系测量的运用

　　凌翔（1992）采用莫雷诺的社会测量法对运动队群体内的人际关系进行了测量。具体测量方法如下：

　　首先，确定测量重点，设计测量问卷。作者考虑到运动队的目标是取得优秀运动成绩，目标相对很明确，群体内人际关系的重要内容主要体现在训练时的工作关系和训练之余的生活娱乐和日常事务的休闲关系。因此，依据所确定的运动队人际关系测量重点，来设计群体成员互选的题目，这些问题要能反映出训练关系和休闲关系，如"你愿意和谁交流训练体会？""你愿意和谁谈天？"等等。问题形式既可以正面提出，也可以反面提出，如，"你最喜欢和谁在一起？""你最讨厌和谁在一起？"考虑到运动队负面提问容易对群体产生消极影响，笔者在运动队这一特定群体中，采用正面方式提问。问题条目以5~7条为宜，最少不低于2条，以免失真。回答问题选择项的数量依据群体规模而定，在较小规模的群体中，比如"你认为谁当队长最合适"，以选择1~2个为宜。在稍大规模群体，限制人数太少则不能反映真实情况。

　　其次，是实施测量前的准备工作。在正式测量前，为更好地对所测试运动队有一定了解，最好与队员相处一段时间，建立信任感，然后向其表明测量意义和方法，以获取群体成员的理解和支持。

　　然后，开始进行正式测量。测量采用纸笔团体测量的方式，将事先准备好的问卷发放给运动员进行填写，讲明注意事项，加以回收。

　　最后，对填好的答案卡进行回收，将测量结果统计在事先绘制好的社会测量统计表中，这个表必须一个问题绘制一张。为了更直观地反映测量结果，还可以绘制社会测量关系图。

　　可以通过每个成员被其他成员所接纳的指数，来反映群体成员在运动队群体中的地位和影响力，通过计算群体相融指数来反映群体整体的相融程度。其中，群体成员个体被接纳指数 Ip 是指实际被他人选择数 Ac 占可能被选择数（N−1）的比例，可用公式 Ip＝Ac/（N−1）表示；群体相融指数 I 是指全部问题的实际选择数 A 占全部问题的理论选择数 T 的比例，用公式 I＝A/T 表示。所谓理论选择数是指数设计问卷时规定选择数的可能选择数。如问卷包括 5 个问题，每个问题规定选择数为 3，如有 9 名运动员，则 T＝3（9−1）＝24。分析每个成员的被接纳指数高低，可以看出谁在运动队里具有较高的影响力，谁被群体成员排斥，同时，通过群体相融指数，也可以反映出该群体的人际关系协调程度。结果发现，该运动队中，5 号运动员不太被接纳，7 号和 8 号运动员是该运动队的核心人物，该队的整体人际关系协调度不太高，该群体休闲关系比训练关系更为融洽。

　　莫雷诺的社会测量法是测量群体人际关系的渐变方法，可以较为全面深刻地反映出群体的人际关系现状，较为可行有效。

8. 参考文献与推荐阅读

程曦.（1991）. 社会测量法简介. 心理发展与教育，1，31−36.

黄希庭，时勘，王霞珊.（1984）. 大学班集体人际关系的心理学研究. 心理学报，4，455−465.

凌翔.（1992）. "莫雷诺"社会测量法在运动队群体内人际关系测量的运用. 上海体育学院学报，2，34−38.

庞丽娟.（1994）. 同伴提名法与幼儿同伴交往研究. 心理发展与教育，1，18−21.

宣兆凯.（1983）. 社会测量法. 社会科学战线，1，245−248.

佐斌.（2009）. 社会心理学. 高等教育出版社.

Moreno, J. L., & Jennings, H. H. (1938). Statistics of social configurations. *Sociometry*, 1（3/4），342−374.

Moreno, J. L., (1960). The sociometry reader. *Revue Francaise De Sociologie*, 2

（4），189—a—189.

9. 思考题

（1）社会测量的实施有什么需要注意的问题？

（2）社会测量法有什么实践应用的范围？

（3）社会测量法有哪些优点和缺点？

第六章 助人与人际侵犯

一、实验8 施比受更有福

1. 背景知识

亲社会行为（prosocial behavior）泛指一切符合社会期望而对他人、群体或社会有益的行为。它主要包括分享行为、捐献行为、合作行为、助人行为、安慰行为和同情行为等。助人、施与和志愿行为作为亲社会行为中的代表，在保护健康、促进教育、战胜贫困和饥饿以及提供灾难救济等领域发挥着关键性作用（Grant & Dutton，2012）。Grant 和 Dutton（2012）研究发现，回忆施助经历而非受助经历更利于亲社会行为的发生，助人者比受助者更愿意帮助他人。但是他们的研究结果是建立在西方文化的基础之上，该结论是否具有跨文化一致性，仍有待检验。回顾具有悠久历史的中国文化，我们有理由质疑其结果在注重"报"和往来关系的中国社会是否能够成立。

中国文化中存在着大量与"报"有关的俗语，如"礼尚往来"、"滴水之恩，当涌泉相报"、"知恩必报，饮水思源"等等。不难窥见，中国人的亲社会行为受"报"的影响甚深（刘好贤，2012），"报"成为社会交往中应遵循的规则（郭峰，2002），也成为助人行为的重要推动因素。而且，中国人的报恩行为有着"有恩必报"、"大恩小报"、"转换相报"等特征（刘好贤，2012）。所以，一个在中国文化中被普遍认同的观念是：受助者往往会因为回报的需要而表现出更高的助人行为水平，这就与 Grant 和 Dutton（2012）的研究结果相悖。在探索中国文化背景下是回忆施助经历还是受助经历更有利于助人行为的发生之前，我们需要先清楚地了解施助和受助的相关理论解释。

对受助者更愿意帮助他人的理论解释并不少见。首先，根据互惠原则，在接受帮助后，责任感和义务感将驱使个体通过某种方式回报提供援助者，甚至是帮助他人。其次，公平理论认为，人们在社会性关系中会努力通过保持资源交换比率的平衡来维持公平，当出现不平衡感时，人们就会感到苦恼。因此当人们接受帮助时，他们会觉得自己的收益大于贡献，这种不公平感会促使受助者通过回报他人以恢复平衡感。根据刘好贤（2012）对中国人报恩心理的研究，维持心理平衡、恢复自我控制感正是中国人报恩的主要动机。总之，不少的研究都支持受助经历会对受助者的情绪和行为产生影响，对提高其助人行为水平有着积极的作用。当然，众多研究也表明接受恩惠对受助者而言并不一定是财富，也并不一定有利于其助人行为的培养，感恩的发生是有条件的。

而对于施助者而言，助人经历又是一番不同的体验。首先，根据公平理论，助人者的贡献多于受益，尽管其利益在某种程度上有所损耗，但是贡献会使得助人者感受到自己的富有、体会到自我价值的彰显。这些良好的感觉有利于促使个体助人行为的再次发生。其次，根据自我知觉理论，人们往往根据自己的行为形成自我概念。给予和奉献经历使助人者把自己看作一个有能力的贡献者、一个愿意援助他人的助人者，这会增强助人者的自我效能感，而这种高自我效能感直接作用于他们助人的信心和行为。

2. 科学问题

如何证实是施助经历还是受助经历更利于亲社会行为的发生？如何在中国文化背景下用具体的研究检验 Grant 和 Dutton（2012）的结果？本研究采用经历回忆的方式操纵参与者助人或受助的心理体验，从而探索回忆施助还是受助经历更有利于助人行为的发生。

3. 变量与假设

实验采用组间设计，自变量为经历回忆类别，包含两个水平，分别为受助回忆水平和助人回忆水平。因变量测量指标为捐赠意愿测验的得分，得分越高表示助人行为意向越高。

研究假设认为，回忆助人经历比回忆受助经历更有助于助人行为的发生。

4. 实验准备

（1）问卷

经历回忆测验中，助人回忆条件下要求被试根据指导语进行以下回忆任务，并写出三件助人事件，具体如下：

作为社会中的一员，我们时常给他人提供支持或者帮助。奉献时间、精力，提供物质或者精神的支持，哪怕仅仅是陪伴在他们身旁，我们的这些给予都使他人的生活更加轻松快乐。现在，请你回忆近两周的生活，试着书写出三个你帮助或支持他人的事件，请表述出你是如何给予帮助或支持的，而对方又从中有何受益。

受助回忆条件则呈现如下指导语：

作为社会中的一员，我们无法避免从他人处获得支持或者帮助。奉献时间、精力，提供物质或者精神的支持，哪怕仅仅是陪伴在我们身旁，他人的这些给予都使我们的生活更加轻松快乐。现在，请你回忆近两周的生活，试着书写出三个你受到他人帮助或支持的事件，请表述出他人是如何给予你帮助或支持的，而你又从中有何受益。

（2）量表与测验

助人情境为捐赠意愿测验，目的在于测试经历回忆对被试助人行为的影响。这个测验来自迟毓凯的亲社会行为启动效应研究（迟毓凯，2009）。所有被试都要完成此测验，具体情境如下：

社会上有很多人因慈善事业的帮助而获得了更好的生存状态。现在，想象你已经从学校毕业，并且工作许多年了，你的经济收入处于一个比较理想的水平。你愿意把每年收入的多大比例捐献给慈善事业呢？

要求被试在 1~8 之间做出选择，数字越大代表捐赠意愿越强烈。"1"表示愿意捐献年收入的 1% 或更少，"2"表示愿意捐献年收入的 2%~3%，"3"表示愿意捐献年收入的 4%~5%，"4"表示愿意捐献年收入的 6%~10%，"5"表示愿意捐献年收入的 11%~15%，"6"表示愿意捐献年收入的 16%~20%，"7"表示愿意捐献年收入的 21%~25%，"8"表示愿意捐献年收入的 25% 以上。

（3）仪器和软件

研究中需要仪器设备和软件程序来呈现指导语、输入框和测验题目，因此最好使用带键盘的计算机来呈现刺激材料和记录反应。另外，刺激的呈现需要使用到心理学编程软件，如 E-Prime 或者 Inquisit 等心理学常用软件来编制实验程序。

当然，也可以使用纸笔测验的形式来完成该研究，编制针对不同自变量水平的问卷，让被试作答，之后收集问卷，并将数据录入数据分析软件。

5. 程序和步骤

将被试随机分配到不同的自变量水平下，分别为助人回忆组和受助回忆组，要求两组被试在阅读相应的指导语后完成回忆任务，在完成后，要求被试报告在刚刚的回忆任务中认同自己是助人者或是受助者的程度，以此作为经历回忆任务的操作性检验。

随后，进行捐赠意愿测验，要求被试阅读具体情境的描述，并最终做出选择。

6. 结果与实验报告要求

（1）数据分析

在正式分析之前需要对数据进行检查，剔除回答不认真的被试数据。随后，对两组被试即助人回忆组和受助回忆组上的捐赠意愿测验得分进行独立样本 t 检验，比较两个水平上的助人行为的差异。

（2）报告写作意见

实验报告的写作需要注意以下几点。首先，为了避免被试对研究目的猜测而导致的误差（霍桑效应）出现，在指导语部分需要进行特殊的操作。其次，实验操作过程在报告中呈现时要尽可能既简洁清晰又能抓住要点，这样其他研究者就知道要重复这一研究时先做什么后做什么，并可以清楚地看到实验者是否对实验进行了很好的控制，这也是考察该研究结果信度的重要依据。最后，在结果呈现部分，尽量用图表的形式来呈现结果。用图表的方式呈现不同条件下的测验得分，这样更为简洁，方便读者快速理解和加深印象。

7. 实验范例

助人和受助经历对捐款行为的影响

Grant 和 Dutton（2012）研究的实验二就是使用类似的方式测量真实助人行

为（将被试费捐给地震灾区）。

该研究的84名被试是从被试库中选取，随机分配到3种不同的实验条件中，助人回忆组26人、受助回忆组28人和控制组30人。

助人组的被试需要阅读以下指导语，并完成相应的书写任务：

作为社会中的一员，我们时常给他人提供支持或者帮助。奉献时间、精力，提供物质或者精神的支持，哪怕仅仅是陪伴在他们身旁，我们的这些给予都使他人的生活更加轻松快乐。现在，请你回忆近两周的生活，试着书写出三个你帮助或支持他人的事件，请表述出你是如何给予帮助或支持的，而对方又从中有何受益。

受助组的被试则需要阅读以下指导语，并完成相应的书写任务：

作为社会中的一员，我们无法避免从他人处获得支持或者帮助。奉献时间、精力，提供物质或者精神的支持，哪怕仅仅是陪伴在我们身旁，他人的这些给予都使我们的生活更加轻松快乐。现在，请你回忆近两周的生活，试着书写出三个你受到他人帮助或支持的事件，请表述出他人是如何给予你帮助或支持的，而你又从中有何受益。

而在控制组的被试需要完成中立任务：

我们经常食用不同类型的食品。请你回忆近几周的生活，试着书写出三种你吃过的不同食物。具体内容包括：你吃了什么？味道怎么样？

三个组的被试在完成相应任务后，需要进行操作性检验。例如助人条件下，被试需要回答"在刚才回答的情境中，我是一个……"在4个选项（分别为"1"给予者、"2"助人者、"3"供给者、"4"支持者）上的7点评分（"1"表示很不同意，"7"表示很同意）；在受助条件下，被试需要回答"在刚才回答的情境中，我是一个……"在四个选项（分别为1领受者、2受惠者、3帮助对象、4接受者）上的7点评分（1表示很不同意，7表示很同意）。

一个月后，被试被通知来实验室领取薪酬。同时实验者将在此期间日本发生的地震情况的详细表单交给被试，表单上写着地震伤亡数据、失踪人数、水电食物等的缺乏信息，同时表单上也写着由大学生组成的一支志愿服务队正在进行救济活动，所筹集的善款将会捐给美国红十字会用于地震救援。

最后，表单中显示给被试的问题是：你是否愿意将自己的实验薪酬捐给该地震救济活动？如果你愿意，你想捐多少？

用于统计分析的因变量助人行为的指标为捐款的数目。

8. 参考文献与推荐阅读

迟毓凯. (2009). 亲社会行为启动效应研究——慈善捐助的社会心理学探索. 广州：广东人民出版社.

郭锋. (2002). 浅论中国传统施与报观念的文化意义与社会影响. 国家高级教育行政学院学报，4，78−86.

刘好贤. (2012). 中国人报恩的心理行为浅析. 社会心理科学，27（132），10−12.

佐斌. (2009). 社会心理学. 北京：高等教育出版社.

Grant，A. M.，& Dutton，J. (2012). Beneficiary or Benefactor：Are people more prosocial when they reflect on receiving or giving. *Psychological Science*，*23*（9），1033−1039.

9. 思考题

（1）你认为施比受更有福实验的因变量测量方面还有哪些改进之处？

（2）捐赠意愿测验有哪些优点和缺点？

（3）实验范例"助人和受助经历对捐款行为的影响"中的因变量测量指标有哪些优点和缺点？

二、实验9 观察学习

1. 背景知识

攻击性行为可以表现出各种各样的形式，是一个重要的研究课题。多年以来，一直处于该研究前沿的行为科学家便是社会心理学家，他们研究的重心是人与人之间的相互作用。社会心理学家有个目标就是给攻击行为下一个准确的科学定义，而实际上给出一个这样的定义是很困难的。不同的社会心理学家，会给出不同的定义。

当然现在已经有很多研究者不再纠缠于攻击行为的准确定义，而是转向考察人类攻击性的来源这一更重要的方面，即为什么人们会做出攻击行为？纵观心理学史，已经有很多理论假设解释了攻击性行为产生的原因。其中一些理论认为，人们体内有一种先天预设的攻击性程序。另一些理论则强调情境因素，比如多次受挫是导致攻击性行为发生的主要决定因素。还有一种被广泛接受的观点认为攻击行为是后天习得的，秉持该理论的心理学家们被称为社会学习理论学派。

社会学习理论认为，学习是人格发展的主要因素，并且这种学习发生在与他人的相互作用过程中。比方说，在每个人的成长过程中，父母、老师等一些重要人物会强化我们某一种行为而忽视或者惩罚其他行为。班杜拉是"社会学习理论"学派的奠基人之一。他认为行为的塑造除了直接的鼓励和奖励之外，还有一种重要方式，即观察、模仿其他人的行为。

20世纪60年代初期的美国，消费者们开始逐渐认识到电视暴力对儿童的影响。在1963年，班杜拉和他的两位助手进行了一项研究，目的是考查电视或其他非人类的攻击榜样对参与者的影响力。他们使用了类似于"波比娃娃演技"的实验方法，结果证明，真人榜样的影响力最大，其次是电视榜样，最后是动画片中的榜样。由此可见，三种形式的攻击性榜样对儿童的影响都比非攻击性榜样或无榜样明显要大（Bandura，Ross，& Ross，1963）。

在过去的几十年间，这项研究为数百项关于现实生活中的暴力或媒体暴力对儿童影响的研究奠定了基础。过去的几年里，美国国会又举行了多次听证会，以探讨电视、电影、视频游戏、电脑游戏和互联网对人的巨大潜在影响。2000年，美国六个国立的医学组织，包括美国医学协会、美国儿科学会和美国心理学会等，向美国国会提交了一份联合声明。

该声明宣称：到现在，超过1000项研究……不容置疑地指出了在媒体暴力和儿童攻击性行为之间的因果关系。基于过去30年的研究，公共健康团体得出结论，观看娱乐节目中的暴力行为可以导致攻击性态度、价值观和行为的增加，对儿童尤其如此。其效果是可以测量并长期持续的。并且，长期观看媒体暴力可以导致对现实生活中暴力行为的情绪脱敏（American Medical Association，2000）。

广播和多媒体开发者越来越多地感受到公众和法律带来的压力，他们正在努力减少媒体暴力，或者设立"家长忠告"等级体系，对暴力内容给予特别提醒。

也许更加令人担忧的是越来越多的证据表明，媒体暴力对儿童的影响效果会持续到成年期（Heusmann et al.，2003）。一项研究发现"儿童期暴露于媒体暴力可以预见其青春期的攻击性行为，男性和女性均如此。对暴力电视节目中人物的认同和对电视暴力现实性的知觉，也能预见其后的攻击性。即使在社会经济地位、智力和教养方式等因素的影响被控制的情况下，这种相关依然存

在。"（Heusmann et al.，2003）

由于儿童越来越容易接触到各种各样迅速发展的媒体渠道，社会对媒体暴力效应的关注也在不断地增加。因为阻止儿童接触到媒体暴力几乎是不可能的，所以，研究的焦点不断集中到如何防止儿童将媒体暴力几乎转化为现实攻击性的策略上。

2. 科学问题

既然媒体暴力内容对心智尚未发展成熟的儿童影响巨大，那么对于已经形成稳定的世界观、价值观和人生观的大学生来说，观看暴力视频是否也能够激发或促进其攻击性呢？攻击性包括了攻击性认知、攻击性情感和攻击性行为，在具体的实验测量阶段，该如何使用具体的测量方法分别描述三种不同的攻击性表现？对于以上疑问，我们可以通过选取大学生群体作为我们的研究对象，并且在因变量测量阶段使用外显和内隐测量相结合的方法分别考察被试的外显和内隐攻击性认知。

3. 变量与假设

采用2（电影片段类别：暴力 vs 非暴力）× 2（被试性别：男性 vs 女性）组间设计。其中，电影片段类别为被试间变量，分别为暴力电影片段和非暴力电影片段，被试性别也为被试间变量。因变量的测量包括使用 Buss－Perry 攻击性量表（BPAQ）来测量大学生的外显攻击性，使用攻击性内隐联想测验（攻击－IAT）来测量个体的内隐攻击性水平。

研究假设认为观看暴力电影片段的大学生被试较观看非暴力电影片段的大学生表现出更高的外显和内隐攻击性。另外，本研究还考察了被试性别的影响，研究假设被试在观看暴力电影片段后的高攻击性（外显和内隐）无性别差异。

4. 实验准备

（1）电影片段的搜集

选择暴力和非暴力电影片段各 3 个，其中《街头战士》《暴力街区》《勇闯夺命岛》为暴力电影片段；《金刚》《怒海潜将》《空中危机》为非暴力电影片段。6 个电影片段时间均为 15 分钟，英语发音，中文字幕。暴力电影片段暴力程度较高且对象为人类，非暴力电影片段的选择避免任何形式的暴力行为的出现（刘桂芹，张大均，刘衍玲，阿拉坦，巴根，2013）。

将 60 名大学生分为 6 组，每组 10 人，男女比例相当。被试观看完一种电影片段后，完成评估电影片段的问卷，包括对电影的愉悦度、激动度、内容暴力程度、画面暴力程度、害怕程度、难过程度、趣味程度和现实程度等方面的评估。被试在 7 点量表上作答。被试的得分反映了对电影的感知，最后研究者根据该问卷选择匹配的暴力电影片段和非暴力电影片段，要求选出的 2 种电影片段在内容暴力和画面暴力程度上差异显著，而在其他维度上差异不显著。

（2）CC-BPAQ 攻击性问卷

采用吕路、董冬和王翕（2013）修订的中文大学生版 Buss-Perry 攻击性量表（CC-BPAQ）来测量我国大学生的外显攻击性水平。该量表修订版包括了之前的敌意、身体攻击、冲动、易怒性四个分量表（共 22 个项目），验证性因素分析显示数据拟合良好，总量表的内部一致性 Cronbach α 系数为 0.89，4 个分量表的 α 系数在 0.73 ~ 0.85 间；总量表的重测信度为 0.91，4 个分量表的重测信度在 0.75 ~ 0.80 间。该量表题量适中、能对个体攻击性进行多元化评定，具有良好的信效度，可以用于大学生的外显攻击性测量。

（3）攻击-IAT 测验类别词和属性词搜集

根据张学民等（2009）研究中使用的内隐认知任务文字材料，选取"我、我们、自己、咱们、本人"作为形容自我的属性词，"他、他们、他人、别人、外人"作为形容他人的属性词。选取"攻击、袭击、消灭、侵犯、扫荡"作为攻击性类别词，"握手、微笑、拥抱、协作、信任"作为非攻击性类别词。

（4）仪器和软件

研究中需要仪器设备和相应的软件程序来呈现刺激和记录相应的反应。因此最好使用带有耳机、键盘或其他反应按键的计算机终端。电影片段的播放速度、亮度及音量要保持一致，同时，攻击-IAT 测验的刺激呈现需要用到专业编程软件，如 E-Prime 或 Inquisit 等。

5. 程序和步骤

首先，被试随机分配到两个不同的组别，即暴力电影片段组和非暴力电影片段组。不同的组被试在计算机前观看相应的电影片段 15 分钟。在休息 1 分钟后，要求被试完成中文大学生 Buss-Perry 攻击性问卷（CC-BPAQ）。

最后，攻击性内隐联想测验（攻击-IAT）也在计算机上完成。让被试对左边的归类按 E 键，对右边的归类按 I 键。在对类别词和属性词同时进行联合任务之前让被试加以练习，以保证反应稳定性，于是在实验中内隐联想测验共包括七步骤（见表1）。由表可知，第1步是对类别词做出辨别，攻击性词按 E 键，非攻击性词按 I 键。第2步对属性词做出辨别，形容自我词按 E 键，形容他人词按 I 键。第3步是相容任务的练习阶段，即看到攻击性词或自我词按 E 键，看到非攻击性词或他人词按 I 键。第4步与第3步相同，但是是正式试验阶段。第5步交换方向，看到自我词按 I 键，他人词按 E 键。第6步则是不相容任务的练习阶段，即看到攻击性词或他人词按 E 键，看到非攻击性词或自我词按 I 键。第7步是不相容任务的正式试验阶段。最后结果是比较第4步相容任务与第7步不相容任务之间的差异。

表 6-1　攻击-IAT 步骤

测验顺序	1	2	3	4	5	6	7
任务描述	初始类别词辨别	联想属性词辨别	初始联合辨别	初始联合辨别	相反属性词辨别	相反联合辨别	相反联合辨别
靶子词			●攻击词	●攻击词		●攻击词	●攻击词
	●攻击词	●自我词	●自我词	●自我词	自我词●	●他人词	●他人词
	非攻击●	他人词●	非攻击●	非攻击●	●他人词	非攻击●	非攻击●
		●他人词	他人词●	他人词●		自我词●	自我词●
刺激举例	○攻击	他○	○攻击	○攻击	○他	○他们	○他们
	握手○	○我	○自己	○自己	○他们	○攻击	○攻击
	微笑○	○自己	握手○	握手○	我○	自己○	自己○
	○袭击	他们○	他们○	他们○	自己○	握手○	握手○

6. 结果与实验报告要求

（1）数据分析

在正式分析前需要对数据进行检查筛选，首先剔除在 CC-BPAQ 测验中不认真作答的被试数据，其次删除内隐联想测验中反应时大于 3000 毫秒或小于 30 毫秒的被试反应时数据，剔除那些错误率超过 20% 的被试数据。

分别以被试在 CC-BPAQ 测验和攻击-IAT 测验中的分数为因变量，将被试在暴力电影片段类别这一自变量的两个水平（水平1：暴力电影片段组；水平

2：非暴力电影片段组）上的外显攻击性和内隐攻击性指标进行独立样本 t 检验，比较两种水平上的攻击性差异。

（2）报告写作意见

实验报告的写作中需要注意以下几点。首先，对实验的流程要保持一定程度的熟练，被试如何分配，指导语如何操纵，不同测量过程的衔接都要事先考虑到，并且在预实验阶段进行认真演练。其次，在攻击-IAT 测验阶段，对类别词和属性词的关系要有明确的假设，如果攻击性与自我是相容的，那么非攻击性与他人也是相容的。再次，对类别词和属性词的来源要有明确的报告，词的选取不可随意。最后，实验操作过程在报告中呈现时要尽可能间接清晰又能抓住要点，而且在结果呈现部分，尽量使用图表的形式，简洁又便于读者快速理解研究者的结果。

7. 实验范例

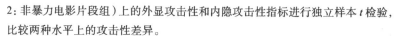

媒体暴力对攻击性认知联结的影响研究

Bushman（1998）的一项证明媒体暴力能够促进攻击性认知联结的研究使用的就是类似的实验原理。

选取 200 名大学生被试（男生 100 名，女生 100 名），英语作为第一语言，被试自愿参加该实验。同时，选取另外 200 名大学生评分者对一份含有 200 个单词的表进行攻击性 5 点评分。表中的 200 个单词，包括了攻击性词汇、多义词、非攻击性词汇，其中多义词既含有攻击性意思又含有非攻击性意思。表中的单词按照首字母的顺序排列，攻击性 5 点评分，1 代表一点没有攻击性，5 代表非常具有攻击性。最后，有 26 个多义词和 26 个非攻击性词被挑选出。

关于暴力视频片段的选取，要在暴力程度上存在显著差异而其他方面保持一致。研究中暴力视频片段选取的是《Karate Kid III》，非暴力片段是《Gorillas in the Mist》，关于上述两个视频片段，Bushman 在此前研究中也使用过。

告知被试，该测验的目的是测量其在字词联想任务中的反应速度，视频在其中扮演的是刺激激发的作用。随后被试被随机分配到不同视频片段组（暴力视频片段组和非暴力视频片段组），每个组都有 100 名大学生被试（50 名男性，50 名女性）。

被试在观看完视频片段后，完成字词联想任务。在该任务中，指导语的内容如下：

这是一项测量你思考速度的任务。在每一个单词下面的空白处，请写出你对该词意思的理解。你的回答没有对错之分，仅仅是对速度的测验，所以请尽快地完成所有单词任务。务必完成所有单词，务必书写清晰。

每名被试完成的字词任务中，多义词和非攻击性词都是随机排列的。将一个计时的钟表放在显眼的位置，所有被试完成后告知其完成测验所用的时间。

由两位研究生评分人员，在不知道研究目的和假设的前提下，对所有被试的答案的攻击性联想进行计数列表，例如被试给出的意思中明确的含有敌意、伤害和破坏的含义，则将该词界定为被试有攻击性联想。

8. 参考文献与推荐阅读

刘桂芹，张大均，刘衍玲，阿拉坦，巴根.（2013）.观看暴力电影片段对青少年攻击性认知的影响.民族高等教育研究，1（4），47—51.

吕路，董冬，王翕.（2013）.中文大学生版 Buss—Perry 攻击性量表的修订与信效度分析.中国心理卫生杂志，27（5），378—383.

张学民，李茂，宋艳，李永娜，魏柳青.（2009）.暴力游戏中射杀动作和血腥成分对玩家和观看者攻击倾向的影响.心理学报，（12），1228—1236.

American Medical Association.（2000）. Media violence is harmful to kids—and to public health. Retrieved October 3, 2003 from, http：//www.ama-assn.org/sci pubs/amnews/pick 00/hlsb 08 14.htm.

Bandura, A., Ross, D., & Ross, S.（1963）. Imitation of film mediated aggressive models. *Journal of Abnormal and Social Psychology*, *66*, 3—11.

Bushman, B. J.（1998）. Priming effects of media violence on the accessibility of aggressive constructs in memory. *Personality and Social Psychology Bulletin*, （24），537—545.

Huesmann, L. R., Moise, J., Podolski, C. P., & Eron, L. D.（2003）. Longitudinal relations between childhood exposure to media violence and adult aggression and violence：1977—1992. *Development Psychology. 39*（2），201—221.

9. 思考题

（1）攻击-IAT 测量与 CC-BPAQ 测量的区别和联系有哪些？

（2）可以用哪些方法来测量内隐攻击性和外显攻击性？

（3）你认为实验范例中的实验方法有哪些优点和缺点？

三、实验 10 媒体对攻击性的影响

1. 背景知识

网络游戏是以电脑为客户端，互联网络为数据传输介质，必须通过 TCP/IP 协议实现多个用户同时参与的游戏产品，用户可以通过对游戏中人物角色或者场景的操作实现娱乐、交流的目的（中国互联网络信息中心，2010）。关于网络游戏的范畴，中国互联网络信息中心（CNNIC）于 2013 年发布的《中国网民游戏行为调查研究报告》认为其包括客户端网络游戏、手机网络游戏和网页游戏。采用 Anderson 和 Bushman（2011）的界定，暴力网络游戏就是指带有描绘个体有意对他人实施伤害的网络游戏，个体可以是卡通人物、真人或介于两者之间的任何东西。

如今，网络游戏已成为最具代表性的现代娱乐方式之一，并逐渐成为最受欢迎的大众娱乐产品。据文化部公布的《2012 中国网络游戏市场年度报告》显示，我国网络游戏市场收入规模达 601.2 亿元，同比增长 28.3%。在 2014 年 7 月，中国互联网络信息中心发布《中国互联网络发展状况统计报告》显示，中国网络游戏网民规模达到 3.68 亿。网游在促进国家产业发展的同时，也成为大众争议性话题。佐斌和黄永林（2014）就指出网络游戏中普遍存在暴力问题是网络游戏的暴力泛在化的主要问题。确实市场上受欢迎网游的典型特点就是充斥着大量暴力，暴力泛滥已成为目前网络游戏市场普遍存在的现象。如在国内比较受欢迎的几款游戏，如穿越火线（Cross Fire）、魔兽世界（World of Warcraft）等，都含有大量射杀、死亡、血腥等暴力成分。

暴力游戏玩家校园安全事件接二连三地被媒体披露，引发了社会大众的广泛关注。2007 年 4 月 16 日（当地时间），美国弗吉尼亚理工大学发生恶性校园枪杀案，共造成 33 人死亡，凶手最终开枪自尽。警方调查发现，凶手赵承熙

（韩裔）从高中时代起，就是暴力网游爱好者。与之类似的校园安全案件在我国也曾有发生，河南平舆的黄某连续杀害 17 名青少年，在此之前他曾经迷恋《传奇》游戏，陶醉于当"武侠"的成就感之中，沉迷于血腥的武打屠杀之中。

针对暴力媒体（电视、电影、电脑游戏）对游戏者的影响，心理学界已经开展了大量的探索性和验证性研究。大多数研究者认为暴力游戏能够增加个体的攻击性（包括攻击性认知、攻击性情感、攻击性行为、攻击性人格），产生暴力脱敏效应。但也有一些研究者提出暴力游戏在某些领域是可以发挥一定的积极作用的，不应全盘否定。自此，关于媒体暴力的影响不同观点之间的争论从未曾消失。即便如此，争论也是有意义的，至少形成了对媒体暴力影响的一些共识，如：攻击性的形成原因是多方面的；以往媒体暴力与攻击性的研究方法有待标准化；未来相关研究应该考虑具体或有特殊效应的主题（Ferguson & Konijin，2015）。

一些研究发现游戏者在游戏中扮演角色的属性（如，肤色、性别）能够影响其攻击性的表达（Eastin，2006；Yang, Gibson, Lueke, Huesmann, & Bushman, 2014；Yang, Huesmann, & Bushman, 2014）。Yang 等（2014a，2014b）研究发现在游戏中扮演具有攻击属性的角色时攻击性要高于扮演没有攻击性属性的角色，例如，在游戏中扮演男性角色时的被试攻击性要高于在游戏中扮演女性角色时的攻击性。

2. 科学问题

如何使用相关方法验证性别角色扮演在暴力游戏影响攻击性中的作用问题？在攻击性的测量中，往往使用的是外显测量或内隐测量的方式。其中外显测量包括 BPAQ 攻击性问卷（在实验 9 中有介绍）等，内隐测量则是借助内隐联想测验（IAT）或单类内隐联想测验（SC-IAT）。由于 SC-IAT 被用来测量个体对单一对象的内隐社会认知，更能揭示个体对环境的联想。因此，我们可以通过操纵游戏者在暴力游戏中的扮演角色不同，并测量其外显和内隐攻击性，从而考察角色扮演的属性是否在暴力游戏影响攻击性中发挥着作用。

3. 变量与假设

采用 2（游戏扮演性别：男性 vs 女性）× 2（被试性别：男性 vs 女性）组间设计，同时控制游戏的难度、类别及游戏中对手的性别（与扮演角色性别

相同），避免其对游戏扮演性别效应的干扰。因变量为攻击性 SC-IAT 中的
D 分数。

研究假设认为被试在暴力类游戏中扮演男性角色时的攻击性要高于扮演女
性角色，而且无显著性别差异，同时被试在非暴力类游戏中扮演男性角色与扮
演女性角色的攻击性无显著差异。

4. 实验准备

（1）游戏选取及制作

根据佐斌和黄永林（2014）提出的网络游戏暴力指数评价标准，选取
Counter-Strike 1.6（CS1.6）作为暴力类游戏，并对游戏中的人物角色和声音脚
本进行修改后，制作出适合实验的 2 种游戏版本，分别为游戏版本 A（扮演
角色为男性）和游戏版本 B（扮演角色为女性）。除此之外，不修改任何游
戏设置。

（2）攻击 SC-IAT 词语搜集

选取魏瑾（2009）的研究中使用的攻击性词、好词和坏词，选取攻击性词
7 个，好词和坏词各 10 个。其中，攻击性词包括"战争、搏斗、辱骂、侵犯、
轰炸、踢打、报仇"，好词包括"轻松的、平静的、神圣的、随性的、舒适的、
安全的、温和的、光荣的、善良的、有效的"，坏词包括"紧张的、焦虑的、恐
怖的、疼痛的、严重的、血腥的、粗暴的、狠毒的、烦躁的、耻辱的"。

（3）仪器和软件

研究中需要仪器设备来安装相应的游戏软件，以及相应的软件程序来呈现
攻击 SC-IAT 中的概念词和属性词并记录反应。因此最好使用带耳机、键盘或
者其他反应键的计算机来呈现刺激材料和做出反应。另外，攻击 SC-IAT 中刺
激的呈现需要使用到心理学编程软件，可以用 E-Prime 或者 Inquisit 等心理学常
用软件来编制实验程序。

5. 程序和步骤

首先，随机选取大学生被试分配到两种不同的实验条件中，一组为男性角
色扮演组（见图 6-1），另一组为女性角色扮演组（见图 6-2），每组男女比例
适中。让被试坐在电脑前，阅读相应的游戏操作指南，戴上耳机，选取统一的
游戏地图、固定的对手数目后练习 5 分钟。在确保被试已经能够熟练操作游戏

角色后，让其玩 15 分钟游戏。

图 6-1　男性角色扮演组

图 6-2　女性角色扮演组

游戏结束后，让被试休息 2 分钟。随后进行攻击 SC-IAT 测验，注视计算机屏幕，对左边的归类用 E 键反应，对右边的归类用 I 键反应。实验中内隐联想测验共包括四部分（见表 6-2）。由表可知，该测验包含两个部分，每个部分都由 24 个练习和 72 个正式测验组成。第一部分，攻击词和好词分别在左键 E 上，坏词在右键 I 上。屏幕左上方一直呈现"攻击或好词"，右上方显示"坏词"以做提示。为了防止反应偏差，攻击词汇、好词和坏词以 7∶7∶10 的比率呈现，以确保左右按键的频率各占 50% 左右。在第二部分，好词依然被分类在 E 键上，而攻击词则与坏词被分类在 I 键上。同第一部分一样，屏幕左右上方一直呈现分类提示。在这一部分里，攻击词、好词和坏词以 7∶10∶7 的比率呈现。

表6-2　攻击SC-IAT基本程序

阶段	刺激数	功能	按左键反应	按右键反应
1	24	练习	好词或攻击	坏词
2	72	测验	好词或攻击	坏词
3	24	练习	好词	坏词或攻击
4	72	测验	好词	坏词或攻击

刺激词在被试做出反应之前呈现1500 ms，若被试在1500 ms之内不能做出反应，屏幕中央会出现500 ms的"请更快回答"的提示。当被试做出错误反应时，屏幕中央会出现150 ms的红色"×"以示警示和纠错。反应正确则呈现150 ms绿色"o"。

6. 结果与实验报告要求

（1）数据分析

SC-IAT的数据分析方法与IAT基本相同，都是使用改进后的D分数作为标准。首先，删除两个练习阶段（阶段1和阶段3）的数据，接着删除反应时在400 ms以下及10000 ms以上和没有反应的数据。同时，将错误率在20%以上的被试剔除。其次，将错误反应的反应时用该阶段的正确反应时平均数加400 ms进行替代。然后，用阶段4的平均反应时减去阶段2的平均反应时，用该差值除以全部正确反应时的标准差，即得到每个被试的D分数。

对不同性别的被试在暴力游戏中扮演不同性别角色后的D分数进行2×2方差分析。

（2）报告写作意见

实验报告的写作中需要注意以下几点。首先，暴力游戏的选取要有固定科学的标准，并且在制作相关游戏材料时要保证除所要研究的对象变化外，其他保持恒定。其次，对攻击词和属性词的来源要有明确的报告。选取不可随意，如果攻击词和属性词的选取不具有代表性可能导致实验失败。最后，实验操作过程在报告中呈现时要尽可能简洁清晰又能抓住要点，这样其他研究者就知道要重复这一研究时先做什么后做什么，这样其他研究者可以清楚地看到实验者是否对实验进行很好的控制，这也是考察结果是否可信的重要依据。

7. 实验范例

暴力游戏中的角色属性对被试攻击性的影响

Eastin（2006）的一项研究考察的也是暴力游戏中的角色属性对被试攻击性的影响，结果发现女性玩家在游戏中扮演女性角色而对手是男性时攻击性增加，而女性玩家在游戏中扮演男性角色而对手是女性时攻击性则降低。

该研究选取76名女性大学生被试，平均年龄21岁（SD=2.45），采用2（扮演角色性别：男性 vs 女性）×2（游戏对手性别：男性 vs 女性）的实验设计。游戏选取的是第一人称射击游戏 Unreal Tournament：Game of the Year Edition（UT），该游戏具备个性化编辑功能，比如创建地图、添加镜像屏（如图6-3）等。

图6-3 第一人称射击游戏（UT）示意图

游戏难度保持恒定，游戏中角色获取武器的可得性也保持恒定。被试随机分配到2种不同的扮演角色游戏中，即使被试事前被告知对手是电脑而非真人，他们在游戏中的对手性别仍然是随机分配的。在每个游戏过后都会有因变量的操作性检验，即询问被试在游戏中扮演的是何种性别角色，对手是何种性别角色。

在开始游戏之前，被试需要熟悉游戏操作，因此练习阶段必不可少，但不能超过20分钟。在被试确保能够熟练的操作游戏中的相关角色后，开始正式游戏20分钟。游戏结束后，需要被试完成测量攻击性认知的字词完成测验。该测验在以往许多相关研究中都曾被使用，被试需要在5分钟之内完成该测验。

字词完成测验的原理如下，包含 98 个残词让被试补全，其中 50 个模糊词，可以补全成攻击词又可以补全成非攻击词，例如 h_t，既可以是 hit 又可以是 hat。被试攻击性认知的测量分数计算采取如下方法，即用被试任务完成后攻击性词的数目除以所有完成的残词补全数目。

以残词补全任务的得分为攻击性认知测量指标，进行 2×2 方差分析。

8. 参考文献与推荐阅读

佐斌，黄永林.（2014）. 论网络游戏暴力与暴力指数的构建. 华中师范大学学报：人文社会科学版，（1），49−57.

Anderson, C. A., & Bushman, B. J.（2001）. Effects of violent video games on aggressive behavior, aggressive cognition, aggressive affect, physiological arousal, and prosocial behavior：A meta-analytic review of the scientific literature. *Psychological science*, *12*（5），353−359.

Ferguson, C. J., & Konijn, E. A.（2015）. She said/he said：A peaceful debate on Video Game Violence. Psychology of Popular Media Culture. Advance online publication. http：//dx.doi.org/10.1037/ppm0000064.

Eastin, M. S.（2006）. Video game violence and the female game player：Self-and opponent gender effects on presence and aggressive thoughts. *Human communication research*, *32*, 351−372.

Yang, G. S., Huesmann, L. R., & Bushman, B. J.（2014）. Effects of Playing a Violent Video Game as Male Versus Female Avatar on Subsequent Aggression in Male and Female Players. Aggress Behav.

Yang, G. S., Gibson, B., Lueke, A. K., Huesmann, L. R., & Bushman, B. J.（2014）. Effects of avatar race in violent video games on racial attitudes and aggression. *Social Psychological and Personality Science*, *1*（7）.

9. 思考题

（1）SC−IAT 与 IAT 有什么差异及联系？

（2）"媒体对攻击性的影响"实验有哪些需要改进之处？

（3）除了攻击 SC−IAT，还有哪些值得考虑的测量方法？

第七章　刻板印象与偏见

一、实验 11　刻板印象内容模型

1. 背景知识

　　刻板印象是指一种认知结构，它是由人们对于某些社会群组的知识、观念和期望所构成的（Macrae, Stangor, & Hewstone, 1996）。比如"男生数学能力比女生强，护士属于女性职业不适合男性"，生活中社会心理学对于刻板印象的研究主要围绕着对某些对象群体的刻板印象特征进行描述，对于刻板印象的内容分析和心理结构研究较少。但随着社会认知学派对刻板印象的认知加工机制的进一步探究，需要将刻板印象的认知加工机制放在不同的刻板印象实例中加以验证，因此就不可避免地要探讨刻板印象的内容模型。于是，刻板印象的内容逐渐成为一个研究热点，不同社会心理学家从不同的维度来描述不同的刻板印象内容结构，其中 Fiske 等人提出的刻板印象内容模型（Stereotype Content Model, SCM）最具代表性，而且 SCM 在不同文化样本中都得到了验证（Fiske, 2009; Fiske, Cuddy, Glick, & Xu, 2002; Lin, Kwan, Cheung, & Fiske, 2005）。

　　SCM 的提出就是为了回答一个问题，是否全人类普遍群体存在的刻板印象都可归因于稳定的两个维度：确认其是朋友还是敌人（是否热情）以及他们对自己是否可以构成威胁（是否有能力）。这也是人们为了维护自身利益的一种自动化的意图反应。而且，在存在群体竞争和群体地位差异时，人们对于自己所在内群体和外群体的评价会在热情和能力两个维度上表现出一些固定的特点。研究证实了刻板印象的内容主要是由能力（competence）和热情（warmth）两个维度组成的。由此，SCM 提出了四个相互关联的基本假设（佐斌，张阳阳，赵菊，王娟，2006）。

（1）双维结构假设：外群体的分布是由热情和能力两维度决定的。SCM 最初设计了两个核心问题：当人们遇到外群体时会本能地思考，一是他们会有意伤害我吗？对应着 SCM 模型第一个维度，热情（友好、善良、温暖和真诚）；二是他们能够伤害我吗？对应 SCM 第二个维度：能力（能力、自信、才能和技能）。

（2）混合评价假设：大多数刻板印象是混合的。SCM 假设在热情和能力的双维结构中，大多数群体被评价为高热情而低能力的（low-competence but high-warmth，LCHW）或者是有能力但低热情的（HCLW），而既热情又能干（high-competence and high-warmth，HCHW）和不热情也不能干（low-competence and low-warmth，LCLW）的群体很少。

（3）社会地位假设：刻板印象可以由群体的社会地位来预测。SCM 指出：地位越高的群体就越有可能被刻板地认为是有能力的，而那些有能力获取或占有社会资源的群体可能就会被刻板地认为是缺乏热情的。

（4）群体偏好假设：刻板印象中普遍存在参照群体偏好和外群体贬抑。SCM 认为，为什么在社会生活中存在着强烈而持久的偏见，原因在于参照群体偏好（reference-group favoritism）的存在。在刻板印象中，人们更偏好对参照群体进行积极评价，同时因为内群体偏好而产生相应的外群体贬抑（outgroup derogation）（Brewer，1999）。

随着对刻板印象内容结构研究的深入，研究者发现对目标群体的判断会根据不同的评价者、评价对象、评价时间和情景变化而变化。能力和热情两维度之间关系成为研究的热点之一，发现了热情优先、晕轮效应、补偿效应。影响能力和热情关系的主要因素有：

（1）判断者因素。作为社会判断的主体，判断者的性别、价值观、内群体偏爱等因素会影响两者关系。Abele（2003）的研究发现，社会判断中的热情优先现象受判断者性别的调节，具体而言，女性在社会判断中更加强调热情，表现出更明显的热情优先；而男性判断者更看重能力，并没有明显的热情优先。

此外，判断者价值取向也对社会判断中的热情优先具有调节作用。有研究发现，当给被试呈现一系列既可以判断为热情，也可以判断为能力的热情——能力两可句子（如，辅导同学，避免交通事故）时，集体主义取向的判断者认为行为者是热情的，而个体主义取向的判断者认为行为者是有能力的。这意味着，与个体主义相比，集体主义价值取向的个体表现出更强的热情优先（Fiske，Cuddy，& Glick，2007）。

（2）被判断者因素。依据被判断者是个体还是群体，研究者将社会判断区分为个体水平的判断和群体水平的判断。研究发现，当判断者进行个体水平的判断时，热情和能力更多地表现出晕轮效应（Rosenberg，Nelson，& Vivekananthan，1968）；当判断者进行群体水平判断时，热情和能力则更多地表现出补偿效应。（Yzerbyt，Provost，& Corneille，2005）。

2. 科学问题

随着社会认同理论的兴起与发展，国民刻板印象逐渐成为社会心理学研究中的一个热点问题。以往的研究发现，当个体对自身所属群体具有强烈认同时，就会对所在群体产生情感偏好。那么在具体研究中我们应当如何验证国民刻板印象的存在呢？对不同国家的国民刻板印象内容是否不同？对不同国家的国民刻板印象是否存在评价的共同维度？

3. 变量与假设

采用单因素（内群体 vs. 外群体）被试内设计。研究分为评价内群体（中国）和外群体（外国）两个水平。

研究假设认为大学生存在对本国和他国的国民刻板印象，且国民刻板印象的内容可划分为能力与热情两个维度，其中对于自身所属国家的国民刻板印象最为积极。

4. 实验准备

编制评价问卷，题目为："根据自己的经验，你觉得他们的表演是否很好地代表了某国人的形象？表演中所涉及的对目标国家个体的印象包括什么？可分为几个方面？"

根据 Fiske 的 SCM 内容模型编制国民刻板印象评价问卷，内容包括使用至少六个形容词形容你心目中的法国人、英国人、美国人和中国人等，同时对他们的能力方面（能胜任的、自信的、有能力的、有效率的、聪明的、技能熟练的）、热情方面（友好的、好意的、可信赖的、热情的、温和的、真诚的）、社会地位和竞争性方面进行打分评价。采取 Likert 5 点量表法，需试测对量表信效

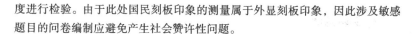

度进行检验。由于此处国民刻板印象的测量属于外显刻板印象，因此涉及敏感题目的问卷编制应避免产生社会赞许性问题。

5. 程序和步骤

首先从班级中随机抽取 15 个人作为评价者，其余人随机分为 9 组，分别饰演法国人、美国人、英国人、印度人、中国人、日本人、意大利人、德国人、泰国人。每组人数应一致（不少于 3 人），抽签决定每一个组的表演项目。每组有 10 分钟的时间准备，可使用道具等。每组成员根据自己的理解表演，可编情景剧等等，其余组猜测，评价者对其表演进行评价打分，可评出一、二、三等奖。所有学生填写国民刻板印象评价问卷，在校园发放问卷 300 份，男女性别比例一致，各年级比例相当。

6. 结果与实验报告要求

（1）数据分析

将回收的问卷进项筛选，剔除随意作答或缺失大量答案的废卷。将有效问卷输入 SPSS 进行统计分析，主要进行 t 检验和聚类分析等操作。结果应验证存在国民刻板印象，且刻板印象内容包括热情和能力两个维度。由于内群体偏好，对于中国的国民刻板印象相较于其他国家偏积极。

（2）报告写作意见

在实验报告的写作过程中，需注意结果部分，措辞应谨慎。应选择既能清楚说明研究结果又经济节省空间的报告形式，一般不需单独呈现某个被试数据或原始数据。结果部分不能全部依赖图表，可配以适当的文字说明。文字说明不可夸大，也不可缩小，必须准确恰当，以实验结果作为依据进行客观的说明。在讨论部分应当清楚地说明研究结果是否支持了最初的假设，还可说明该研究与前人研究的异同。不要简单地重复已经说明过的问题，结论应简单生动，易于加深读者对于研究问题的理解。对于研究的局限和创新应指出以便读者借鉴参考。无论结果是否显著应清楚说明，而非掩饰不良后果。

对于讨论部分应对报告内容进行组织，应明确讨论的要点，并始终围绕要点进行讨论，不可偏题跑题。

7. 实验范例

刻板印象内容模型（SCM）的检验

Fiske 等人通过一系列研究来验证 SCM，包括美国、欧洲、亚洲等地区。这些验证性的研究检验了 SCM 的普遍性或文化差异。结果表明刻板印象内容的能力和热情这两个基本维度是泛文化存在的，普遍适用于各类文化背景中。

（1）美国大学生对本地若干群体的刻板印象

首先让美国大学生（大多数是白人）先对社会中的群体进行提名分类，他们被要求回答以下问题："现今社会是如何将不同的人分类为群组的（如按照种族、性别、职业、能力等）？""哪一群组的人被美国社会认为社会地位最低？""你认为你属于哪一个群体？" 由此得到了如黑人、女人、老年人、亚裔人、蓝领工人等，其中包括"白人中产阶级、学生、基督徒、女人和受过教育者"等24 个目标内群体。其次，被试报告社会对于这些群体在能力和热情方面的评价。能力方面主要包括有能力的、能胜任的、有效率的、自信的、聪明的等，而在热情方面的评价主要包括热情的、可信赖的、温和的、友好的和真诚的；最后还评价了这些群体的社会地位和竞争性。

通过聚类分析，美国大学生按照能力与热情各自的平均分，将这些人群聚为 5 类，群体分布如图 7-1。且通过比较这些平均分分数，发现 19 个群体之间存在显著差异。

图 7-1 显示，老年人、弱智者和残疾人被认为是"可怜类"（pity），相对热情友好但是不能干；穷人、吃救济者、无家可归者被归属为"嫌弃类"（contempt），既不受人敬佩也不讨人喜欢；而富人、男人、犹太人、亚裔人、专业人员和受教育者则能干但不讨人喜欢，属于"嫉妒类"（envy）；基督徒、女人、中产阶级、白人和学生被归属为"骄傲类"（pride），既热情友好又能干。一些群体则居于中间。经过统计分析，美国被试研究验证了 SCM 的四个假设。

（2）欧洲被试对十五个欧盟成员国国民群体的刻板印象

Fiske 采取相同的方法，对来自十五个欧盟成员国中的法国、比利时、德国、葡萄牙、荷兰、西班牙和英国的被试进行了研究，让被试一一评价这些国家国民在热情、能力、地位和竞争方面的情况。图 7-2 为德国大学生评价的 15 个欧盟成员国民群组在热情—能力双维中的分布。由此可以看出，这 15 个群体被聚类为四组。但这一目标群体并没有完全验证 SCM 包含的四个假设。混合刻板印象的假设不成立。对此，Cuddy 和 Fiske 认为是与没有提供社会原型群体有关。

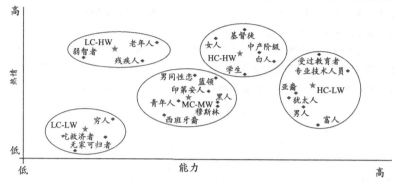

图 7-1　美国大学生评价的群组在热情—能力双维中的分布

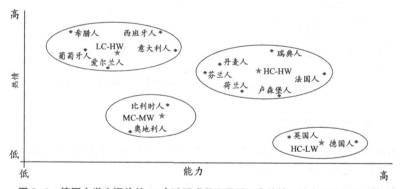

图 7-2　德国大学生评价的 15 个欧盟成员国民群组在热情—能力双维中的分布

（3）东亚被试对本地若干群体的刻板印象

Cuddy 和 Fiske 等人为了探讨 SCM 是否存在文化差异，再次采取完全相同的程序和过程，研究了在个人主义—集体主义（IC）这一维度上与美国显著不同的东亚文化样本（Cuddy et al.，2005）。来自中国香港、日本和韩国三个集体主义国家或地区的被试对本地主要的社会群体的热情、能力、地位和竞争四个方面进行评价。

结果表明，东亚样本也支持了 SCM 的大部分假设。所有样本获得了至少一个 HC-LW 和一个 LC-HW 集群两维度混合的集群，图 7-3 为香港被试的研究结果。而且，在所有的样本中至少有一半的群体获得了混合的刻板印象。经过东亚样本的验证，Cuddy 和 Fiske 认为，热情与能力维度也能描述集体主义的群体，集体主义文化中也存在混合刻板印象。而且，东亚的研究与美国和欧洲的研究都一致表明，地位与能力呈正相关，竞争与热情有负相关。这些研究结果支持了 SCM 的四个假设。但同时也发现，集体主义样本和个人主义样本有显著差异：即来自集体主义文化国家的被试对内群体偏好要比个人主义文化中的被试少。

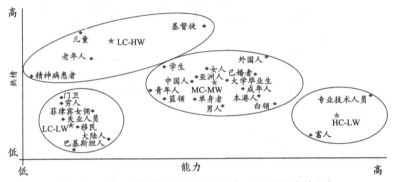

图 7-3　香港大学生评价的群组在热情—能力双维中的分布

8. 参考文献与推荐阅读

佐斌，张阳阳，赵菊，王娟．(2006)．刻板印象内容模型：理论假设及研究．心理科学进展，14（1），138-145.

Abele, A. E. (2003). The dynamics of masculine-agentic and feminine-communal traits: Findings from a prospective study. *Journal of Personality and Social Psychology*, *85*（4），768.

Fiske, S. T. (2009). *Social beings*: *Core motives in social psychology*: Wiley.

Fiske, S. T., Cuddy, A. J., & Glick, P. (2007). Universal dimensions of social cognition: Warmth and competence. *Trends in Cognitive Sciences*, *11*（2），77-83.

Fiske, S. T., Cuddy, Amy J. C, Glick, P., & Xu, J. (2002). A model of（often mixed）stereotype content: Competence and warmth respectively follow from perceived status and competition. *Journal of Personality and Social Psychology*, *82*

（6），878.

Lin, M. H, Kwan, V. S. Y., Cheung, A., & Fiske, S. T.（2005）. Stereotype content model explains prejudice for an envied outgroup: Scale of anti-Asian American stereotypes. *Personality and Social Psychology Bulletin*, *31*（1），34−47.

Rosenberg, S., Nelson, C., & Vivekananthan, P. S.（1968）. A multidimensional approach to the structure of personality impressions. *Journal of Personality and Social Psychology*, *9*（4），283.

Yzerbyt, V., Provost, V., & Corneille, O.（2005）. Not competent but warm... really？ Compensatory stereotypes in the French-speaking world. *Group Processes & Intergroup Relations*, *8*（3），291−308.

9. 思考题

（1）SCM 模型的优点及缺点是什么？

（2）想一想，SCM 模型是否具有跨文化一致性？在中国大环境下适用吗？

（3）能力和热情的关系为什么会出现不同结论？两者关系受什么因素影响？

（4）SCM 模型是稳定的吗？除了能力和热情两个维度是否还存在第三维度？

（5）除了 SCM，你还能想到哪些解释刻板印象内容的理论模型？

二、实验12 内隐性别刻板印象的测量

1. 背景知识

性别刻板印象（gender stereotype）作为刻板印象的一种重要形式，是指人们对男性或女性在行为、角色、人格特征等方面僵固不变的看法，它直接影响到男性和女性的知觉、归因、动机、行为以及对职业的选择（刘颖异，2012）。它不但是社会生活中人们广泛接受的对男性和女性性别属性相对固定的看法和观念，而且，更多地指对男性和女性在心理学特征方面差异的固定看法。如勇敢、坚定、临危不惧被普遍认为是男子汉品质，而温柔、贤惠、善良则被认为是女性品质（魏国英、陈雪飞，2005）。由于受到这种关于男性或女性的典型观念的影响，人们在进行他人评价时会出现偏差。

很多时候，大多数社会心理学家都认为意识控制着我们的社会行为和社会态度。但许多研究者发现测量到的（外显）态度与可观察行为之间也有不一致的情况。由于研究操作的单纯意识取向尤其是直接测量的方法难以解释这一现象，内隐社会认知及内隐态度等概念的提出以及测量方法的改进应运而生。内隐态度（implicit attitudes）是指过去经验和已有态度积淀下来的一种无意识痕迹潜在地影响个体对社会客体对象的情感倾向、认识和行为反应（Greenwald et al.，2002）。后来，Wilson，Lindsey 和 Schooler（2000）建构了双重态度模型（Dual Attitude Model，DAM），该模型认为人们对于同一态度目标可能同时存在两种不同的态度，一种是外显态度，即是外显的、可控制的、能被人们所意识到并承认的，另一种则是内隐态度，即是自动化的、不可控制的、无意识的、自动激活的。内隐态度是无意识的，人们并不清楚其根源何在。内隐态度是自动激活的，不为人们的意识所控制，因此不需要耗费太多的意志努力和认知资源，但它会影响人们的无意识或不可控的反应（Greenwald，McGhee，& Schwartz，1998）。

内隐联想测验被认为是一种有效的测量内隐认知和内隐态度的方法，其生理基础是神经网络模型。神经网络模型是指个体语义记忆中的信息是以概念的形式储存，而且这些概念是按照逻辑上下级关系组织成一个有层次的网络系统，概念就被储存在以语义关系分层组织起来的神经联结点上，这种储存方式恰恰反映了认知的"经济"原则，而两个概念在神经结点上的距离远近就说明了概念之间的密切程度，反之亦然。这就为测量概念之间的联系强度提供了理论解释。内隐联想测验是通过相容分类和不相容分类两种计算机化的分类任务来测量概念词与属性词之间自动化联系的紧密程度，从而测量个体的内隐认知。依据唐德斯减数法的原理，不同阶段的反应时是不同的，且反映了不同的加工过程，而且反应时越长表明心理加工过程越复杂。在社会认知的相关研究中，呈现的刺激不同必然会引起被试心理的复杂反应，这些刺激可能与被试的内隐态度相一致，也可能不一致，因为刺激本身所暗含的社会意义是不同的，因此被试的加工过程的复杂程度也是不同的，反应时的长短肯定有所差异。在相容任务中，概念词和属性词的关系与被试的内隐态度是一致的，此时更多依赖于被试的自动化加工，因而反应速度快，反应时短；而在不相容任务中，概念词和属性词的关系与被试的内隐态度不一致，这就会导致被试的认知冲突，此时辨别任务更多依赖复杂的意识加工，因而反应速度慢，反应时更长。由此，两种联合任务的反应时之差就可以作为一种指标，即反映了概念词和属性词的关系与被试的内隐态度是否一致。

2. 科学问题

那么在具体研究过程中，如何利用 IAT 相容和不相容任务的反应时之差来测量男性和女性的刻板印象呢？在 IAT 测验中，最重要的是界定相容任务和不相容任务，因此要测量性别刻板印象，就要找到与两种性别（概念词）相容和不相容的特质词（属性词）。如果存在内隐性别刻板印象，则男性可能会与男性特有的特质形成联结，它们是相容的，而女性则会与女性特质词形成联结，这两者是相容的。基于这种思想，可以通过测量男性名和女性名与不同的男性特质词和女性特质词的相容及不相容程度就可以测量是否存在性别刻板印象。

3. 变量与假设

采用 2（概念词与属性词组合的一致性：一致 vs 不一致）× 2（被试的性别：男性 vs 女性）混合设计。概念词与属性词一致是指实验中男名与男性词配对，女名与女性词配对；不一致是指男名与女性词配对，女名与男性词配对。其中，概念词与属性词组合的一致性为被试内变量，被试的性别为被试间变量。因变量为被试被要求做出相应反应时所用的反应时间（ms）以及正确率。

研究假设认为对男性和女性都存在性别刻板印象，男性更加男性化，女性更加女性化，因此男性名与男性特质词更相容，女性名与女性特质词更相容，反应时更短，准确率更高，而男性名与女性特质词不相容，女性名与男性特质词不相容，反应时更长，准确率更低。另外，本研究还考察了被试性别的影响，研究假设男性和女性被试的性别刻板印象不存在差异。

4. 实验准备

（1）概念词搜集

根据在网络上查找的全国姓名普查资料，分别从使用频率排在前30位的两性名字中，挑选出 10 个男性名字和 10 个女性名字，其中男性名字为：林志建、李德忠、吴海、祝家杰、杨光、蔡伟、刘晓军、王一凯、张亮、陈磊；女性名字为：赵晓倩、朱燕、周娜、何惠琴、徐芳、胡文娟、马玲、张莹莹、罗素梅、严莉。

（2）属性词搜集

根据钱铭怡等编制的大学生性别角色量表，分别挑选出形容男性和女性的正性词语。10 个形容男性的属性词：胆大的、自立的、有创造力的、外向的、有幽默感的、开朗的、精干的、好动的、主动的、豪放的；10 个形容女性的属性词：有耐心的、文静的、纯真的、文雅的、一丝不苟的、温柔的、善良的、和气的、细心的、贤淑的。

（3）仪器和软件

研究中需要仪器设备和软件程序来呈现概念词和属性词，以及对词汇做出反应。因此最好使用带键盘或者其他反应键的计算机来呈现刺激材料和做出反应。另外，刺激的呈现需要使用到心理学编程软件，可以用 E-Prime 或者 Inquisit 等心理学常用软件来编制实验程序。

5. 程序和步骤

内隐联想测验在计算机上完成。被试坐在计算机前，注视计算机屏幕，对左边的归类用 A 键反应，对右边的归类用 L 键反应。实验中为了保证被试反应的稳定性，在对概念词和属性词同时进行归类之前让被试有练习的机会，于是在实验中内隐联想测验共包括七部分（见表 7-1）。由表可知，第 1 步是对概念词做出辨别，男性名按 A 键，女性名按 L 键。第 2 步对属性词做出辨别，男性词按 A 键，女性词按 L 键。第 3 步是相容任务的练习阶段，即看到男性名或男性词按 A 键，看到女性名或女性词按 L 键。第 4 步与第三步相同，但是是正式试验阶段。第 5 步交换方向，看到男性词按 L 键，女性词按 A 键。第 6 步则是不相容任务的练习阶段。第 7 步是不相容任务的正式试验阶段。最后结果是比较第 4 步相容任务与第 7 步不相容任务之间的差异。

6. 结果与实验报告要求

（1）数据分析

在正式分析前需要对数据进行检查，首先删除内隐联想测验中反应时大于 3000 毫秒或小于 300 毫秒的被试，同时剔除那些错误率超过 20% 的被试数据。反应时太大意味着被试明显受到干扰，太小意味着被试明显抢答。

表7-1 内隐联想测验步骤

测验顺序	1	2	3	4	5	6	7
任务描述	初始靶词辨别	联想属性词辨别	初始联合辨别	初始联合辨别	相反属性词辨别	相反联合辨别	相反联合辨别
靶子词			●男名	●男名		●男名	●男名
	●男名	●男性词	●男性词	●男性词	男性词●	●女性词	●女性词
	女名●	女性词●	女性词●	女性词●	●女性词	女名●	女名●
			女名●	女名●		男性词●	男性词●
刺激举例	○杨光	温柔○	○杨光	○杨光	○温柔	○杨光	○杨光
	徐芳○	○独立	○独立	○独立	○文静	○温柔	○温柔
	朱燕○	○坚强	温柔○	温柔○	独立○	朱燕○	朱燕○
	○陈磊	文静○	朱燕○	朱燕○	坚强○	独立○	独立○

将被试在概念词与属性词组合的一致性这一变量的两个水平（水平一：一致；水平二：不一致）上的平均反应时进行配对 t 检验，比较平均反应时的差异。另外，对 IAT 效应（即概念词属性词组合的一致性这一变量的两个水平上的反应时之差）做被试性别差异检验。

（2）报告写作意见

实验报告的写作中需要注意以下几点。首先，对概念词与属性词的关系最好要有明确的假设，如假设男性名与男性特质词是相容的，女性名与女性特质词是相容的，还可以做其他假设，如男性名与能力属性词相容，女性名与热情词相容等等，在假设提出部分要写明假设及其提出。其次，对概念词和属性词的来源要有明确的报告。概念词和属性词的选取不可随意，如果概念词和属性词的选取不具有代表性可能导致实验失败。写明概念词和属性词的来源也可以帮助其他研究获取这些特质词，从而能够再次重复实验。再次，实验操作过程在报告中呈现时要尽可能简洁清晰又能抓住要点，这样其他研究者就知道要重复这一研究时先做什么后做什么，例如要写明哪一阶段是形成联结，哪一阶段是练习，哪部分是正式实验，这样其他研究者可以清楚地看到实验者是否对实验进行了很好的控制，这也是考察结果是否可信的重要依据。最后，在结果呈现部分，尽量用图表的形式来呈现结果。采用图表的方式呈现不同条件下的反应时和准确率，这种方式更为简洁，可以方便读者快速的理解，对实验结果的印象会更加深刻。

7. 实验范例

花—虫内隐联想测验

Greenwald 等（1998）的花—虫内隐联想测验就是利用这一原理进行测量的，结果发现被试加工"花＋积极词"的联合明显快于"虫＋积极词"的联合，这表明"花＋积极词"的联合与被试的内隐态度更一致，被试对花的态度更为正向（Greenwald，McGhee，& Schwartz，1998）。

该研究共有 32 名被试被邀请到实验室，按照电脑上呈现的指导语在电脑上进行按键反应。女性被试 13 名，男性被试 19 名，其中剔除 8 名被试的无效数据。实验中共使用 150 个刺激词：25 个昆虫的名字，25 个花的名字，25 个乐器的名字，25 个武器的名字，25 个积极词，25 个消极词。其中积极词和消极词来源于 Bellezza、Greenwald 和 Banaji（1986）的研究，每个被试按照下列程序完成内隐测验任务（Bellezza，Greenwald，& Banaji，1986）。

（1）呈现概念词：让被试对花的名字（如百合）和昆虫的名字（如蜘蛛）归类并做出一定的反应（看到花的名字按 F 键，看到昆虫的名字按 J 键）；

（2）呈现概念词：让被试对乐器的名字（如小提琴）和武器的名字（如枪）归类并做出一定的反应（看到乐器的名字按 F 键，看到武器的名字按 J 键）；

（3）呈现属性词：让被试对积极的词汇（如美好的）和消极的词汇（如丑陋的）做出反应（看到积极词汇按 F 键，看到消极词汇按 J 键）；

（4）联合呈现概念词和属性词：让被试做出反应（花的名字或积极词汇按 F 键，昆虫的名字和消极词汇按 J 键；或者是乐器的名字或积极词汇按 F 键，武器的名字和消极词汇按 J 键）；

（5）让被试对概念词做出相反的判断（花的名字按 J 键，昆虫的名字按 F 键）；

（6）再次联合呈现概念词和属性词，让被试做出反应（昆虫的名字或积极词汇按 F 键，花的名字或消极词汇按 J 键；或者是武器的名字和积极词汇按 F 键，乐器的名字或消极词汇按 J 键）。

结果发现，被试对于花的名字和积极词的组合反应时比对于昆虫的名字和积极词的组合反应时更短，而对花的名字和消极词的组合比对昆虫的名字和消极词的组合反应时更长，这就表明被试对于花的态度更积极，而对昆虫的态度更消极；同理，被试对于乐器的名字和积极词的组合反应时比对于武器的名字和积极词的组合反应时更短，而对乐器的名字和消极词的组合比对武器的名字和消极词的组合反应时更长，这就表明被试对于乐器的态度更积极，而对武器的态度更消极。

在本实验中，每个被试完成两个内隐联想测验，一个是以花和昆虫的名字为目标概念的，另一个是以乐器和武器的名称为目标概念的。两个内隐联想测验的步骤是类似的。每个被试完成的这两个内隐联想测验考虑到了五个方面的误差平衡：①两个目标概念的顺序（先呈现花 vs. 昆虫或者乐器 vs. 武器）；②每个内隐联想测验内的相容度顺序；③按键的动作误差；④每个实验任务中的归类刺激数量；⑤实验任务之间的时间间隔。

所有实验任务划分为 50 个反应的实验任务组，且每次实验反应随机呈现，每次按键反应之间间隔 400 ms。在实验最后，实验者还进行了外显态度的测量。在完成电脑按键任务之后，被试会完成一份纸质态度问卷，测量他们对花、昆虫、乐器和武器概念的态度。被试被要求简单地描述一下对于这四个概念的感觉——温暖和偏爱或中立或冷漠和不偏爱的一般水平。之后，被试再完成一组有关这四个概念的语义差异项目，这个七点评价量表是由五组两个相对的极端词组成的：美丽—丑陋、好—坏、愉悦—厌烦、真诚—虚假、美好—糟糕。被试被要求在这五组相对词之间对四个概念所在的位置进行评分，最后以平均分作为每个概念词的得分，分数在 −3（消极）到 3（积极）之间变动，反映了被试对概念词的态度。

8. 参考文献与推荐阅读

佐斌, 刘眄. (2006). 基于 IAT 和 SEB 的内隐性别刻板印象研究. 心理发展与教育. 4, 57−63.

Bellezza, F. S., Greenwald, A. G., & Banaji, M. R. (1986). Words high and low in pleasantness as rated by male and female college students. *Behavior Research Methods*, *Instruments*, & *Computers*, 18 (3), 299−303.

Brinley, J. F. (1965). Cognitive sets, speed and accuracy of performance in the elderly. *Behavior*, *Aging and the Nervous System*, 114−149.

Brinley, J., & Fichter, J. (1970). Performance deficits in the elderly in relation to memory load and set. *Journal of Gerontology*, *25*（1），30–35.

Fiske，S. T.（1993）. Controlling other people：The impact of power on stereotyping. *American Psychologist*, *48*（6），621.

Greenwald，A. G，McGhee，D. E.，& Schwartz，J. L. K.（1998）. Measuring individual differences in implicit cognition：The implicit association test. *Journal of Personality and Social Psychology*, *74*（6），1464.

Greenwald，A. G.，Banaji，M. R.，Rudman，L. A.，Farnham，S. D.，Nosek，B. A.，& Mellott，D. S.（2002）. A unified theory of implicit attitudes，stereotypes，self-esteem，and self-concept. *Psychological Review*, *109*（1），3.

Greenwald，A. G.，Nosek，B. A.，& Banaji，M. R.（2003）. Understanding and using the implicit association test：I. An improved scoring algorithm. *Journal of Personality and Social Psychology*, *85*（2），197.

Nosek，B. A.，& Banaji，M. R.（2001）. The go/no-go association task. *Social Cognition*, *19*（6），625–666.

Wilson，T. D.，Lindsey，S.，& Schooler，T. Y.（2000）. A model of dual attitudes. *Psychological Review*, *107*（1），101.

9. 思考题

（1）IAT 的基本原理是什么？在测量过程中如何权衡反应速度和准确性的关系？

（2）想一想，IAT 测量与自陈式问卷测量的区别和联系有哪些？

（3）你认为 IAT 的方法有哪些优点和缺点？

（4）想一想，还可以用 IAT 的方法测量哪些群体的内隐刻板印象？

（5）除了 IAT，你还能想到其他测量内隐刻板印象的方法吗？

三、实验 13　观点采择对偏见的影响

1. 背景知识

偏见（prejudice）是人们针对特定群体及其个体成员所持的不公正的、否定性的态度。偏见是社会中普遍存在的现象，是每个人都可能遇到的问题。偏见

的来源多种多样，种族、年龄、性别、职业甚至是肥胖都会导致偏见。偏见常以有限的或不正确的信息来源为基础以偏概全，如"北方人豪爽，南方人精明"。偏见的认知成分是刻板印象，以刻板印象为基础，但偏见与刻板印象不同，偏见作为一种态度具有更复杂的结构，反映了对群体成员的情感反应偏向。偏见是刻板印象形成过程中不可避免的结果，是一种内隐的观念，人们往往很自然地、无意识地流露出对某些群体成员的偏见态度。虽然偏见随处可见，人们通常坚决否认自己存在偏见观念。如何有效减少偏见始终是社会心理学家关注的热点之一。

社会心理学家通过研究发现观点采择是有效降低刻板印象的方法之一。观点采择是指个体设身处地理解与感受他人想法与情感的能力（Ku, Wang, & Galinsky, 2010）。观点采择不仅能够加强与他人的联系和重合，而且使人们更容易理解并接受他人的角色特性。采择外群体成员的观点可以减弱对外群体成员的刻板印象，并且降低对外群体成员的负面评价（Vescio et al., 2003）。如Galinsky 和 Moskowitz（2000）通过实验发现，首先给被试呈现一张老年人的图片，观点采择组的被试被要求想象自己是图片中的老年人并写一段话，结果表明，观点采择组的被试相比给予中立指导语的被试，对目标群体的刻板印象减少了。Vescio 等人（2003）研究发现白人被试在采择黑人大学生的观点之后，对黑人群体表现出了更为积极的态度，同时还有研究表明观点采择能提高白人被试对黑人群体的内隐评价，减弱黑人与消极概念之间的联结强度，加强黑人与偏见抑制性概念之间的联结（Todd, Bodenhausen, Richeson, & Galinsky, 2011）。

观点采择是如何降低刻板印象的，主要有三个理论模型：

一是观点采择破坏了与刻板印象相关行为的记忆、自发解释以及信息收集这三个维持刻板印象的认知过程，从而降低了对目标群体的刻板印象（Todd, Galinsky, & Bodenhausen, 2012）；Todd 等人发现，与控制组相比，观点采择组的被试会回忆出更多与刻板印象不一致的行为表现，会为与刻板印象不一致的行为提供更多的意向性解释，而且，当有机会收集目标人物的信息时，观点采择组会检索更多与期待不一致的信息。这些都表明观点采择是破坏刻板印象稳定性的有效策略。因此，观点采择是一种削弱刻板印象稳定性的切实可行的策略（Todd et al., 2012）。因为当被试积极地考虑目标观点时，实际上是被鼓励脱离他们通常的思维惯例或默认的加工倾向，这种倾向是导致把目标信息潜在地与突出的刻板期望联系起来的一种高度自动化的加工策略。

二是自我—他人融合模型，该模型认为观点采择提高了自我大脑表征和他人大脑表征之间的重叠度（Galinsky & Moskowitz, 2000），个体进行观点采择后知觉目标人物与自我有更多的相似，自我表征与他人表征显现出心理上的部分融合。个体会将积极的自我评价投射到对目标群体的评价上，因此观点采择会降低刻板印象。

三是共情—利他假设模型，该模型最初是由 Batson 提出的（Batson, Early, & Salvarani, 1997）。共情（empathy）是指个体基于他人或他人所处情境而产生同情、怜悯等情感唤起的心理过程（Davis, 1983）。Aberson 和 Hagg（2007）从共情的角度出发，将共情分为认知共情（cognition empathy）与情感共情（emotionempathy）。认知共情类似于一般意义上的观点采择，因此可以认为观点采择是共情的认知基础。首先个体对目标群体中的成员进行观点采择（认知共情）会体会到该人生活的困境，产生同情、怜悯等指向目标人物的情绪反应（情感共情）；然后，这种情绪导致人们更关注目标群体的生活状况，增加利他动机，希望减轻他人痛苦；最后，这种关注和情绪会扩散到目标群体整体，降低对他们的偏见，并改善对其态度。

2. 科学问题

在具体研究中，如何验证观点采择能够降低刻板印象和偏见呢？如何测量刻板印象是否降低呢？观点采择的操纵方式会对观点采择的结果有重要影响。以往研究中通过指导语来操纵观点采择，包括想象他人和想象自我。想象他人的观点采择（imagine-other perspective），让被试想象目标人物在情景中的感受。例如"想象目标人物是如何感受所描述的体验的，这种体验又是如何影响他/她的生活的"。想象自我的观点采择（imagine-self perspective），让被试想象自己如果在目标人物所在的情景中会如何感受。例如，实验中呈现人物图片后，要求被试想象图片中人物生活的典型的一天，想象自己是图片中人，透过他的眼睛看世界，用他的脚步走遍世界（Ames, Jenkins, Banaji, & Mitchell, 2008）。

3. 变量与假设

采用单因素（实验条件：控制组 vs. 想象自我观点采择组）被试间设计。每种条件下被试男女比例应一致。因变量为被试对老年人刻板印象使用情况。这

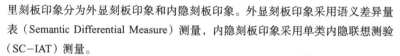

里刻板印象分为外显刻板印象和内隐刻板印象。外显刻板印象采用语义差异量表（Semantic Differential Measure）测量，内隐刻板印象采用单类内隐联想测验（SC-IAT）测量。

研究假设认为观点采择可以有效降低被试刻板印象的使用，相比于控制组，观点采择组对老年人刻板印象显著降低。

4. 实验准备

（1）预实验材料

预实验中采用开放式问卷调查，让被试对老年人的印象进行评价。根据开放式问卷调查收集到的词汇，删去重复词汇。通过5名专家讨论、筛选和评定，以少数服从多数和词频数不低于5的原则，最终得到若干有关老年人刻板印象词汇。

根据《词汇评定问卷》得到的最终词汇，要求被试从中挑出最能描述对老年人印象的形容词，且为避免顺序效应带来的影响，问卷随机分布编制成同质问卷A、B、C、D四版，随机发放。最后挑选出最能代表老年人刻板印象的词汇10个（并统计词频）。

（2）正式实验材料

观点采择组指导语：

"想象一下，如果现在你是一位老年人，你会有怎样的想法和感受？你会怎样度过日常生活中的一天？请从第一人称的角度书写你的真切感受。"

控制组指导语：

"请你从一个观察者的角度，用第三人称客观描述一下老年人的生活状态，他们是如何度过其生活中的典型的一天。"

采用语义差异量表测量外显刻板印象，该量表采用李克特7点评分系统。要求被试对老年人进行5个项目上的评分，将被试在各项上的计分加总即为对老年人的外显刻板印象分数。由于评价是正向的，其分数与对老年人的刻板印象程度呈反比。内隐刻板印象计算被试在SC-IAT中的反应时之差。属性词和概念词由预实验获得。

（3）仪器和软件

研究中需要仪器设备和软件程序来呈现概念词和属性词，以及对词汇做出反应。因此最好使用带键盘或者其他反应键的计算机来呈现刺激材料和做出反应。另外，刺激的呈现需要使用到心理学编程软件，可以用 E-Prime 或者 Inquisit 等心理学常用软件来编制实验程序。

5. 程序和步骤

（1）外显刻板印象

首先请被试填写一份语义差异量表，确定其基线水平，为后测提供比较标准和依据。之后让被试填写人口学变量等基本信息。然后让被试休息 5 分钟左右，并将被试随机分配到实验组和控制组，即观点采择组和控制组，要求被试根据不同的指导语完成书写任务。在被试完成书写任务之后，让被试休息五分钟左右，再请被试重复之前的测量，测其对老年人的刻板印象。

（2）内隐刻板印象

首先请被试在实验开始之前填写人口学变量等基本信息，以前后测实验设计为主，让被试完成内隐联想测验，再将被试随机分为观点采择组与控制组，并再次重复之前的测验，以其相容与不相容任务的反应时差为计分标准。

测试过程具体步骤如下：

老年人的内隐刻板印象测量共分为两部分，练习和正式实验。其程序如下：第一部分要求对属性词进行辨别归类，并进行按键反应，电脑屏幕中央呈现刺激词一次，电脑屏幕左上角呈现"积极+老年人"，要求被试把属于这一类的刺激词归为一类，按 F 键反应；电脑屏幕右上角呈现"消极"，要求被试归纳消极的刺激词，按 J 键反应，练习完之后进入正式实验；第二部分要求被试对"积极"的刺激词按 F 键，对"消极+老年人"的刺激词按 J 键，并记录两个阶段正式测验的正确率和反应时。

6. 结果与实验报告要求

（1）数据分析

为了更好地检测观点采择这一变量的操纵效果，在被试完成书写任务以后，会让被试回答一个问题："你在刚刚的书写任务中多大程度上把自己想象成老年人？"让其进行 1—7 点评分，分数越高，则表明被试观点采择的程度越高。将两组被试的观点采择自评分数做独立样本 t 检验，以检验观点采择的有效性。

①外显刻板印象

对老年人外显刻板印象进行 t 检验，前测时实验组和控制组的外显刻板印象分数差异应不显著。观点采择后，两组被试对老年人的外显刻板印象分数变化差异应显著。这表明，观点采择可以有效降低当代大学生对老年人的外显刻板印象水平。

②内隐刻板印象

在正式分析前需要对数据进行检查，首先删除内隐联想测验中反应时大于3000毫秒或小于300毫秒的被试，同时剔除那些错误率超过20%的被试数据。反应时太大意味着被试明显受到干扰，太小意味着被试明显抢答。

将被试在概念词与属性词组合的一致性这一变量的两个水平（水平一：一致；水平二：不一致）上的平均反应时进行配对 t 检验，比较平均反应时的差异。另外，对IAT效应（即概念词、属性词组合的一致性这一变量的两个水平上的反应时之差）作差异检验。观点采择组的差异应小于控制组。

（2）报告写作意见

实验报告的写作中需要注意以下几点。首先应理清实验逻辑，自变量、因变量操作方式应清晰明了，这样在报告中不会出现逻辑错误。再次，实验操作过程的呈现要明确，分步骤按顺序呈现，也要包括对实验操纵有效性检验，实验流程要完整，可供其他研究者参考借鉴。最后，结果呈现部分尽可能用图表的形式呈现，更加简洁，也方便读者快速获取实验结果。

7. 实验范例

观点采择对老年人内隐刻板印象的影响

本研究根据前人研究，采用单类内隐联想测验（SC-IAT）范式测量大学生对老年人的内隐刻板印象，并探讨大学生对个人表达、认知能力和身体特征三个维度之间的老年人内隐刻板印象是否存在差异。以前后测实验设计为主，自变量为观点采择与否，因变量为大学生对老年人的内隐刻板印象水平，以单类内隐联想测验（SC-IAT）中的反应时之差计量。调查观点采择是否能够有效降低大学生对老年人的内隐刻板印象水平。研究假设当代大学生存在对老年人个人表达、认知能力和身体特征三个维度划分的内隐刻板印象，且以身体特征维度为代表的内隐刻板印象刻板性最强；观点采择组被试对老年人以身体特征为代表的内隐刻板印象水平比控制组的显著降低。

研究工具为内隐联想测验材料。

属性词： 如表7-2所示

表7-2　不同维度的老年人刻板印象的形容词

认知能力		身体特征		个人表达	
积极	消极	积极	消极	积极	消极
睿智的	狭隘的	阳光的	邋遢的	上进的	伪善的
严谨的	肤浅的	朝气蓬勃的	猥琐的	乐观的	敷衍的
思辨能力强	马虎的	健康的	懒惰的	谦进的	浮躁的
缜密的	迟钝的	美丽的	体弱多病的	热情的	萎靡的
高效的	极端的	精神焕发的	笨拙的	豁达的	冷漠的
机智的	死板的	青春的	病态的	活泼的	刻薄的
冷静的	僵化的	英俊的	丑陋的	阳光的	世故的
清晰的	愚笨的	活泼的	佝偻的	善交际的	偏激的
深刻的	无知的	整洁的	臃肿的	快乐的	狡猾的
灵活的	糊涂的	强壮的	矮小的	温和的	吝啬的

概念词：

老年人：白发、爷爷、奶奶、皱纹、养生、老伴、广场舞、空巢、老花镜、长辈。

年轻人：青春、网络、希望、手机、梦想、未来、任性、事业、个性、压力。

观点采择的操作方式采取想象自我指导语，同实验准备中提到的正式实验材料。

首先请被试在实验开始之前填写人口学变量等基本信息，以前后测实验设计为主，让被试依次做完个人表达、认知能力和身体特征3个内隐联想测验，再将被试随机分为观点采择组与控制组，并再次重复之前的测验，以其相容与不相容任务的反应时差为计分标准。测试过程具体步骤如下：

老年人的内隐刻板印象测量共分为两部分，每个部分包括24个练习 trial，之后是144个测试 trial，其中，身体特征类、个人表达类和认知能力类的分别为48个。其程序如下：第一部分要求对属性词进行辨别归类，并进行按键反

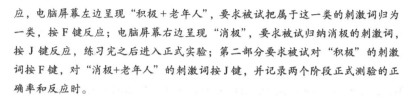

应，电脑屏幕左边呈现"积极＋老年人"，要求被试把属于这一类的刺激词归为一类，按 F 键反应；电脑屏幕右边呈现"消极"，要求被试归纳消极的刺激词，按 J 键反应，练习完之后进入正式实验；第二部分要求被试对"积极"的刺激词按 F 键，对"消极＋老年人"的刺激词按 J 键，并记录两个阶段正式测验的正确率和反应时。

8. 参考文献与推荐阅读

连淑芳，杨治良.（2009）.观点采择对内隐刻板印象的影响研究. 心理学探新，29（6），75−78.

孙炳海，苗德露，李伟建，张海形，徐静逸.（2011）.大学生的观点采择与助人行为：群体关系与共情反应的不同作用. 心理发展与教育，27（5），491−497.

Aberson, C. L., & Haag, S. C.（2007）. Contact, perspective taking, and anxiety as predictors of stereotype endorsement, explicit attitudes, and implicit attitudes. *Group Processes & Intergroup Relations*, *10*（2），179−201.

Ames, D. L., Jenkins, A. C., Banaji, M. R., & Mitchell, J. P.（2008）. Taking another person's perspective increases self-referential neural processing. *Psychological Science*, *19*（7），642−644.

Galinsky, A. D., & Ku, G.（2004）. The effects of perspective-taking on prejudice：The moderating role of self-evaluation. *Personality and Social Psychology Bulletin*, *30*（5），594−604.

Galinsky, A. D., & Ku, G.（2005）. Perspective-taking and self-other overlap：Fostering social bonds and facilitating social coordination. *Group Processes & Intergroup Relations*, *8*（2），109−124.

Ku, G., Wang, C. S., & Galinsky, A. D.（2010）. Perception through a perspective-taking lens：Differential effects on judgment and behavior. *Journal of Experimental Social Psychology*, *46*（5），792−798.

Ku, G., Wang, C. S., & Galinsky, A. D.（2010）. Perception through a perspective-taking lens：Differential effects on judgment and behavior. *Journal of Experimental Social Psychology*, *46*（5），792−798.

Laurent, S. M., & Myers, M. W.（2011）. I know you're me, but who am I？Perspective taking and seeing the other in the self. *Journal of Experimental Social*

Psychology, *47*（6），1316−1319.

Todd，A. R.，Bodenhausen，G. V.，Richeson，J. A.，& Galinsky，A. D.（2011）.
Perspective taking combats automatic expressions of racial bias. *Journal of
Personality and Social Psychology*，*100*（6），1027−1042.

Todd，A. R.，Galinsky，A. D.，& Bodenhausen，G. V.（2012）. Perspective taking
undermines stereotype maintenance processes：Evidence from social memory，behav
or explanation，and information solicitation. *Social Cognition*，*30*（1），94−108.

9. 思考题

（1）你认为观点采择能够降低刻板印象吗？如果能它是如何降低刻板印
象的？其基本原理是什么？

（2）观点采择除了采用指导语操控还有没有别的更有效的方式？

（3）你认为能够降低刻板印象和偏见的方法还有哪些？

（4）上述"观点采择对老年人内隐刻板印象"的实验范例有没有存在缺陷
和漏洞，如果有，如何改进？

四、实验 14　反刻板印象信息对刻板印象的作用

1. 背景知识

反刻板印象（counter-stereotype）是指个体的表现与人们的刻板印象不相
符，违背了人们对传统角色的期望和要求。对反刻板印象的内涵主要存在两种
观点：①不具有"应该"特征的反刻板印象，即没有做到刻板印象规定的"应
该做"的事情，如性别刻板印象规定女性"应该"温柔，而如果一个女性不具
有温柔的特征，则属于反性别刻板印象者。②具有"不应该"特征的反刻板印
象，即做了刻板印象规定的"不应该"做的事情，如性别刻板印象规定女性"应
该"温柔，而如果一个男性具有"不应该"的温柔特征，也属于反性别刻板印
象者。那么在面对"女汉子、花美男"这些违反性别刻板印象的信息时，人们
的刻板印象会发生怎样的变化呢？

通常情况降低刻板印象有两种思路：否定刻板印象或肯定反刻板印象。
Gawronski 等（2008）比较了否定刻板印象和肯定反刻板印象这两种非刻板联结

训练在抑制刻板激活中的作用，他们让一半被试进行否定刻板印象训练，即对刻板化配对信息（如女性姓名与柔弱的配对）按"NO"键，而对反刻板化配对不反应，而让另一半被试进行肯定反刻板训练，即对反刻板配对信息（如女性姓名与坚强的配对）按"YES"键，而对刻板化配对不反应，结果发现，相比否定刻板印象训练，只有肯定反刻板印象的训练能明显抑制刻板印象的激活。已有研究表明可以通过向被试呈现反刻板信息降低人们的刻板化，抑制刻板印象的自动激活（Blair，Ma，& Lenton，2001；Crisp & Nicel，2004）。在研究中，操纵反刻板信息的方式有很多，比如将积极图片或文字和污名化群体配对、呈现成功反刻板样例、对反刻板个体印象形成等等。研究者发现只需想象反刻板个体这一简单操纵就能降低刻板印象。Blair 等人（2001）通过实验发现反刻板信息组的被试（要求被试想象一名女强人，形成心理意象）相比于控制组、刻板信息组、无想象组在随后的 IAT 和 GNAT 等测验中表现出更低水平的内隐刻板印象。Blair，Ma 和 Lenton（2001）通过 5 个实验发现，进行反刻板化想象的被试，与进行中性、刻板化或没有想象的被试相比，会产生明显更弱的内隐刻板印象，连淑芳（2006）也发现了反刻板印象想象策略对性别职业刻板印象的干预效果明显。由此可见进行反刻板印象想象是一种降低刻板印象的有效策略。如果在生活中不断遇到反刻板印象个体，人们对反刻板印象个体的接受度会逐渐增高。

但反刻板想象并非能够降低所有类型的刻板印象。Kurt，Robin 和 Donald（2010）进一步指出反刻板印象想象改变刻板印象具有领域特异性，如想象一个强大的女企业家的刻板印象会消除"女性是弱的"刻板印象，此效应仅限于工作情境，而对于女性在家庭情境（如家庭主妇）时却没有影响。连淑芳（2013）研究发现反刻板印象信息对于职业自我刻板印象具有显著的干预作用，对男生的干预大于女生，在内隐水平反刻板信息只能部分消除刻板印象。反刻板信息对于刻板印象的降低作用不仅局限于实验室，也具有很高的外部效度。Dasgupta 和 Asgari（2004）除了采用实验室实验向被试暴露反刻板印象的女性自传（如女领导、女科学家等），同时进行了为期一年的田野研究，利用两种自然环境——一所女子大学和一所男女同校大学——中女性担任领导职务（如女教授）比例的预先存在的差异优势，将处于反刻板印象领导位置的著名女性暴露给其他女性，能够有效减低女性对其内群体消极刻板印象的自动激活。

对于反刻板信息对刻板印象的降低作用，有研究者认为是因为刻板印象具有情境敏感性。通常情况下社会判断依赖于相关子分类的样例，在进行社会判断时样例是暂时突显或激活的，因为子分类激活的样例是随时间和情境改变的，所以对相同刺激的判断也会随之改变。同样的逻辑也适用于对社会群体的判断。在不同的时间点显著的群体成员是不同的，所以对群体的判断会发生转变。如果样例理论是正确的，那么种族歧视和刻板印象将会具有情境敏感性。所以如果呈现积极的反刻板样例即反刻板信息是有可能改变刻板印象的。

反刻板印象违背和偏离刻板印象期望，打破和颠覆了人们传统的刻板观念，为缓解和消除刻板印象和偏见提供了可能性，为减少偏见提供了新的思路，成为社会心理学新的研究热点之一。

2. 科学问题

虽然反刻板信息对于刻板印象的降低作用得到了许多研究支持，但仍有研究者持不同的意见，对此问题仍未达成一致。为什么不同的研究得出了不一致的结论呢？反刻板信息是否能够减低偏见和刻板印象需要实验的证实，那么在具体研究中研究者们是如何操纵反刻板信息的呢？纵观以往研究，发现他们对于反刻板信息的操纵方式不同，这会对实验结果造成影响吗？

3. 变量与假设

采用单因素（实验条件：反刻板组 vs. 中性组 vs. 无想象组）被试间设计。对于刻板印象水平要进行前测，在被试接受实验操纵之后再后测进行比较。选取男女比例一致的被试，随机接受不同的实验条件进行反刻板化想象、中性想象、无想象。需要记录被试做出相应反应时所用的反应时间（MS）以及正确率。这两项数据由软件程序在每位被试完成后给出，主试将其记录。研究假设为相比于中性想象和无想象组，接受反刻板化想象组的被试在随后的测量中刻板印象水平更低。

4. 实验准备

（1）实验条件操纵方式

操纵反刻板信息的方式有很多，先提供两种以供参考。下面的实验程序及结果分析只针对第一种方法——想象。

①想象

对实验条件的操纵采取指导语的方式

反刻板想象组：请想象一名"强壮的女人"为什么她被认为很强壮？她有能力做什么？她有什么爱好？她喜欢什么运动？请用一段话描述出这名女性。

中性组：请想象法国的一个度假村是什么样的？它看起来怎么样？什么样的人会去那度假？什么使得它成了一个度假村？请用一段话来描述自己想象的度假村。

无想象组：让被试欣赏一段五分钟长的自然风光的小视频。

②印象形成

要求被试对所提供的不同类型的组合进行描述，组合包括反刻板组（如女技工，女科学家等）、刻板组（如男技工，男科学家等）。要求被试在两分钟内描述所提供的组合可能有什么特征，最多使用 20 个属性词。收集数据时应删去重复的词汇，如壮实的、强壮的。

（2）材料和仪器

研究需要测量被试的刻板印象水平，选用 IAT 作为测量工具。测量时需要仪器设备和软件程序来呈现概念词和属性词，以及对词汇做出反应。因此最好使用带键盘或者其他反应键的计算机来呈现刺激材料和做出反应。另外，刺激的呈现需要使用到心理学编程软件，可以用 E-Prime 或者 Inquisit 等心理学常用软件来编制实验程序。需准备好一段五分钟长的风景视频。

属性词来源可根据钱铭怡等编制的大学生性别角色量表，分别挑选出形容男性和女性的正性词语。10 个形容男性的属性词：胆大的、自立的、有创造力的、外向的、有幽默感的等词汇。10 个形容女性的属性词：有耐心的、文静的、纯真的、文雅的、一丝不苟的等词汇。

概念词来源根据在网络上查找的全国姓名普查资料，分别从使用频率排在前 30 位的两性名字中，挑选出 10 个男性名字和 10 个女性名字，其中男性名字为：林志建、李德忠、吴海、祝家杰、杨光、蔡伟、刘晓军、王一凯、张亮、陈磊；女性名字为：赵晓倩、朱燕、周娜、何惠琴、徐芳、胡文娟、马玲、张莹莹、罗素梅、严莉。

5. 程序和步骤

首先需要对被试的刻板印象水平进行前测，确定其基线水平。刻板印象选用 IAT 作为测量工具。内隐联想测验在计算机上完成。被试坐在计算机前，注视计算机屏幕，对左边的归类用 A 键反应，对右边的归类用 L 键反应。实验中为了保证被试反应的稳定性，在对概念词和属性词同时进行归类之前让被试有练习的机会。

于是在实验中内隐联想测验共包括七部分。第一步是对概念词做出辨别。第二步对属性词做出辨别。第三步是相容任务的练习阶段。第四步与第三步相同，但是正式试验阶段。第五步交换方向。第六步则是不相容任务的练习阶段。第七步是不相容任务的正式试验阶段。最后结果是比较第四步相容任务与第七步不相容任务之间的差异。

测量后休息五分钟，让被试接受三种实验条件下的一种，接受无想象实验条件的被试则在计算机上观看事先准备好的风景视频。大多数被试可在五分钟左右完成实验，随后再测量被试的性别刻板印象水平。再次进行 IAT，要求被试在做 IAT 时牢记之前自己创造出的心理意象（强壮的女人或某度假村）。

6. 结果与实验报告要求

（1）数据分析

在正式分析前需要对数据进行检查，首先删除内隐联想测验中反应时大于 3000 毫秒或小于 300 毫秒的被试，同时剔除那些错误率超过 20% 的被试数据。反应时太大意味着被试明显受到干扰，太小意味着被试明显抢答或不认真作答。

将被试在概念词与属性词组合的一致性这一变量的两个水平（水平一：一致；水平二：不一致）上的平均反应时进行配对 t 检验，比较平均反应时的差异。分别比较反刻板组、中性组、无想象组前测和后测平均反应时的差异，同时比较三组前测时平均反应时的差异。前测时三组被试的刻板印象水平应无显著差异，经过实验操纵反刻板组被试的刻板印象水平应显著下降，中性组和无想象组下降不显著。

（2）报告写作意见

在实验报告的写作过程中，对被试情况的清楚说明非常重要。所选取的被试样本应具有代表性，并详细说明被试情况如被试的数目、每个实验条件下所分配的被试数目等。如果样本不具有代表性或被试中途退出实验或被淘汰都应给予解释说明。在实验仪器方面应描述实验中所用到的仪器和材料以及它们在实验中所起的作用和功能。对于特殊或复杂的设备可提供设备型号等信息。

在实验程序部分，应详细说明研究过程中的每个步骤，如对被试的指导语、分组情况、实验操作的具体情况，应让读者清楚地明白实验的步骤和程序。

7. 实验范例

奥巴马效应

Columb 等人在 2011 年通过实验验证了接触奥巴马——一个积极的反刻板样例是否可以导致对黑人内隐偏见的减少，这一实验是针对白人群体。奥巴马效应是指奥巴马作为一个积极的反刻板样例导致个体对黑人群体内隐偏见的减少。之前已有文献表明，由于个体生活中经常接触奥巴马，很多非黑人群体并未对黑人群体表现出内隐偏见。为了消除之前接触奥巴马的影响作用，他们首先向部分被试呈现消极的黑人样例。在实验中被试被随机分配到以下三种实验条件中的一种：消极样例组、消极样例——奥巴马组、控制组。Columb 等人假设，相对于控制组，接触消极样例组的被试随后对黑人群体的内隐偏见会增加；消极样例——奥巴马组的被试相对于消极样例组被试和控制组被试随后的内隐偏见会减少。在三种实验条件下被试都需完成词汇决策任务，向被试展示一系列的词，被试判断是词还是非词。在词汇决策任务前启动一个阈下刺激（55 ms），用名字或者一系列的 X's 启动，随后用随机词汇作为掩蔽。被试共完成 24 个 trial，其中控制组采用 X's 代替。

在消极样例组随机启动三个消极黑人样例（O. J. Simpson, Chris Brown, Michael Vick），然后启动 X's。在消极样例——奥巴马组，最开始启动消极样例随后启动奥巴马。消极样例的选取是在预实验中获得，是学生们都知道但评价消极的人物。所有的被试随后完成黑人/白人内隐联想测验（IAT）以测量其内隐偏见。在指导语中并未告知被试测量的目的，只告诉他们完成 IAT 的方法。最后被试完成对黑人的态度测验，共 10 个项目，七级计分。实验中还收集了被试的政治党派和对奥巴马执政的喜爱程度，将其作为协变量控制。实验结果验证了假设，先接触消极样例再接触奥巴马组被试随后对黑人群体的内隐偏见水平较低。只接触消极样例组被试对黑人群体的内隐偏见水平较高。之前对于降低内隐偏见的实验都依赖于被试有意识的注意和努力，而这一实验则是在阈下水平，无需注意和努力。实验结果表明只需简单的重复接触哪怕一个积极的反刻板样例都可以影响内隐联结和态度，这对于降低刻板印象和偏见具有重要意义。

8. 参考文献与推荐阅读

连淑芳. （2013）. 内隐刻板印象中反刻板印象信息的干预研究. 心理学探新，33 （6），525—531.

Blair, I. V., Ma, J. E., & Lenton, A. P. （2001）. Imagining stereotypes away: The moderation of implicit stereotypes through mental imagery. *Journal of Personality and Social Psychology*, *81* （5），828.

Columb, C., & Plant, E. A. （2011）. Revisiting the Obama effect: Exposure to Obama reduces implicit prejudice. *Journal of Experimental Social Psychology*, *47* （2），499—501.

Crisp, R. J., & Nicel, J. K. （2004）. Disconfirming intergroup evaluations: Asymmetric effects for ingroups and outgroups. *Journal of Social Psychology*, *144*，247—271.

Dasgupta, N., & Asgari, S. （2004）. Seeing is believing: Exposure to counterstereotypic women leaders and its effect on the malleability of automatic gender stereotyping. *Journal of Experimental Social Psychology*, *40* （5），642—658.

Gawronski, B., Deutsch, R., Mbirkou, S., Seibt, B., & Strack, F. （2008）. When "just say no" is not enough: Affirmation versus negation training and the reduction of automatic stereotype activation. *Journal of Experimental Social Psychology*, *44* （2），370—377.

Hugenberg, K., Blusiewicz, R. L., Sacco, D. F. （2010）. On malleable and immalleable subtypes: Stereotype malleability in one subtype does not spill over to other prominent subtypes. *Social Psychology*, *41*，124—130.

9. 思考题

（1）你认为呈现反刻板信息能够降低刻板印象吗？如果能，其基本原理是什么？如果不能原因是什么？

（2）想一想在生活中存在哪些反刻板信息降低刻板印象的例子。

（3）如何将反刻板信息对刻板印象的作用应用在实际生活中？

（4）上述奥巴马效应实验范例的优点及缺点有哪些？

第八章 竞争与合作

一、实验 15 小组竞争与合作

1. 背景知识

竞争（competition）是个体或群体间力图胜过或压倒对方的心理需要和行为活动，即每个参与者不惜牺牲他人利益，最大限度地获得个人利益，目的在于追求富有吸引力的目标（俞国良，2010）。竞争符合人类生存及发展的需要，并且它还可以唤起人们的成就动机，激发人们的潜能；对于集体而言，竞争可以促进生产力的进步和创新活动的发展，使得集体长盛不衰。但是竞争也会影响人际关系，使得个人失去社会生存空间（朱琳琳，2012）。合作（cooperation）有三层含义：相互帮助，即合作成员中每个人的行为都可以被他人替代；相互鼓励，即成员为了完成共同的目标而对彼此的行为加以肯定和赞许；相互支持，即成员会支持和认同能够促进集体更快地完成目标的行为（Deutsch，1968）。合作可以使个体在良好的社会关系中提高工作效率，获得社会支持；但是合作有时也会引发责任分散，反而降低工作积极性，致使合作成员相互推诿责任。

对于合作和竞争，研究者提出了很多有趣的研究方法，其中较为著名的有多伊奇和克劳斯于 1960 年进行的一项名为"卡车实验"的经典研究（Deutsch & Krauss，1960）。在研究的虚拟情境中，两个卡车司机汤姆和瑞恩有两条路线可以选择，一条是互不干扰的里程长的备用路；另一条是里程短的主干道但有一段是双方共用，而且双方在共用一段的两端各设置了一道控制门。每辆卡车都有一条与对方不冲突的道路选择，但是要比捷径远得多。实验者设定，如果走这条路线的话就会失去一定的分数，如果走最近的路线的话，即使后来又改换其他线路也会得到一定的分数，而且两个司机手中都掌握着这条单行线闸门的按钮，他们可以关闭这条捷径。参与游戏者的目的就是得到尽量多的分数，不过主试并没有要求要取得比对方更多的分数。这一实验所关心的问题主要是在生活中人们是更加倾向于竞争还是合作。结果发现在游戏中，被试更倾向于竞争而非合作。

另外，谢里夫在1954年进行了一项经典的现场试验——"匪穴"实验。谢里夫将24名孩子带到一处名为"匪穴"的僻静的国家公园，并将他们分为2组，每组12人。第一个阶段，两个小组处于隔离的状态，并在各个组内鼓励和激励合作的气氛。第二阶段，开始引入小组间竞争机制，两个组要进行竞争。研究者甚至还安排了真实的有点残忍的情境，诱发两个小组间的敌视。第三阶段，是试图消除由第二阶段所造成的不同小组间的敌对状态，这一过程明显是非常艰难的。一开始两个小组的成员会相互攻击，但是谢里夫创造了几个实验情境，所有的孩子必须为了同一个目标全力合作才能完成任务。最终两组的孩子真正做到了消除敌视，能够友好和谐地相处。谢里夫通过这一经典实验证明"群体相互的态度和行为主要是由群体之间功能关系的性质决定，并非由在他们自己群体内占优势的关系和态度决定，也并非由那些在个人生活史已经承受了高于正常程度的挫败痛苦的特殊个体成员的偏离或神经症性行为决定"。

2. 科学问题

那么竞争与合作对于我们的工作表现和任务兴趣又有什么样的影响呢？我们通过经验可以感觉到，人们在竞争的情景下会自发地调动工作积极性，这会提高工作表现但似乎会降低工作兴趣；而处于合作环境下的人则可能会有更高的工作兴趣，但由于责任分散效应又会降低他们的工作积极性。由此引发我们思考：在工作中，我们究竟应当采取竞争还是合作的策略呢？

Tauer和Harackiewicz在2004年报告的一篇文献中就设计了四项实验来研究这一问题。他们通过设置不同的竞争与合作方式，让被试进行投篮，比较投中的数目，探讨竞争与合作对任务表现的影响。

3. 变量与假设

实验一采取单因素被试间设计，自变量为任务情景，分为3个水平，即合作、竞争和组间竞争。纯合作条件中，每组两名被试的目标是共同达到一定分

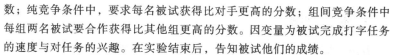

数；纯竞争条件中，要求每名被试获得比对手更高的分数；组间竞争条件中每组两名被试要合作获得比其他组更高的分数。因变量为被试完成打字任务的速度与对任务的兴趣。在实验结束后，告知被试他们的成绩。

研究的假设是：①组间竞争条件下的被试兴趣和表现都显著高于其他组被试；②竞争和合作条件下的被试任务兴趣和任务表现都没有差异；③无论是在竞争还是在合作条件下，被试的任务表现和任务兴趣会有相同的趋势。

4. 实验准备

（1）实验指导语

①预实验指导语

本阶段属于预实验。接下来你将看一系列单词，每次呈现一个。你的任务是尽可能快而准确地使用键盘输入这个单词。每次输完一个单词你可以按 enter 键确认，并继续输入下一个单词。

②合作条件指导语

下面进行正式实验。你和另一名组员将同时进行这个实验，在刚刚进行的预实验中，你们的平均输入速度是 S（事先计算好），平均输入正确率是 C。如果在正式实验中你们的平均速度和正确率都超过预实验阶段的话，将得到奖励。

③竞争条件指导语

下面进行正式实验。你和另一名组员将同时进行这个实验，如果你的输入速度和正确率都超过另一名组员的话，将得到奖励。

④组间竞争条件指导语

下面进行正式实验。你和另一名组员将同时进行这个实验，另一个组的两名同学也在同时进行这个实验。如果你和你的组员的平均输入速度和正确率超过另一组，你们两人都会得到奖励。

（2）仪器和软件

研究中需要仪器设备和软件程序来呈现单词，并收集被试的输入速度和正确率。因此最好使用带键盘或者其他反应键的计算机来呈现刺激材料和做出反应。另外，刺激的呈现需要使用到心理学编程软件，可以用 E-Prime 等心理学常用软件来编制实验程序。

5. 程序与步骤

首先，选取 40 个不常用的英语单词，单词的字母数控制在 8~10 个之间。向被试呈现单个单词，让被试使用键盘正确地输入单词。预实验中使用 20 个单词，正式实验中使用另外 20 个单词。

然后，先让所有被试参与预实验，以熟悉实验流程并测得初始输入速度和正确率。

接下来按照 3 个水平将被试分为 3 个团队，第一个团队 16 人，两人一组，接受合作水平实验；第二个团队 16 人，两人一组，接受竞争水平实验；第三个团队 32 人，四人一组，其中两人合作与另外两人竞争。

实验结束后让被试在李克特 7 点量表上评价对本次实验的感兴趣程度。

6. 结果与实验报告要求

（1）数据分析

在正式分析前需要对数据进行检查，先计算所有被试在每个单词上的平均输入速度和标准差，删除大于三个标准差的数据，因为被试在实验中可能受到了干扰。

数据处理时需对合作、竞争和组间竞争三个水平下的输入速度、正确率和兴趣程度进行方差分析，比较不同水平直接差异显著性。

（2）报告写作意见

实验报告的写作中需要注意以下几点。首先，要清楚认识本次实验的程序。本次实验中分为两个阶段，分别是预实验和正式实验阶段。在正式实验阶段中，采取被试间设计，即不同团队的被试只接受一个水平的实验处理。要知道这样设计的原因。其次，对实验材料的选取要有明确的报告。单词的选取不可随意，要选取不常用的单词，这样可以避免被试的练习效应。最好在实验之前事先另选取一些被试对单词进行评定，以确认这些单词是不常用的。另外，要在报告中间清晰地呈现实验的操作过程，以便于以后的研究者重复这一研究。最后，结果的呈现应当多使用图表，并且以画龙点睛的文字对图标加以解释，这样更为简洁，也更有利于读者对实验结果的理解。

7. 实验范例

合作与竞争对内在动机和表现的影响

Tauer 和 Harackiewicz 在 2004 年的研究中使用的就是这一原理。

研究者先后使用四项研究考察了竞争与合作对内在动机和工作表现的影响。研究在为期一周的中学男生篮球训练中进行，这些男生每天都做了很多篮球个人能力提升训练（例如自由投篮，单手上篮等），也进行合作训练（例如传球）和竞争训练（例如比赛）。

实验一中，研究者选取了 36 名被试，匹配他们的投篮准确率后将他们两两分为一组。每个人进行 10 次自由投篮。在合作条件下，每组的目标是共同获得指定的分数；在竞争条件下，小组一个成员的目标是超过另一成员的分数；在小组竞争的条件下，小组的目标是超过另一组的分数。此外，研究者还设置了一个准实验变量，即比赛结果。这一变量不是由研究者控制的，比赛结果分为胜利和失败两个水平。

主试记录了被试的自由投篮准确率，并且在比赛之后让被试在 10 点量表上评价自己在比赛之中的愉悦感。结果发现小组竞争条件下被试会有更高的投篮准确率和更高的愉悦感，这与研究者的假设相符。研究还发现，被试在合作、竞争上的任务表现和愉悦感都没有显著差异。

在实验 2 中，研究者对实验 1 做一个重要改进：新加入了一个水平，即个人目标，就是让单个被试获得一定的分数。实验 2 的其他程序和实验 1 相同。结果发现，和实验 1 一样，小组竞争条件下被试的任务表现和愉悦感最高。

实验 3 中，研究者选取了 128 名被试进行问卷调查。主试向被试介绍比赛流程后，让被试在五点量表上评价：①他们期望与另一名组员的共同得分；②实现这一目标对他们的重要性；③挑战性有多大；④他们在这一场景下会感觉到自己多大的友好程度、合作程度和竞争程度；⑤他们最想参加哪种比赛。结果发现小组竞争中的被试愉悦感高于其他条件，竞争条件下的被试比合作条件下的被试有更高的兴奋感，而合作条件下的被试有更高的热情。实验 4 中，研究者综合了前三个实验，增大被试量。

从这一连贯的四个实验中，研究者发现，无论是在竞争还是合作条件下，被试在比赛中的表现和从比赛中获得的愉悦感都没有显著的差别，但是小组竞争条件下，被试有更高的任务表现和愉悦感。

8. 参考文献与推荐阅读

俞国良．（2010）．社会心理学．北京：北京师范大学出版社．

Deutsch，M. & Krauss，R.（1960）．The effect of threat upon interpersonal bargaining. *Journal of Abnormal and Social Psychology*，*61*，181−189．

Tauer，J. M.，& Harackiewicz，J. M.（2004）．The effects of cooperation and competition on intrinsic motivation and performance. *Journal of Personality and Social Psychology*，*86*（6），849．

9. 思考题

（1）你认为在"小组竞争与合作"实验设计中，可能会出现哪些额外变量？应当如何控制？

（2）除了对工作表现和任务兴趣有影响外，竞争与合作还有可能影响到什么？

（3）想一想，有什么因素会影响到竞争与合作策略的使用？

二、实验 16　博弈中的竞争与合作

1. 背景知识

"我们每天所需的食物和饮料，不是出于屠夫、酿酒师或者面包师的恩惠，而是出于他们自立的打算。"这句话出自亚当·斯密所著的《国富论》（1776）（张元鹏，2005）。这句话经典地体现了新古典经济学中的"理性经济人假设"，即个体是追求自我利益最大化的纯粹理性人。但是近年来基于博弈的行为研究证明，个体更加在意的是自己与他人的相对收益（王益文等，2014）。经典的研究范式有独裁者博弈、最后通牒博弈和信任博弈，这三种博弈范式都是简化的博弈模型，研究者可以通过简单的实验设计研究各种各样出于博弈中的竞争与合作。博弈双方分为提议者和响应者，提议者提出资源分配方案，响应者接受这方案。不同的是独裁者博弈中，响应者只能被动接受提议者提出的资源分配方案；在最后通牒博弈中，响应者有权拒绝这一方案；而在信任博弈中，响

应者有权对自己获得的资源进行再分配。在这三种博弈范式中，以最后通牒博弈使用最为广泛。

最后通牒博弈（Ultimatum Game，UG）中，假设资源是有限的，博弈双方分为提议者和响应者。提议者拥有资源的分配权，他向响应者提出资源分配方案。响应者拥有资源分配的决定权，如果响应者同意这一分配方案，资源将按照这一方案进行分配；如果响应者不同意这一方案，即否决这一方案，那么博弈双方将得不到任何资源。在这一博弈过程中，提议者和响应者双方都知道资源的数量、双方即将分配到的资源数以及博弈的最终结果，因此双方始终是在互动状态下进行博弈的。

那么博弈的最终结果是怎样的呢？按照上文提到的新古典经济学中"理性经济人假设"，分配者将会在资源分配方案中占据绝大多数资源（99%），而给响应者的资源数则会微乎其微（1%）；对于响应者来说，他将不得不接受这一分配方案，因为如果拒绝的话，他将什么也得不到，而如果接受方案的话，他还能获得一定量的资源。这一假设似乎和我们在日常生活中的体验不同。即使人人都是"自利"的，但是我们似乎不会做得如此极端，我们也有"利他"的动机，即在博弈中，我们会竞争，但是我们会通过合作，将竞争所得到的利益最大化。

2. 科学问题

在具体的实验情景中，被试究竟是"理性"地做出分配，还是会有其他有趣的结果呢？如何利用最后通牒范式来考察博弈双方在资源分配活动中的竞争与合作？根据"理性经济人假设"，人具有绝对的理性和判断能力，在未知情景中，会综合利用所有可得的而有用的信息做出最有利于自己的决定。因此，分配者将会得到绝大多数的资源（90%），而响应者则会接受这一决定。但是，如果响应者拒不接受分配者的资源分配方式，或者分配者并没有将绝大多数资源据为己有，而是较为"公平"地分配资源，那么"理性经济人假设"就被推翻了。通过向被试呈现利他图片，是否能够改变被试的"理性"竞争意识呢？

3. 变量与假设

利用最后通牒博弈范式，采用2（利他启动：启动 vs. 不启动）× 2（启动对象：分配者 vs. 响应者）的被试间设计。启动材料为利他行为图片，因变量为分配者的资源分配方式和响应者的决定。两项数据在被试完成实验后给出，主试将其记录下来。

研究假设是在利他启动条件下，分配者将会采取更加公平的分配方式；响应者会倾向去拒绝不公平的分配方式。而在不启动的条件下，分配者将会采取更加理性的分配方式；响应者倾向于接受分配者的资源分配方式。在不启动条件下，大部分分配者都不会将绝大多数资源据为己有，而是采取更加利他的分配方式；响应者也倾向去不接受分配者的极端分配方式。

4. 实验准备

（1）启动图片的准备

利他意识的启动可以有很多种方法，比如词语、情景描述或者图片等，本实验中采取图片启动，因为材料获取简单且启动强度大。可以呈现例如捐款、志愿者、让座、帮忙推车、献血等利他行为图片。需要注意的是，应当准备 10 张图片，并且另外找被试在 5 点量表上评定图片的利他程度，挑选出得分最高的 5 张图片作为启动材料。

对于利他不启动条件来说，应当准备与利他行为无关的中性图片，例如坐、卧、走、蹲、跑等行为的图片。同样，对于中性图片，也要另找被试对其利他程度进行评定，挑选得分最低的图片。

（2）实验指导语

①分配者条件

你和另外一名同学同时进行这项实验。你将先看到五幅图片，之后需要你对你们的期末成绩额外加分进行分配。你和这名同学共有 10 分的额外加分，如果你给自己分了 x 分，那么另一位同学就会分到 10-x 分。在你决定好之后，请你将分配方式填写在屏幕的相应位置并提交给另一位同学，如果另一位同学同意你的分配方式，你们的期末成绩将会按照你的方案进行加分；但是如果另一位同学不同意你的分配方式，你们将失去这次加分机会。

②响应者条件

你和另外一名同学同时进行这项实验。你将先看到 5 幅图片，之后你要对你们的期末成绩额外加分方案进行决策。你和这名同学共有 10 分的额外加分，另一位同学已经考虑好你们的分配方案。如果那名同学给自己分了 x 分，那么你将会分到 10-x 分。如果你同意你们的分配方式，你们的期末成绩将会按照方案进行加分；如果你不同意你们的分配方式，你们将失去这次加分机会。

（3）仪器和软件

研究中需要仪器设备和软件程序来呈现图片和提交分配方案。因此最好使用带键盘或者其他反应键的计算机来呈现刺激材料和做出反应。因此可以使用E-Prime等心理学常用软件来编制实验程序。

5. 程序与步骤

将40名被试随机分为4组，每组10人，分别为分配者—启动组，分配者—不启动组，响应者—启动组，响应者—不启动组。

实验在计算机上完成。博弈双方被试同时进行，并通过局域网将两台电脑连在一起。先向被试呈现指导语，紧接着呈现启动（或非启动）图片。接下来让分配者对资源进行分配，填写好分配方案并提交给响应者。响应者接收到分配方案，对方案进行决策。

6. 结果与实验报告要求

（1）数据分析

采用两因素的方差分析，考察利他启动与启动对象对分配方案产生的影响。

（2）报告写作意见

在实验报告的写作中要注意以下几点。首先，利他行为的启动材料选取工作要有明确的报告。几乎在所有的心理学实验中，实验材料的选取都是要有依据的，以利于控制额外变量的影响。例如在本实验的利他图片中，除了要对图片中利他信息进行评分，在图片呈现时也最好使用黑白图片。其次，被试在进行最后通牒博弈实验前，最好对实验逻辑没有清楚的认识，没有学习过相关知识。最后，在结果呈现部分，尽量用图表的形式来呈现结果。采用简洁的图表方式呈现实验结果，可以方便读者快速的理解，对实验结果的印象会更加深刻。

7. 实验范例

负性情绪抑制对社会决策行为的影响

王芹等人（2012）利用电生理实验方法，通过将情绪抑制操作引入最后通牒博弈实验范式（UG），探讨了负性情绪抑制的主观情绪体验、胜利反应及其对社会决策行为的影响。

在实验中，研究者使用兴趣图片来进行情绪抑制任务，让被试在愉快、悲伤、厌恶、恐惧和愤怒上进行5点评分。

被试作为回应方来参与最后博弈任务，总共包括24次试验，其中一半和计算机对手完成，另一半则与另一人类博弈对手（6男，6女）完成。每一轮试验被试的任务是与不同的对手来分配10元钱的资金。实验分配的24次提议中，将提议水平设置为公平和不公平两类情况，同时由于本实验着重考虑不公平提议下被试的决策行为，因此在每个被试面对的24次提议中，16次为不公平提议（6次¥9：¥1，6次¥8：¥2，4次¥7：¥3），8次为公平的分配（¥5：¥5）。24次分配随机呈现，并且计算机和人类对手的分配比例相同。

整个实验流程是个别施测的方式，具体程序如下：首先，给被试连接上记录生理反应的传感器；让其填写情绪评定量表一；然后向被试详细说明最后通牒博弈实验任务的操作方法，让其接受类似任务练习，熟悉流程；接着让被试保持放松平静状态，持续采集5分钟的生理指标，作为基线值；然后，将被试随机分成两组，一个是情绪抑郁组，另一个是自然观看组，采用情绪图片诱发负性情绪，通过指导语控制情绪反应，观看完图片后，填写情绪评定量表二。最后，让被试开始最后通牒博弈任务，并采集其生理指标。

结果发现：①抑制负性情绪没有诱发被试相应的主观体验，情绪抑制使皮肤电反应性增强；②相对自然观看组而言，情绪抑制组的被试在面对不公平的分配方案时，更倾向于做出拒绝接受的决定。结果表明，情绪抑制使回应者更容易做出不理智的决策。

8. 参考文献与推荐阅读

王芹，白学军，郭龙健，沈德立.（2012）.负性情绪抑制对社会决策行为的影响.心理学报，（44），690－770

王益文，张振，张蔚，黄亮，郭丰波，原胜.（2014）.群体身份调节最后通牒博弈的公平关注.心理学报，（46）.1850.

张元鹏.（2005）.最后通牒博弈实验及其评价.经济学动态，（6），83.

Güth，W.，Schmittberger，R.，&Schwarze，B.（1982）. An experimental analysis of ultimatum bargaining. *Journal of Economic Behavior and organization*, 3, 367—388.

9. 思考题

（1）你如何看待心理学实验中启动材料的启动效果和持续性？

（2）在博弈范式中，独裁者博弈、最后通牒博弈和信任博弈有什么区别？

（3）请你想一想，实际生活中我们有使用过最后通牒博弈吗？

（4）信任博弈范式可以更好地研究博弈中的合作，请你查阅文献，试着用信任博弈做出一个关于合作的研究设计。

三、实验 17 我们更愿意与什么样的人合作

1. 背景知识

合作和竞争是人类生存和发展的不竭动力。没有合作，人类就无法在远古时期极其恶劣的环境下生存下来；没有竞争，就没有进化论的优胜劣汰、适者生存，人类的发展也就无从谈起。在一般的情况下，人们更加倾向于竞争，正如进化心理学所描述的那样，竞争是人的天性，是人的本能。在考察影响竞争与合作的因素时，研究者对如何促进合作以及减少竞争产生了浓厚的兴趣。社会心理学家们通过一系列的实验证明，人们之间的竞争和合作受着很多因素的影响。首先是奖励和奖励方式，增加报酬对合作影响不大，但是报酬的减少则使人们趋向竞争；其次是社会文化因素，不同的社会文化背景会对人们的竞争与合作策略的使用产生不同的影响，例如在崇尚集体主义的东方社会中人们更加倾向于合作，在个人主义至上的西方社会中，竞争的关系则表现得更为突出。

社会认知同样也是影响竞争与合作的一个重要因素。人们对于某个群体会产生自动化、概括化印象，对于这一群体中的个人也会产生相同的印象，这种印象是好是坏，似乎也会影响到人们合作的动机。研究者们针对这种概括化的刻板印象提出了"刻板印象内容模型"，以便我们更深入地理解和研究刻板印象对人们行为的影响。在刻板印象内容模型中，研究者们提出了两个维度，即热情（包含友好、善良、温暖、真诚）和能力（包含自信、才能、技能）。

在这一小节，我们将通过一个"遥远星球范式"的变式（Hoffman & Hurst, 1990），来操纵刻板印象的热情和能力维度（Ufkes et al., 2010）。在这一范式中，

假定存在一个遥远的星球,这个星球上居住着一个群体"Morfs",然后向被试呈现关于这个群体的各种特点。使用这样一个虚拟的物种(群体),可以避免被试联想到任何真实存在的群体,这样就能肯定所有的效应都是由刻板印象的热情和能力两个维度引起的,而这两个维度又是研究者可以操纵的。同样这个方法排除了任何已有的关于真实群体的信念的干扰。然后我们可以通过假定被试与 Morfs 之间解决资源开发问题的情景来研究被试的合作行为倾向。

2. 科学问题

在具体的研究过程中,如何操纵被试对外群体成员的刻板印象内容(高能力、低能力、高热情和低热情),从而对人们的成败归因和合作行为倾向产生影响呢?

3. 变量与假设

本实验为 2(热情:高 vs. 低)× 2(能力:高 vs. 低)的被试间实验设计。高热情水平下将告知被试 Morfs 人具有高情商(平均水平 130,范围是 120 到 140 之间),都是热情、友善、待人温和的;低热情水平下将告知被试 Morfs 人具有低情商(平均水平为 70,范围是 60 到 80 之间),都是冷漠、自私、具有攻击性的;高能力条件下将告知被试 Morfs 人都具有高智商(平均水平 130,范围是 120 到 140 之间),是聪明、能干、效率高的;低能力条件下将告知被试 Morfs 人具有低智商(平均水平为 70,范围是 60 到 80 之间),都是愚蠢、低效、无能的。因变量为合作行为倾向。

实验的假设是:①对外群体成员持有高热情的刻板印象会提高被试在未来合作的行为倾向,而对外群体成员持有低热情的刻板印象则会降低被试在未来对合作的行为倾向;②对外群体成员持有高能力的刻板印象会提高被试在未来合作的行为倾向,而对外群体成员持有低热情的刻板印象则会降低被试在未来对合作的行为倾向。

4. 实验准备

(1)指导语
①高热情—高能力条件下对 Morfs 的介绍
我们都知道,正常人类的 EQ/IQ 得分都在 90 ~ 110 之间,高于这个得分的

人拥有高情商/高智商，而低于这个得分的人拥有低情商/低智商。在一个遥远的星球上住着一个群体 Morfs，Morfs 大多具有高情商（平均水平130，范围是120到140之间），很多都是热情、友善、待人温和的。他们也大都具有高智商（平均水平130，范围是120到140之间），并且很多都是聪明、能干、效率高的。

②高热情—低能力条件下对 Morfs 的介绍

我们都知道，正常人类的 EQ/IQ 得分都在90～110之间，高于这个得分的人拥有高情商/高智商，而低于这个得分的人拥有低情商/低智商。在一个遥远的星球上住着一个群体 Morfs。Morfs 大多具有高情商（平均水平130，范围是120到140之间），很多都是热情、友善、待人温和的。但是他们只有较低的智商（平均水平为70，范围是60到80之间），很多都是愚蠢、低效、无能的。

③低热情—低能力条件下对 Morfs 的介绍

我们都知道，正常人类的 EQ/IQ 得分都在90～110之间，高于这个得分的人拥有高情商/高智商，而低于这个得分的人拥有低情商/低智商。在一个遥远的星球上住着一个群体 Morfs。Morfs 大多具有低情商（平均水平为70，范围是60到80之间），很多都是冷漠、自私、具有攻击性的。并且他们只有较低的智商（平均水平为70，范围是60到80之间），很多都是愚蠢、低效、无能的。

④低热情—高能力条件下对 Morfs 的介绍

我们都知道，正常人类的 EQ/IQ 得分都在90～110之间，高于这个得分的人拥有高情商/高智商，而低于这个得分的人拥有低情商/低智商。在一个遥远的星球上住着一个群体 Morfs。Morfs 大多具有低情商（平均水平为70，范围是60到80之间），很多都是冷漠、自私、具有攻击性的。但是他们大都具有高智商（平均水平130，范围是120到140之间），并且很多都是聪明、能干、效率高的。

⑤情境指导语

众所周知，地球的资源面临枯竭，特别是一些不可再生且不可替代的资源，这些资源对于我们人类的发展非常重要。科学家们在 Morfs 的星球上，找到了一种极具价值的资源，并且发明了开采并利用这种资源的技术。现在你的团队到达了这颗遥远的星球，你们发现 Morfs 并没有开采这一资源的技术。作为团队的代表你将如何抉择？是和 Morfs 合作，向他们提供技术，共同开采；还是与 Morfs 展开竞争，通过比赛或者战争获取资源？

（2）实验材料的准备

实验可以采用纸质问卷来呈现实验指导语和实验情景，也可以让被试直接在纸上作答。需要注意的是，问卷的排版应当美观，字迹要清晰。

5. 程序与步骤

将40名被试随机分为4组，分别接受高热情—高能力条件、高热情—低能力条件、低热情—高能力条件和低热情—低能力条件的实验处理。

实验开始给被试介绍了某个遥远星球上住着的一个群体 Morfs，介绍的信息包括正常地球人的 EQ/IQ 水平、该群体的总体 EQ/IQ（情商和智商）水平，以及与之相对应的该群体成员的典型特质。

随后，向被试展示情境指导语，让被试想象由于地球资源紧张，被试和被试的团队作为代表到 Morfs 星球开采一种能源，让被试在七点量表上决定如何对待 Morfs，是倾向于采取竞争的策略，还是倾向于采取合作的策略。

6. 结果与实验报告要求

（1）数据分析

对高热情—高能力条件、高热情—低能力条件、低热情—高能力条件和低热情—低能力条件四种条件下被试的合作倾向平均数进行方差分析，比较行为倾向的差异。

（2）报告写作意见

实验报告的写作中需要注意以下几点。首先，对因变量测量使用的是七点量表，要注意其本身的缺陷。作为心理学中常用测量方式，七点量表既有其优点，也有其不可忽视的缺点，其中之一就是单量表测量可能会带来偏态分布，所以要使用两道及以上的题目。在本次实验中，应当既测量被试的合作倾向，也应当测量被试的竞争倾向，并进行反向计分。其次，在结果呈现部分，尽量用图表的形式来呈现结果。采用图表的方式呈现不同条件下的合作行为倾向以及它们之间差异的显著性。图表呈现方式更为简洁，可以方便读者快速的理解，对实验结果的印象会更加深刻。

7. 实验范例

刻板印象和合作

Carsten K. W 在 1995 年考察过刻板印象对合作倾向的作用。实验中，被试为 60 名大学生，来自历史、文学、社会和医药学科，自愿参加实验，实验后获得 10 元报酬。实验设计为 2（队友分类：神学 vs. 商科）× 2（信息属性：无信息 vs. 不确定），均为被试间变量。

实验开始时，八人一组，分开坐在不同的隔间，面对显示屏，随机参加实验流程。利用显示屏呈现所有信息，包括指导语和问卷。被试按键做出反应。在简要概述后，告诉被试在接下来的决策中会对他们进行相互比较。例如："为了相互熟悉，我们会先向你提几个问题，你只需要回答是或否。在决策前，电脑会随机选择一些你曾经做出肯定回答的问题提给其他参与者。同样，你也会收到他们肯定回答的问题。"

在这一指导语之后，被试要对 40 道是非问题进行回答。这些问题都是对日常活动、偏好、想法的处理。例如"昨天我看报纸了"，"我经常探望父母"，"有时我会参加一些朋友聚会"。在这些短句子呈现的间歇，会呈现一些由实验者操纵的信息属性。实验结束后会呈现问卷，被试按键作答。

之后，被试会和另一名参与者一起进行决策。告知被试如果他们都选择了 A（即合作），双方都会获得更多奖励，如果都选 B（即不合作），那么双方都会获得更少的奖励。然而，如果双方一个选 A 一个选 B，选 A 的被试会得到最低的奖励，而选 B 的被试会得到最高的奖励。这一流程是考察被试合作和不合作意愿，但是没有使用"合作"、"竞争"、"合作者"和"竞争者"这样的词语。为了增加实验的信度，实验要求被试做出谨慎的抉择，因为他们赢得的奖励可以兑换成同比例的现金。

一半被试得知他们的队友是商科专业，另一半得知队友是神学专业。处于无属性信息条件下的被试只会得到专业信息，不会得到其他信息。但是处于不确定信息条件下的被试则会得到队友的额外信息，例如"最近剪了头发""有一辆二手自行车"等，这些额外信息都经过 30 位心理学研究生评定，认为这些表述都很能描述一个人。

被试有 30 秒的时间阅读这些信息，然后开始决策。每次实验流程中，被试都要选择 A（合作）或者 B（不合作）。被试和他们的队友都不知道彼此选择的是什么。这是因为别人的行为可能会和最初基于分类或特征信息的信念相一致。因此，为了避免潜在的混淆效应，实验过程中没有向被试提供反馈信息。在决策流程结束后，向被试呈现一长列专业，要求他们选择他们的队友可能的专业，用作操作检查。

结果发现分类标签变量的主效应显著，表现为队友为商科的被试合作倾向低于队友为神学的被试。此外，分类标签和特征信息两个变量有显著的交互作用。

8. 参考文献与推荐阅读

De Dreu, C. K., Yzerbyt, V. Y., & Leyens, J. P. (1995). Dilution of stereoty pe-based cooperation in mixed-motive interdependence. *Journal of Experimental Social Psychology*, *31*（6），575-593.

Hoffman, C., & Hurst, N. (1990). Gender stereotypes: Perception or rationalization? *Journal of Personality and Social Psychology*, *58*, 197-208.

Ufkes, E. G., Otten, S., van der Zee, K. I., Giebels, E., & Dovidio, J. F. (2010). The effect of stereotype content on anger versus contempt in "day-to-day" conflicts. *Group Processes & Intergroup Relations*, *15*（1），57-74.

9. 思考题

（1）你觉得使用"遥远星球范式"来操作刻板印象的热情与能力维度有什么优点与缺点？

（2）想一想，"遥远星球范式"还可以用来操作哪些社会认知变量？

（3）除了社会认知外，还有什么因素可能会影响到合作策略的使用？

（4）除了直接测量被试的合作意愿，你还能想出更好的方法来测量被试真实的合作行为倾向吗？

第九章　群际关系与群体心理

一、实验 18　内群体偏好

1. 背景知识

在社会心理学中，内群体（in-group）指的是一个人在心理上认同自己所属的一个社会群体。相对的，外群体（out-group）则是个体在心理上不认同自己所属的一个社会群体。内外群体具有相对性，对于同一个体而言，在某一条件或情境下，其内群体成员和外群体成员在另一条件或情境下可能同属一个内群体。例如，以性别来划分，对于一个男性而言，一个女性属于外群体成员，然而他们可能同属于一个社团，那么在这个情况下，她便成为内群体成员。

内群体偏好（In-group favoritism）则指的是在内外群体成员之间更偏爱内群体成员的一种现象。在日常生活和工作中，当我们在对他人进行评价时，或者在给他人分配食物、金钱等资源的时候，都存在着内群体偏好的现象（Aronson et al., 2010）。例如，有研究表明，在对发生在自己所属群体上的事件进行归因的时候，人们更多地对能反映群体积极一面的事件进行内部（特质性）归因，而对会反映群体消极一面的事件进行外部（情境性）归因（Taylor & Doria, 1981）。

Tajfel 及其同事提出的社会认同理论（social identity theory）是研究内群体偏好的一个重要理论。该理论认为，认同或群际偏差的动机在于通过群体获得积极的自尊；当个体通过群际比较能够进行积极区分时，即内群体比外群体优秀时，群体成员会获得更加积极的自尊。也就是说，这种获得积极社会认同的动力正是个体产生内群体偏好行为的一般根源。在实验室中研究内群体偏好，首先需要一个对群体进行划分的方法。现实生活中的群体都具有自身的特殊性，有独特的历史和人员构成，用这些群体做实验无法排除其他因素的影响。在提出社会认同理论的工作过程中，为了解决这个问题，Tajfel 及其同事发明了一种研究最纯粹群体划分过程的范式——"最小群体范式"（Minimal groups paradigm）。他们认为群体的形成，以及伴随群体形成而产生的内群体偏好可以在很短的时间内发生。在最小群体范式中，一群彼此并不了解的人，基于一些再平常不过的标准（如对特定油画的偏好）在名义上被划分为不同的群体。他们没有任何实际的利益相关以及情感纽带，仅仅因为在名义上被划分为不同的群体，便表现出了诸如内群体偏好等典型的群际偏差行为。

2. 科学问题

那么在具体研究中，怎样运用最小群体范式对群体进行划分，又如何测量被试的内群体偏好呢？在最小群体范式中最首要的是制定一个再平常不过的标准，例如对特定画作的偏好。被试的分组是随机进行的，然而被试接受的信息是：分组是基于对之前所评定画作的偏好差异来进行的。如此进行分组后，对于每一个被试而言，两组的成员并无实质性的差异，他们仅仅是获得了一种信念（我们组与他们组对画作的偏好存在差异），无关因素得到了控制。而内群体偏好则通过报酬分配任务来进行测量，如果群体划分的过程是有效的，并产生了内群体偏好，这种偏好就会在被试给其他成员选择报酬分配方案的时候体现出来。

3. 变量与假设

实验采用的货币分配矩阵分为 AB 两类，每一类皆有 2 个，总共 4 个矩阵。如表 9-1 所示，如第一个矩阵，共有两行，要求被试选择一列，其中可能第一行分配给一个本组成员（I 表示 In-group），第二行分配给一个他组成员（O 表示 Out-group）；或第一行分配给一个他组成员，第二行分配给一个本组成员；或两行各分配给两个本组成员；或两行各分配给两个他组成员。实际要考察以下三个变量：①最大共同收益（Maximum Joint Payoff，MJP），指的是使被分配两位成员所可能获得的利益之和最大的那个选择；②最大内群体收益（Maximum In-Group payoff，MIP），指的是使被分配的内群体成员可能获得的利益最大的那个选择；③偏好内群体的最大差异（Maximum Difference in favor of the in-group，

MD），指的是使被分配的两位成员所可能获得的利益之差最大，并且内群体成员获得的利益更大的那个选择。

表 9-1　报酬分配矩阵 I

A	1	19	18	17	16	15	14	13	12	11	10	9	8	7	I	O	I	O
		1	3	5	7	9	11	13	15	17	19	21	23	25	O	I	I	O
	2	23	22	21	20	19	18	17	16	15	14	13	12	11	I	O	I	O
		5	7	9	11	13	15	17	19	21	23	25	27	29	O	I	I	O
B	3	7	8	9	10	11	12	13	14	15	16	17	18	19	I	O	I	O
		1	3	5	7	9	11	13	15	17	19	21	23	25	O	I	I	O
	4	11	12	13	14	15	16	17	18	19	20	21	22	23	I	O	I	O
		5	7	9	11	13	15	17	19	21	23	25	27	29	O	I	I	O

在 A 类矩阵（1 和 2）中，如果版本是 O/I（即第一行分配给一个外群体成员，第二行分配给一个内群体成员），MJP、MIP 和 MD 三个变量是共变的，即一个变量的值增大，另外两个变量的值也同时增大。如果版本是 I/O，MJP 的值的变化方向是与 MIP 和 MD 的值相反的。

在 B 类矩阵（3 和 4）中，如果版本是 O/I，MJP、MIP 和 MD 三个变量是共变的。如果版本是 I/O，MJP 与 MIP 的值的变化是一致的，但都与 MD 值的变化方向相反。

该实验的假设为被试在报酬分配时的选择模式倾向于获得最大内群体收益和偏好内群体的最大差异。

4. 实验准备

（1）画作材料准备

收集 12 幅画作的电子图片，其中 6 副为 Klee 的作品，6 副为 Kandinsky 的作品，全部都是抽象风格的。图片上不能出现画家的名字等信息，并且统一宽度。

（2）货币分配量表制作

如上 4 个矩阵，每个矩阵按随机顺序各呈现 8 次：I/O、O/I、I/I 和 O/O 版本各两次。每个分配矩阵单独一面呈现，对应每行注明接受分配的成员的组别和编号，指导语要求被试选择一列的两个数字作为分别分配给两个成员的利益数值。

（3）仪器和软件

画作图片通过计算机呈现，可以使用 E—Prime 软件编程，并配备键盘等反应仪器以记录被试的偏好选择。

5. 程序与步骤

（1）画作偏好选择

让被试坐在计算机前，说明该实验将呈现两个外国画家 Klee 和 Kandinsky 的画作，要求被试判断更喜欢哪个画家的作品。12 张画作以两两随机配对的方式相继呈现 12 次，不告知被试画作的作者，实际上，由于随机组合，可能存在同时呈现的两幅画作皆为同一画家作品的情况。每一对画作呈现时，被试将按键做出反应选择自己更喜爱哪一副，选择完后再呈现下一对。所有画作配对呈现完后，告知被试其选择的结果正在处理中，并向被试说明实验第二部分的内容。

（2）报酬分配任务

告知被试研究者同时也对"另一种判断任务"感兴趣，即被试将给除自己外的其他的一部分被试分配报酬，某一被试被分配的报酬的平均值即为该被试最终可得的报酬。为了方便，将直接使用画作偏好的结果为其他被试进行编号。用两个不会在正式实验中出现的矩阵来向被试进行解释如何进行分配。

告知被试上一个任务的结果已经出来了，将被试任意分到"喜爱 Klee 组"或者"喜爱 Kandinsky 组"。给予被试一本册子，里面是用于分配报酬的矩阵，4 个矩阵，每个矩阵按随机顺序呈现 8 次：I/O、O/I、I/I 和 O/O 版本各两次，对应不同的被试编号，要求被试进行报酬分配。

6. 结果与实验报告要求

（1）数据分析

统计所有被试在以下三种反应类型上的频次：反应中的大多数偏向于本组成员，反应中的大多数偏向于他组成员，以及两种反应的数目相等。

通过 A 类矩阵的选择结果，将 MJP 这一变量与 MIP 和 MD 两个变量进行对比。如上所述，在 A 类矩阵中，O/I 版本中 MJP 与 MIP 和 MD 是共变的，而 I/O 版本中 MJP 与 MIP 和 MD 的变化方向相反。计算所有选项与最优选项之间的等级距离（即两列列数之差）的平均值，比较两种版本的结果，即可得出，在共变与反向两种不同情况下，选择的结果与 MIP 和 MD 之间距离的变化程度。差异的显著性通过使用 Wilcoxon 符号秩检验法来进行检验。

同理，在 B 类矩阵中，O/I 版本中 MD 与 MJP 和 MIP 是共变的，而 I/O 版本中 MD 与 MJP 和 MIP 的变化方向相反。与上一步相似，通过 B 类矩阵的选择结果，将 MD 这一变量与 MJP 和 MIP 两个变量进行对比。

最后，对比 I/I 与 O/O 版本，分析选择结果与 MJP 之间距离在两个版本中的差异，即可验证是否存在内群体偏好。

（2）报告写作建议

实验报告的写作中需要注意如下几点。

首先，清楚地说明所选取的内外群体划分标准和选择它的理由，并说明相关材料的准备。

其次，报酬分配的矩阵在报告中要完整地呈现出来，方便其他研究者进行重复实验，对该矩阵的有效性进行验证。

再次，实验方法与程序在报告中要进行完整说明，例如群体划分的操作过程，报酬分配矩阵呈现的模式等，使其他研究者能够对实验者的操作是否有效进行准确的判断，也是结果是否可信的重要依据。

最后，结果的呈现尽量多采用图表的形式。可以采用统计图呈现被试在分配报酬上不同类型反应的分布，用统计表呈现数据分析的结果。如此可以使结果的呈现更加形象和简洁，方便读者进行阅读理解，对实验结果的印象也会更加深刻。

7. 实验范例

Tajfel 的最小群体范式与内群体偏好实验

Tajfel（1970）最先提出了最小群体范式，他的研究含有两个实验，实验 1 就是一个经典的最小群体范式。实验包括两个部分，第一部分引入内外群体的分类，第二部分则对分类引发的群际行为进行评估。

第一部分：

实验从自布里斯托尔一个郊区的一间州立学校招募了 64 名学生作为被试，全为男性，14～15 周岁，将他们分为 8 组，每组 8 人进行实验。每组的被试来自同一个班级，互相了解。在被试面前的屏幕上依次投射出不同数量的点，每次呈现时间在 1/16 秒到 1/2 秒之间，被试的任务是对每次呈现在屏幕上的点的数量进行估计。呈现三次让被试进行练习之后，依次呈现 40 簇点让被试进行判断。每次呈现后，被试在一张先前准备好的作答表上写下自己对点的数目的估计值。

实验条件：

（1）"中性"条件：当所有判断完成后，主试告知被试在这类判断中，一些人总会高估点的数量，一些人总会低估点的数量，但是这种高估或低估跟判断的准确性无关。4 组被试被分配到这个条件下。

（2）"价值"条件：当判断完成后，主试告知被试在这类判断中，某些人总是会比他人判断得更准确。4 组被试被分配到这个条件下。

第二部分：

当一位主试在假装分析收回的作答表时，另一位主试告诉被试他们还对另外一种截然不同的判断任务感兴趣，并且他们想趁着被试在场对此一道进行研究。为了方便，他们将被分为两组进行判断。

（1）"中性"条件下，被试被告知的是，其中一组的成员是在先前任务中估计点数值最高的 4 位，而另一个组的成员是估计点数值最低的 4 位。

（2）"价值"条件下，被试被告知的是，其中一组的成员是先前任务中准确性较高的 4 位，另一组是准确性较低的 4 位。

实际上，被试是随机分配到这些组中的，如表 9-2 所示。

表 9-2　实验分组设计

价值条件		中性条件	
高准确性（BA）	低准确性（WA）	高估者（OE）	低估者（UE）
16	16	16	16

研究者并没有对这两种条件中任意一种下的子群体间可能产生的行为差异做出预测。

接着，被试被告知即将进行的任务中包含着对他人进行真实金钱上的奖励与惩罚。然而，对于他们进行奖励和惩罚的对象，他们只能知道对方的代号，而不知道对方的真实身份。他们会一个一个地被带到另一个房间，在那里得知自己属于哪个组。一旦进入另一个房间，他们将在自己的小隔间里开始任务。在每个小隔间里他们会拿到一本册子，包含18组分配矩阵，并得到详细的说明。

主试向被试强调，他们不可能遇到要给自己进行奖励或惩罚的情况，而一直都是给他人在分配金钱。任务结束后，他们将会被带回第一个房间，在那里，他们将得到其他人给他们分配的报酬。如果他们得到的惩罚比奖励要多，他们还是会得到一笔小量的被试费。他们所授予的每一分值1/10便士。主试将在黑板上用两个不会在实验中出现的矩阵向被试解释如何进行任务。

在指导完毕后，先前在假装分析答案的主试告诉大家他已经完成分析了。每一个被试被单独带到他们的隔间进行上述的任务。

矩阵：

册子里每一面呈现一个矩阵，每个矩阵有14列，每列有两个数字。在每一个矩阵上，被试选择一列数字，上面的数字分配给一个被试作为奖励或惩罚，下面的数字分配给另一个被试。每一行都标记好分配对象的代号，以及是"与你一组"或"另外一组"的。册子的封面以及每一面的矩阵上都注明了这是"（被试组名）组成员的册子"。

在实验中使用的6个矩阵如表9-3所示。

选择的本质：

每个矩阵在册子里呈现3次，每次对应如下一种选择的类型：

1. 内群体选择：上下两行皆分配给与被试同一组的成员；

2. 外群体选择：上下两行皆分配给与被试不同组的成员；

3. 群体间选择：一行分配给与被试同一组的成员，另一行分配给与被试不同组的成员，而哪一行分配给哪个组是随机的。

可以看到，矩阵分为三类：

A类（矩阵1和2）：最大惩罚超过最大奖赏，最大共同收益（MJP）或最小共同惩罚，以及最公平选择位于矩阵中间的两列。

B类（矩阵3和4）：没有惩罚，且共同收益在每一列上保持一致，最公平选择位于矩阵中间的两列。

C类（矩阵5和6）：最大奖赏超过最大惩罚，最大共同收益（MJP）位于矩阵的两端，最公平选择位于矩阵中间的两列。

在每一本册子中，每一个矩阵出现的顺序都是随机的。

实验结束后，对内群体选择进行统计分析，并且在三种选择类型上进行差异性检验，便可得出内群体偏好行为的特征。

表9-3　报酬分配矩阵 II

A	1	−19	−16	−13	−10	−7	−4	−1	0	1	2	3	4	5	6
		6	5	4	3	2	1	0	1	−4	−7	−10	−13	−16	−19
	2	12	10	8	6	4	2	0	−1	−5	−9	−13	−17	−21	−25
		−25	−21	−17	−13	−9	−5	−1	0	2	4	6	8	10	12
B	3	1	2	3	4	5	6	7	8	9	10	11	12	13	14
		14	13	12	11	10	9	8	7	6	5	4	3	2	1
	4	18	17	16	15	14	13	12	11	10	9	8	7	6	5
		5	6	7	8	9	10	11	12	13	14	15	16	17	18
C	5	−14	−12	−10	−8	−6	−4	−2	−1	3	7	11	15	19	23
		23	19	15	11	7	3	−1	−2	−4	−6	−8	−10	−12	−14
	6	17	14	11	8	5	2	−1	−2	−3	−4	−5	−6	−7	−8
		−8	−7	−6	−5	−4	−3	−2	−1	2	5	8	11	14	17

8. 参考文献与推荐阅读

张莹瑞，佐斌. (2012). 青少年中华民族认同，国家自豪感与内群体偏好的关系. 中国健康心理学杂志，20（1），86−88.

Aronson, E., Wilson, T. D., & Akert, R.（2010）. *Social psychology*（7th ed.） Upper Saddle River: Prentice Hall.

Tajfel, H.（1970）. Experiments in intergroup discrimination. *Scientific American*, *223*, 96−102.

Tajfel, H., Billig, M. G., Bundy, R. P., & Flament, C. (1971). Social categorization and intergroup behaviour. *European Journal of Social Psychology*, *1*（2）, 149-178.

Taylor, D. M., & Doria, J. R. (1981). Self-serving and group-serving bias in attribution. *Journal of Social Psychology*, *113*（2）, 201-211.

9. 思考题

（1）最小群体范式的群体划分原理是什么？

（2）在最小群体范式中，如何通过报酬分配任务来衡量被试的内群体偏好行为？

（3）你还能想出其他群体划分的标准吗？

（4）除了报酬分配任务外，还有什么方法能够测量内群体偏好？

（5）使用最小群体范式时有什么需要注意的事项？

二、实验 19　如何改善群际关系

1. 背景知识

群际关系（inter-group relations）指的是一个群体中的人们感知、考虑、感受和对待其他群体中的人们的方式。群际偏见和歧视是群际关系中的重要概念，在生活中，我们经常能看到一个群体中的人们对其他群体的人们持有十分消极的态度，并且在此基础上产生消极的行为。这种态度和行为存在于国家和地域之间，存在于男女和种族之间，也存在于更小的各种团体之间，极大地影响着群际关系，造成群体间对立和冲突。因此，改善群际关系，要从削弱群际偏见和歧视着手。

研究发现，交叉分类（crossed categorization）能在一定程度上减少或消除群际偏见或歧视。交叉分类最初是指同时根据两个类别维度来划分群体的过程，比如，根据性别和地域可以将中国人划分为北方男人、北方女人、南方男人和南方女人四种群体。对个体而言，群际关系往往包含着内外群体的区分，根据分类维度的内外性，Deschamps 和 Doise（1978）在交叉分类范式的基础上，进一步将内外群体划分为双内群体（II）、内群体/外群体（IO/OI）和双外群体（OO）四种类别群体（I 指 In-group，O 指 Out-group）。之后，Urada 等人（2007）将其命名为双群体模型（two-group model）。首先对交叉分类进行分析的是人类学和社会学等学科，而最早发现了交叉分类对群际冲突有明显的影响的则是对部落群体的观察研究。对交叉分类研究得出的一般结论是：交叉分类可以减少人们对外群体成员的偏见和歧视。因为对于一个个体而言，其他某些成员可能在一个维度上属于外群体成员，但在另一个维度上又属于内群体成员，这样，在第二个维度上的内群体偏好可以在一定程度上抵消第一个维度上的外群体贬抑，这一现象被命名为交叉分类效应（effects of crossed categorization）。

不同的类别维度有不同的心理重要性，从而会对交叉分类效应有不同的影响（Urada & Miller，2000；Urada et al.，2007）。有一些社会类别维度，例如性别，比其他类别（例如大学里专业）维度更重要。重要性不同，对属于这些维度的成员所提供的动机就不同。内外群体成员的区分在重要的类别维度上会比在次要类别维度上更大，因此，这些重要类别维度就成了优势维度。于是就产生了这样的四种群体：Ii、Io、Oi、Oo（I 指重要的内群体类别维度，i 指次要的内群体类别维度，O 指重要的外群体类别维度，o 指次要的外群体类别维度）。

同时，越来越多的学者强调交叉分类研究的生态效度问题，认为对交叉分类的研究不应该局限在两个维度上（Urada et al.，2007；Crisp & Hewstone，2001；Crisp & Hewstone，2003；Kenworthy et al.，2003）。因为在现实中，对群体的划分往往是通过多个维度进行的。因此，交叉分类的含义就扩展成了根据两个或两个以上类别维度来划分群体的过程。

根据类别的性质不同，可以将交叉分类效应的研究方法分为自然分类法和操作分类法。自然分类法是指群体类别自然产生或在实验之前就已产生。例如，性别和职业都属于自然类别。操作分类法是指群体类别是在实验中通过操作产生的，比如 Tajfel 等（1970，1971）发明的最小群体范式就是在实验中基于一种无关的标准（对不同画家画作的偏好）进行群体划分。另外，从测量的方法上，也可以将研究方法分为外显测量法和内隐测量法。外显测量是交叉分类研究中最常使用的方法，主要是使用自我报告法，由个人借由纸笔测试来表达自己的态度。然而，在外显测量中，被试可能会受社会赞许性的影响，有意或无意地隐瞒自己的真实态度。近年来，社会心理学者一直尝试采用较间接的方法测量到真正的态度。目前交叉分类效应研究中采用的内隐测量法主要是内隐联想测验法。

2. 科学问题

在具体实验中,如何检验交叉分类效应呢? 首先要进行分类维度的确定,参照最小群体范式确定两个无关的分类标准。例如,在对图形表面积的评估任务中,是更倾向于高估还是倾向于低估,是对大的图形估计得更好,还是对小的图形估计得更好。如此将两个维度交叉,将被试分入四个组内。被试接受的信息则是:分组是根据之前的图形表面积评估任务结果进行的。而实际上分组是随机进行的,四组成员间并无实际差异,并且分类维度是在实验中操作形成的,可以消除自然类别的性质对交叉分类效应的影响,使无关因素得到了控制。对于每个被试而言都存在双内群体(II)、内群体/外群体(IO/OI)和双外群体(OO)四种类别群体。分组完成后,通过让被试对四个组的成员的喜爱程度进行评价,即可将结果进行比较检验交叉分类效应。

3. 变量与假设

采用 2(维度 1 分类:内群体 vs. 外群体)× 2(维度 2 分类:内群体 vs. 外群体)被试内混合设计。分类维度基于对图形表面积的评估任务(维度 1 是高估 vs. 低估;维度 2 是对大的图形评估更好 vs. 对小的图形评估更好)。因变量为被试对四个组的成员喜爱程度,以及被试评价四个组的成员与自己的相似程度(通过量表获得)。另外,还需要评定交叉的两个维度的结构性质:①分别评定被试对两个维度感知到的重要性;②对比被试对两个维度感知到的包容性。

研究假设,交叉分类能减少群际偏见,即被试对内群体/外群体的喜爱程度没有差异,且介于对双内群体和对双外群体的喜欢程度之间(II > IO = OI > OO);同样,被试对内群体/外群体与自己的相似性评价没有差异,也介于双内群体和双外群体与自己的相似性评价之间(II > IO = OI > OO)。

4. 实验准备

(1)图形材料准备

用于表面积评估任务的图形来自于 Diehl(1990)的实验中使用的 16 个形状、大小各异的图形。

（2）评价量表制作

量表首先包括四道题目分别让被试对四组成员喜爱程度进行评价（如 7 点量表，"你觉得你有多喜欢那些高估图形面积，同时又对大图形估计得更准的人？"；其中，1 表示一点也不喜欢，7 表示非常喜欢）。其次是四道题目分别让被试评价四组成员与自己的相似程度（如 "你觉得你和那些高估图形面积，同时又对大图形估计得更准的人有多相似？"；其中，1 表示一点也不相似，7 表示非常相似）。再次是两道评定维度重要性的问题（如 "你感觉高估 vs. 低估这一分类有多重要？"；其中，1 表示一点也不重要，7 表示非常重要）。最后是一道评价包容性的问题（"在你看来，高估 vs. 低估，和估计大图形更准 vs. 估计小图形更准，哪个分类更加包容？"；其中，1 表示高估 vs. 低估更包容，4 表示两者一样，7 表示估计大图形更准 vs. 估计小图形更准更包容）。

（3）仪器和软件

用 Psyscope 生成上述的 16 个图形，并用计算机呈现，需配备键盘等反应设备让被试输入所估计的图形面积。

5. 程序和步骤

让被试进入实验室坐在电脑前，告知被试本实验所关心的是对不同图形表面积的估计。主试告知被试电脑屏幕上会依次呈现 16 个大小形状各异的图形，需要他们对每个图形的表面积做出估计，并输入答案（cm²）。估计任务结束，主试向被试说明可以根据两个维度对人们的估计进行分类，分别是倾向高估图形的面积 vs. 倾向低估图形的面积，和估计大的图形更准 vs. 估计小的图形更准。如此将类别交叉可以形成 4 个组：①高估图形面积，同时又对大图形估计得更准的组；②高估图形面积，同时又对小图形估计得更准的组；③低估图形面积，同时又对大图形估计得更准的组；④低估图形面积，同时又对小图形估计得更准的组。

将被试随机分入其中一个组，但告知被试分组是根据其图形面积估计任务的结果进行的。之后告知被试研究者还感兴趣的是人们如何感知具有不同形状估计特性的人。将评价量表发给被试，指导被试完成。

6. 结果与实验报告要求

（1）数据分析

首先通过 t 检验对两维度的重要性和包容性是否有差异进行检验。

对因变量的检验使用正交多项式对比（Judd & McClelland，1989；Kirk，1982），如对喜爱程度的检验，对比 A 检验的是被试对双内群体的喜爱程度是否高于其他群体（对社会包容的检验）；对比 B 检验的是被试对双外群体的喜爱程度是否低于两个混合群体（与对比 A 结合检验了社会排斥）；对比 C 检验喜爱程度在两个混合组中是否有差异。同理，被试评价四个组的成员与自己的相似程度也如此进行检验。

（2）报告写作意见

在撰写实验报告时，首先，清楚地说明所选取分类维度以及相关材料的准备。其次，实验方法与程序在报告中要进行完整说明，例如分类的具体操作过程，方便其他研究者重复实验，并能够判断研究者的操作是否确实有效。最后，在呈现结果时，尽可能多地采用图表的形式。被试对四个群体的喜爱程度以及被试评价的四个群体成员与自己的相似程度，皆可用条形图呈现，生动明了地让读者了解实验的结果，并留下直观的印象。

7. 实验范例

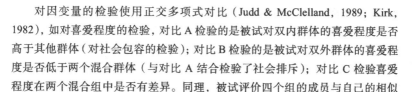

交叉分类对群际偏见的影响研究

Vanbeselaere（1987）的研究就是经典的交叉分类范式。

被试选择：

研究者从同一所高中招募了 84 名 12～15 岁的男生，以 4 人为一组作为被试参加本研究，每一组的被试年龄相同。每一场实验的 4 个被试都是从学校的被试库中随机挑选的，然而他们的年龄必须相同，并且来自 4 个不同的班级。主试把他们单独地从教室带往实验室中，实验室经过特殊布置，被试无论是在进入的时候，还是在整个实验流程中无法看到其他 3 人。在实验过程中，主试还不允许他们大声说话。因此，他们无从得知其他被试的身份。当一组 4 个被试都进入实验室坐好后，主试欢迎并告知他们他想研究的是孩子们是如何做出不同的决定的。

分类：

简单随机分类（Simple Random Categorization，SRC）。主试告知被试，由于管理上的需要，需要将他们分为两组。由于两个被试恰好拿的是红色的笔，因此他们组成"红组"，而另外两个被试恰好拿的是绿色的笔，因此他们组成"绿组"。每一个被试都把自己的组名写在面前的一本小册子的封面上。

简单相似性分类（Simple Similarity Categorization, SSC）。同样的，主试告知被试，由于管理上的需要，需要将他们分为两组。接着主试呈现两张幻灯片，一张描绘的是一片海岸，另一张描绘的是一片森林，要求被试分别对每张幻灯片写一段简短的描述。在被试写完后，另一位主试将纸条收集起来，并声称通过分析这些描述，能得知给被试留下更深刻印象的是哪一张幻灯片。接着，两名被试得知，由于海岸幻灯片给他们留下了更深的印象，于是他们组成"海洋组"，另外两名被试得知森林幻灯片给他们留下了更深的印象，他们组成了"森林组"。实际上，被试是被随机分配到两个组里的。每一个被试都把自己的组名写在面前的一本小册子的封面上。

交叉分类（Crossed Categorization, CrC）。将上述的两个维度交叉，主试在一块黑板上通过描绘分组结构，向被试深入地解释分组过程。对于每一个被试，主试都跟他解释他属于哪个组，而他的组与特定的组（相邻象限）是如何重叠的，并与另一个组（对角象限）没有重叠。通过这样做，让被试清楚了解到两个分类交叉所导致的社会状况的结构。黑板上描绘的分组结构也一直保持呈现，直到实验结束。解释完后，主试再次告知每个被试他所属的组，并让他们把自己的组名（如"红海洋组"）写在面前小册子的封面上。

无分类（No Categorization, NC）。除去不经历分组之外，这些被试所经历的实验流程与其他条件下的被试一致。每个被试都获得一个代号（A、B、C、D），并写在面前小册子的封面上。

两个简单分类条件和无分类条件各自包含12名被试，交叉分类条件包含48名被试，每个象限包含12名被试。这样可以更好地检验预测：在交叉分类的条件下，群际歧视的程度会根据考察的象限的变化而变化。每个被试面前都有一本册子，每一个任务使用新的一页，而每一页上都写上自己的组名。

熟悉7点量表：

被试需要完成4张评分量表，其中3张只是用来解释如何完成这类量表，重要的是第四张。这张量表上要求被试评定他们认为分组结构是否清晰。这些答案可以提供信息验证Brwon和Turner说法：交叉分类条件比简单分类条件更复杂。

知觉能力任务：

被试完成一系列测试知觉能力的任务，在呈现的22张幻灯片上，每张都有2条长度只相差3%～6%的线段，并且方向各异，要求被试判断哪条线段更长，无法确定时也必须选择一个答案。

自变量测量：

表现评价。主试告知被试除了他们之外还有其他人也参加了这个实验，他们有的已经完成了，有的正准备开始。主试跟被试强调这些其他人也会跟他们一样被分进相同的组中，所以他们所属的组还会有好几个其他成员。接下来他们要对他们认为其他组的成员会在知觉能力任务上表现得如何进行评价，每个被试都收到一张纸，上面有组名字，每个组名下有 0～20 的数字，被试要给每个组选择一个数字代表他的评价结果。而无分类条件组的被试需要评价的则是他们认为自己完成任务的表现以及其他被试（代号 A、B、C、D）完成任务的表现。

总体评价。被试接下来在一张 7 点量表上完成 3 个问题：对于每一个组：①我会想成为 xx 组的一份子（成员身份问题）；②如果再做一遍知觉能力任务，xx 组会表现得有多好（表现问题）；③我认为大多数 xx 组的人都很友好（友好问题）。无分类条件组的被试无需回答这份量表。

8. 参考文献与推荐阅读

黎情，佐斌，胡聚平．(2009)．群体交叉分类效应的代数模型及其潜在加工过程．心理科学进展，17（4），863－869.

Crisp, R. J., & Hewstone, M.（2003）. Inclusiveness and crossed categorization：Effects on co-joined category evaluations of in-group and out-group primes. *British Journal of Social Psychology*, *42*, 25－38.

Deschamps, J. C., & Doise, W.（1978）. Crossed category membership in intergroup relations：Differentiation between social groups. *Cambridge*：*Cambridge University Press*.

Kenworthy, J. B., Canales, C. J., Weaver, K. D., & Miller, N.（2003）. Negative incidental affect and mood congruency in crossed categorization. *Journal of Experimental Social Psychology*, *39*, 195－219.

Tajfel, H.（1970）. Experiments in intergroup discrimination. *Scientific American*, *223*, 96－102.

Urada, D. I., & Miller, N. M.（2000）. The impact of positive mood and category importance on crossed categorization effects. *Journal of Personality and Social*

Psychology, *78*, 417—433.

Urada, D., Stenstrom, D. M., & Miller, N. (2007). Crossed categorization beyond the two-group model. *Journal of Personality and Social Psychology*, *92*（4）, 649—664.

Vanbeselaere, N. (1987). The effects of dichotomous and crossed social categorizations upon intergroup discrimination. *European Journal of Social Psychology*, *17*（2）, 143—156.

9. 思考题

（1）什么是交叉分类效应？它与群际偏见和歧视的关系是什么？

（2）如何在实验中进行交叉分类的操作？

（3）思考一下，自然分类和操作分类各自有什么优缺点？

（4）你能想出其他方法在实验中对交叉分类效应进行检验吗？

（5）使用交叉分类范式时有什么需要注意的事项？

三、实验 20   群体极化

1. 背景知识

群体是社会的重要组成部分，也往往是人们进行活动的单元。群体活动中最重要的主题之一就是群体决策（group decision）。通常我们认为，许多群体间的事务涉及群体中每个人的利益，理应由集体来共同讨论决定，集体的讨论能够综合各方的意见，使得最后的决策更加合理。也就是说，在群体事务上，比起个体决策，人们更相信群体决策。然而，仔细回想生活中的事件，我们会发现，与这种信念相违背的事件不时会发生。例如，几个朋友聚在一起讨论是否要去看一部刚上映的电影，有几个人对该电影持不确定的态度，另外几个人则认为这电影也许不太好，结果经过一番讨论后，大家都觉得这部电影糟糕透了，于是打消了要去看这部电影的念头。确实，生活中经常发生这种现象，个体最初的倾向在群体决策的过程中变得更加极端，在社会心理学中，这种现象就叫做群体极化（group polarization）。

对群体极化的研究最早可以追溯到 Stoner（1961）所做的一项关于风险的个

体和群体决策的研究。Stoner 当时是麻省理工学院的硕士研究生，这项研究是他的毕业论文，因此可以称得上是社会心理学史上最有名的未出版实验之一。在实验中，Stoner 要求被试帮一个虚构的电力工程师解决他所遇到的两难困境。其中一个选择结果更令人满意，但风险更高，另一个选择结果不那么令人满意，但风险较低。他先让被试单独进行选择，之后加入群体中进行讨论并要求他们达成一致。结果发现，群体决策比个体决策的平均水平更加冒险。后来的研究者把这种现象称为"风险转移（risky shift）"。Wallach 等（1962）还发现，在群体决策后，个体会内化群体意见的这种转变。

然而随着研究的深入，许多研究发现群体决策中也会出现与风险转移相反的"谨慎偏移（cautious shift）"的情况（e.g., Stoner, 1968; Fraser et al., 1971）。也就是说，如果在群体决策前个体的意见趋于谨慎，那么群体决策的结果将更加谨慎，这与风险转移都被称为群体极化。

在群体极化现象被发现的同时，许多理论就尝试对这个现象进行解释，其中最主要的两个解释机制就是社会比较理论（social comparison theory）和说服性争论理论（persuasive arguments theory）。社会比较理论，又称规范性影响（normative influence），为解释群体极化提供了很好的答案。该理论认为，在群体决策过程中，人们会首先将自己的观点与群体中他人的观点进行对比，并且观察和评估群体的价值和偏好。为了获得群体的接纳，人们会在保持与他人相似的基础上而又稍微极端一点。这样做的话，个体既支持了群体的信念，又将自己表现得像个令人钦佩的领袖。就在这种一点点上升或下降的过程中，群体的意见就被彻底极端化了。研究表明，当问题属于判断性问题，群体致力于和谐，群体成员是人际导向的，反应是公开进行时，规范性影响更可能发生（Isenberg, 1986）。

说服性争论理论，又称信息性影响（informative influence），也被用来解释群体极化。该理论认为，当个体听到那些支持自己观点的新颖论点时，他会更加确信自己的观点。每个群体成员在进入讨论时，都意识到一系列相互对立的信息或论点，但他们会倾向于拥有更多信息的一方。有些论点是大家都持有的，而有些论点则只是个人持有的。假设大多数成员都倾向一个方向，那么在讨论的过程中，支持这一方向的个人论点就可以得到表达，这就使先前没意识到这些信息的成员更多地趋向于这个方向。就这样，在群体成员表达自己论点，提出不同的立场和意见的同时，群体极化产生了（Vinokur & Burnstein，1974）。研究表明，当问题属于智力问题，群体致力于做出正确决策，群体成员都是任务导向的，反应是私下进行时，信息性影响更可能发生（Isenberg，1986）。

2. 科学问题

在具体的研究中，如何检验群体极化效应？对群体极化现象进行研究，最首要的一步是设立一个群体决策的问题。研究者最常使用的是选择两难问卷（The Choice Dilemmas Questionnaire）。问卷包括若干个两难情境，其中一个选择趋于谨慎，另一个选择趋于冒险，但冒险的选择能带来更好的结果。被试需要指出他所认为冒险选择的成功率达到多少时，才会建议故事中的主人公选择冒险，这就是衡量决策冒险（谨慎）程度的量化指标，分值越低，说明决策偏向冒险，分值越高，说明决策偏向谨慎。有了决策的问题，先让被试对两难情境进行个体决策，然后让他们进行小组讨论后再进行一次决策，通过比较先后作答的情况，就可以检验是否产生了群体极化。

3. 变量与假设

采用单因素（极化方向：冒险 vs. 谨慎）实验设计。极化方向是指如果产生群体极化，决策是会更加冒险还是更加保守。前面提到，群体极化是指个体最初的倾向在群体决策的过程中变得更加极端，因此操纵极化方向就是要操纵个体最初的倾向，操作性定义为某一情境在个体决策时的均值是趋于冒险还是保守。也就是说，通过对材料进行编写或修改，在预实验中要求被试进行个体决策，计算得分均值即可分析并最终确定材料的极化方向了。该实验的因变量为讨论前后的决策分值差。

研究假设，经过小组讨论会引起群体极化，对于极化方向为冒险的情境，被试讨论后的决策分值比讨论前的决策分值更低（更冒险），对于极化方向为谨慎的情境，被试讨论后的决策分值比讨论前的决策分值更高（更谨慎）。

4. 实验准备

（1）选择两难问卷的准备

需要准备 8 个两难情境，其中 4 个极化方向为冒险，另外 4 个极化方向为谨慎。情境和问卷的形式如表9-4所示。

表9-4 两难情境的问卷设计举例

> A先生是一位年轻人，他与他现在的女朋友已经交往了超过三年的时间，两人相处得十分愉快，并都觉得彼此非常适合对方，因此开始考虑并计划结婚的事情。然而，A先生最近从一些已经结婚的朋友和同事身上了解到婚后的生活并不一定如想象中那么美好，恋爱中的甜蜜和幸福经常会被婚后琐事带来的摩擦与烦恼所替代。A先生十分爱他的女朋友，他们在恋爱中的关系也非常融洽，如果他们结婚的话，从此也许就过上更加幸福甜蜜的日子。然而，也许他也不能逃脱与那些朋友们一样的命运，这是一件终身大事，婚后的日子也许不一定那么如意，这将带来不少烦恼。
>
> 设想你正在给A先生提建议。当婚后生活幸福的概率至少为____时，你认为A先生应该与他的女朋友结婚。选择如下一个概率，在答题卡上进行勾选。
>
> 1/10　3/10　5/10　7/10　9/10　决不（即无论如何都认为他不应该结婚）

1/10计为1分，3/10计为3分，以此类推，"决不"计为11分。

材料可以使用 Fraser 等（1971）在研究中所使用的8个两难情境，也可以自己进行编写，通过预实验得出个体决策的分值，分析修改并最终选取4个极化方向为冒险（得分5分或以下）的材料，与4个极化方向为谨慎（得分7分或以上）的材料。同时确保分值不要距离极端值太近，以保证在群体讨论后的决策有极端化的空间。

（2）答题卡的准备

对应两难情境呈现的顺序，依次在答题卡上列出8行概率选项让被试进行勾选，并注明主人公的名字，方便被试进行对应。

5. 程序和步骤

将4名被试分为一组，每组被试依次参加实验。将被试带到实验室，围绕在实验室中央的桌子就座，主试坐在角落的一张小桌子旁。主试给被试分发问卷和作答表，指导他们对每一个两难情境做个人决策，并告知他们决策必须在10分钟内完成（以使求他们尽量专注并加快速度）。

当所有被试都完成后，主试回收他们的答题卡，并分发新的答题卡。接下来，主试告知被试，先前的作答只是为了让他们熟悉材料，接下来他们将作为一个小组一起对每一个情境进行讨论，并需要最终达成一致的决定，因为。经过几分钟的讨论后，他们需要做出回答表明目前的立场，而这次的作答无需与之前的一致。

被试开始对第一个情境进行讨论，3 分钟后，主试要求他们做出决策。然后被试继续对第二个情境进行讨论，3 分钟后，主试要求他们做出决策，如此进行下去。

当被试对所有情境都讨论完毕并完成决策后，主试检查被试是否正确地填写了量表。接着主试简单地向被试阐明研究的目的，并让被试不要与其他人对此进行讨论。

6. 结果与实验报告要求

（1）数据分析

决策分值的计算：1/10 计为 1，3/10 计为 3，以此类推，"决不"计为 11。

计算每一个困难情境讨论前后决策分值的差值，进行显著性检验，并判断方向是否与假设一致。

（2）报告写作意见

实验报告的写作中需要注意以下几点。首先，两难情境的材料如何准备的需要说明清楚，如果使用他人的材料，注明出处；如果是自己编写的材料，说明编写理由，并且附上预实验测试的分值，方便其他研究者对材料的有效性进行判断。其次，在实验报告后附上该实验所使用的两难情境问卷，方便其他研究者参考学习。再次，实验操作过程的叙述要简洁明了又要抓住要点，例如，个体决策阶段的指导语是如何，群体决策阶段的指导语又是如何，决策的次序和时间限定也要说清楚，这样其他研究者就知道要重复这一研究时具体可以怎么操作。最后，在结果呈现部分，可以用图表的形式来呈现决策前后分值的变化，生动地向读者展现群体极化的效应，使读者对实验结果的了解更加直观和深刻。

7. 实验范例

风险的个体和群体决策研究

Stoner（1961）所做的一项关于风险的个体和群体决策的研究，就是第一项关于群体极化现象的经典研究。

实验材料准备：

参考 Wallach 和 Kogan（1959，1961）研究中的问卷，Stoner 选取了 12 个两难情境，其中一个如下：

A 先生是一个电力工程师，他已婚并有一个孩子。5 年前从大学毕业后，他就一直在一家大型电力公司里工作。公司保证着他一笔勉强足够的薪水，以及将来的退休金。直到退休，他的薪水也没有什么上涨的可能。在参加一次会议时，一间新成立的小公司为 A 先生提供了一个职位。这间公司的未来充满不确定性，然而，如果这间公司能在与大型公司的竞争中存活下来，它能提供更高的起薪，以及公司的一部分控股权。

想象你正在为 A 先生提供建议。以下列出了几种这间公司财务状况证实健康良好的可能性，这个可能性至少达到多少时，你会觉得 A 先生值得接受这份新的工作，请勾选。

_____无论可能性如何，A 先生都不应该接受这份新工作。

_____公司财务状况证实健康良好的可能性是 1/10。

_____公司财务状况证实健康良好的可能性是 3/10。

_____公司财务状况证实健康良好的可能性是 5/10。

_____公司财务状况证实健康良好的可能性是 7/10。

_____公司财务状况证实健康良好的可能性是 9/10。

被试：

研究的被试是 101 位来自麻省理工学院工业管理专业的研究生。

个体决策：

通过电话、信封和当面等方式让被试完成了对 12 个两难情境的个体决策。同时，被试还要在 5 点量表上选择对自己决策的信心程度。

群体决策：

78 个被试被分为 13 个 6 人小组，每组被试分别进行实验。被试进入实验室后围坐在桌子旁。主试给被试分发问卷和答题卡，告知被试问卷与上一阶段填写的问卷是一样的，然而这次需要以小组为单位对这些两难情境进行讨论，并与组员达成一致的结果，每个人都要将小组的决策填写在答题卡上。

当讨论开始后，主试尽可能不进行干扰。除非发生以下情况：

（1）当小组讨论进行得十分缓慢以致似乎没法完成所有任务时，主试要鼓励他们尽快做出决策。

（2）当有的小组成员建议他们应该相互妥协以尽快达成一致，完成任务时，主试告知他们实验要求参与一个半小时，就算他们很快完成了这 12 个情境决策，还会有其他材料交给他们，所以他们不能提前离开。

（3）当小组在讨论某一情境上发生僵局，并提议先继续下一个情境，回过头再来讨论这一情境时，主试坚持让他们先讨论完这一情境，按顺序进行。

（4）当被试提出以一些答题卡上不存在的答案（如 2/10）作答时，主试坚持让他们只能以已有的答案作答。

（5）当小组决定用投票的方式解决一个僵局时，主试提醒他们决策必须是一致的。

作答：

讨论结束后，被试需要在答题卡上对每个情境分别填写三个内容：小组的决策，当小组完成决策时自己的观点，以及对小组决策的确信程度。

控制组：

余下 23 位被试作为控制组，他们不参与群体决策阶段，在 6~22 天不等的时间里，研究者再次让他们对相同的情境做出个体决策。

数据分析：

对控制组的前后作答情况进行差异性检验。对实验组在讨论前后的作答情况进行差异性检验，得出群体极化的结果。

8. 参考文献与推荐阅读

孙庆洲，韩仁生. (2011). 群体极化，不对称优势效应及风险概率对风险偏好的影响. 社会心理科学（z2），162-165.

Fraser, C., Gouge, C., & Billig, M. (1971). Risky shifts, cautious shifts, and group polarization. *European Journal of Social Psychology*, *1*（1），7-30.

Isenberg, D. J. (1986). Group Polarization: A Critical Review and Meta-Analysis. *Journal of Personality and Social Psychology*, *50*（6），1141-1151.

Stoner, J. A. F. (1961). A comparison of individual and group decision involving risk. *Unpublished Master's Thesis, Massachusetts Institute of Technology*.

Stoner, J. A. F. (1968). Risky and cautious shifts in group decisions: the influence of widely held values. *Journal of Experimental Social Psychology*, *4*（4），442-459.

Vinokur, A., & Burnstein, E. (1974). Effects of partially shared persuasive arguments on group induced shifts: A group problem-solving approach. *Journal of Personality and Social Psychology*, *29* (3), 305−315.

Wallach, M. A., & Kogan, N. (1959). Sex differences and judgment processes. *Journal of Personality*, *27* (4), 555−564.

Wallach, M. A., & Kogan, N. (1961). Aspects of judgment and decision making: Interrelationships and changes with age. *Behavioral Science*, *6* (1), 23−26.

Wallach, M. A., Kogan, N., & Bem, D. J. (1962). Group influence on individual risk taking. *The Journal of Abnormal and Social Psychology*, *65* (2), 75−86.

9. 思考题

（1）群体极化中风险转移和谨慎转移的区别和联系是什么？

（2）选择两难问卷的原理是什么？

（3）对群体极化研究的实验过程需要注意哪些问题？

（4）思考一下，除了风险转移和谨慎转移，还能研究哪些群体极化的现象？

（5）除了选择两难问卷，你还能想到用其他方法来研究群体极化吗？

第十章 社会影响

一、实验 21 从众

1. 背景知识

著名社会心理学家艾略特·阿伦森在《社会性动物》一书中借用美国著名的作家詹姆斯·瑟伯所描述的一个有趣的情景（Aronson，2003），对从众现象进行了形象的解释：

一个人突然跑起来了。也许是他猛然想起了与情人约会的时间，而现在他已经迟到了很久。不管他想什么，反正他突然的就在大街上往东边的方向跑起来了（有可能是去男女情人见面的最佳地点马拉莫饭店）。随后，另一个人也跑起来了，他可能是个兴致勃勃的报童。第三个人，一个胖胖的绅士，可能是有急事也小跑了起来……十分钟之内，这条大街上所有的人都开始跑了起来。嘈杂的声音开始变得清晰起来，可以听清大家说"大堤"这个词了。然后就更清晰地听到有人喊"决堤了！"，这个充满恐惧的声音或许是一位电车上的老婆婆喊的，也有可能是一个交通警察或一个小男孩说的。大家都不知道这是谁说的，也不知道究竟发生了什么事。但是 2000 多人突然都开始跑起来。"向东！"人群喊了起来——东边离大河远，东边安全。"向东跑！，向东跑！"一个又高又瘦、目光严厉、神色坚定的老太太在经过我身边的时候说。虽然所有的人都在叫喊，而我却不知道发生了什么事。我费了好大力气才追上这个老太太，虽然她已经快六十了，可她看上去很健壮，跑起来也很是轻松，姿势也比较优美。追上她后我气喘吁吁地问她："这是怎么了，发生什么事了？"她匆匆瞥了我一眼，然后又向前张望了下，开始加大自己的步伐，并对我说："别问我，问上帝去！"

这个故事充分揭示了一个普遍的社会心理现象——从众。从众（conformity）就是指个体由于受到他人或群体直接或隐含的压力而与多数人保持一致的倾向。个人容易受到外界人群行为的影响，从而在自己的知觉、判断、认识上表现出符合于公众舆论或多数人的行为方式，也就是所谓的从众行为。宋官东（1997）认为，从众是在客观或心理上模糊的情境中，人们自觉不自觉地以他人确定的行为准则做出与他人一致的行为或者是行为反应的倾向。如在助人情境中，许多个体因不知何事发生而选择跟随他人一同旁观，再如到异国他乡后学习当地的风俗习惯等。Corsini（1984）在回顾了以往的研究之后总结道，从众现象可能是个体出于同他人友好相处的愿望，对自己的不一致反应可能招来他人的排斥及责难的担忧，譬如说虽然人们能够清楚地意识到了他人的回答是错误的，但是迫于压力他们也怀疑自己的判断是否正确。虽然他们肯定自己有良好的观察能力，但是直接和公开地反对群体的判断会令他们感到不安或困窘难堪，因此他们最终选择与群体保持一致。此外，导致从众行为的另一个原因或许是个体不愿意投入精力进行判断而模仿别人的行为——从经济学的角度来看，因为不需要进行多次尝试，从众行为大幅降低了个体行为选择的成本投入。

在不同的文化背景中，人们的从众行为是有差异的。在挪威和法国重复了Asch的研究发现相比法国被试，挪威的被试从众程度更高；在一项对17个国家或地区进行的线段判断任务的元分析研究中发现，文化价值观会对从众行为产生影响（Bond & Smith，1996）。在集体主义文化中的被试要比在个人主义文化中的被试表现出更多的从众行为。

在不同的文化背景中，人们对待从众的态度也是有所不同的。在美国，从众是一种负性的特征，但是在集体主义文化中，从众则是一种受到尊重的行为特质。集体主义文化中同意他人的意见是一种老练明智的说法，在这种文化下，人们更强调团体而非个人，因此他们比较重视规范社会影响，这样既可以促进团体和谐一致，同时也可以获得人与人间的相互支持。

无论是个体还是社会，从众对其的意义都十分重大。对于个体而言，社会生活中的个体无时无刻不需要同其他个体、群体进行互动，并在这种互动的过程中获取自身所需的各种信息。一个人，无论其头脑多么聪明，知识多么渊博，其自身所知所学都是有限的，不可能仅仅依据自身经验来适应不断变化的生活情境。此时他人的行为反应变成了可靠的参考依据，个体可据此迅速地做出判断以适应所处情境。此外，只有个体在大多数方面同社会主流保持一致的情况下才能适应其所依赖的社会，进而获得长足发展的可能性；对于社会整体而言，大多数人在观念、价值观、行为方式等方面保持一致，是社会发展以及正常运作的基本保障。

2. 科学问题

自 20 世纪社会心理学诞生以来，许多实验都对暗示如何影响他人行为进行了研究。通常的实验模式是先令被试就某一问题发表看法，之后告知其他大多数人的看法。这些研究的结果大都表明，当意识到自己的意见同他人不同时，有很大一部分被试选择了改变自己的看法，以求同他人保持一致。

谢里夫曾经用实验表明：在模糊不清的情景下，个体的判断会受到他人——特别是看起来颇为自信的他人的影响（即社会影响）而产生顺从行为。但是，如果情景是非常明确且近于真实的，让被试做出某种判断与决策，他是否会受到群体的压力作用而出现从众行为呢？就此问题，Asch 设计了一系列实验，使用假被试——即实验者的同谋，在实验中通过给出不同的答案、发表不同的观点对真被试施加压力，以寻找答案（Asch，1955）。

3. 变量与假设

采用被试内设计，自变量为假被试的回答正确或错误，或者说同真被试的回答一致与否；因变量为真被试在进行简单任务时的正确率，这可以反映出从众行为是否出现。

实验假设，若事实真相显而易见，个体仅凭借自身知识经验即可做出正确判断，但在众人都给出一个一致的错误判断时，个体可能会选择与大家保持一致，放弃正确答案。

4. 实验准备

（1）实验材料收集

实验中需要向被试展示一对卡片，卡片上分别绘有不同长度的线段，如图 10-1 所示。

其中一张卡片上只有一条线段，在实验中作为标准线段；另一张卡片上则绘有三条不同长度的线段，在实验中作为比较线段。在 A、B、C 三条线段中，仅有一条与标准线段长度相同，另外两条的长度则分别比标准线段长四分之一英寸或短四分之一英寸。实验中，被试要求把 A、B、C 三条线段分别同标准线段进行比较，并确定三者中同标准线段长度相同的那一条。此处所选择的是简单任务：这里设置的任务很简单，在没有明显压力的情况下，被试都能够回答正确。

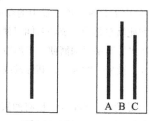

图 10-1　从众实验的线段举例

（2）假被试的训练

在正式的研究中，每一次实验仅有一名真正的被试，其余"被试"均为实验者的同谋，即假被试。他们的任务便是在实验中选择恰当的时机故意做出错误的、不一致的判断，从而对真被试的选择判断造成干扰，对后者施加不同的压力，即情景控制：在任务答案很明显的情况下，让前面回答的人故意给出错误回答，那么后面的人就会明显地感受到来自群体的压力，可以通过在这种压力情境下被试的反应判断他是否发生了从众行为。

而这也是整个实验最为关键的一环。因而这些假被试需要在实验进行之前接受一定的培训，需要知悉实验的目的、流程，以及如何在实验中表现得自然。为防止被真被试察觉出其他人都是串通好的，这些假被试应注意在实验中要不时地给出同真被试不一致的答案，以打消后者的怀疑。

5. 程序和步骤

让 50 名大学生被试分别参与到一个大概有 9 或 10 个成员的小组之中，成员们都围着桌子而坐，并且每一个参与者面前放着一个座位号牌。每组的 9~10 名成员中除了一个真正的大学生被试外，其余的都是为了控制实验的假被试。假被试占据前面几个座位号牌，真被试被实验者有意安排在倒数第二个座位号牌的座位上。

（1）主试先向所有参与者分别呈现出一对卡片（如图 10-1 所示）：其中一

张卡片（卡片1）上是一条竖直的线段；另一张卡片（卡片2）上则是三条（A、B、C）长短不等的竖直线段，但三条线段中只有一条（竖线 C）与卡片1上的线段长度相等。

（2）向被试解释说这是一个"视觉实验"（visual experiment），参与者的任务非常简单，即口头报告卡片2上的三条竖线中的哪一条与卡片1上的长度相等。并说明任务之所以如此简单是为了节约时间以便让所有参与者能够依次直接给出判断，这比要求写出答案来更加简便。当所有的被试都说出他们的判断后，这两张卡片就被拿开，换另一对卡片，其标准线条和对照线条与之前的卡片不同。

测验总共分18次，在开始的两次测验中，所有的假被试都按要求说出正确的答案；但是在后面的几次测试中，所有假被试都说出了同样的错误答案，也就是说，在测验中他们可能都说卡片2中的 A 与卡片1的线段长度相等，也可能都是卡片2中的 B 与卡片1的线段相等。当假被试做出判断后，真被试被安排在倒数第二个才说出自己的答案。

（3）实验结束后，对被试进行了一个简短的面谈。询问被试在做出判断时是否受到他人的影响。为了验证实验结果，又进行了一次实验，要求真被试私下里写下自己的答案而非公开说出来。

6. 结果与实验报告要求

（1）数据分析

数据的收集应着重以下三个方面：①计算所有被试中，至少有一次给出错误答案的人数比例；②计算每一名被试给出错误答案占全部回答次数的比例；③计算在实验结束后，每一位被试单独给出的回答的正确率。

（2）报告写作意见

实验报告的写作中需要注意以下几点。首先，对从众行为的判定要有清晰的思路，如实验情境的选择，应注意选择线索清晰的情境，此时个体的知识经验足以应对该情境中的种种状况，而无需参照他人。否则在模糊的情境中，个体同他人保持一致未必是从众，而有可能只是以他人为参考。操作任务应选择简单任务，即进行单独作业时错误率不足1%的任务。还有此时若被试在其他人给出错误答案的前提下同样给出了错误的答案，则可判定此时从众行为发生了。其次实验操作过程在报告中呈现时要尽可能简洁清晰又能抓住要点，这样其他研究者就知道要重复这一研究时先做什么后做什么。例如在实验中真假被试的回答顺序，在真被试之前有多少错误答案等。这样其他研究者可以清楚地看到实验者是否对实验进行很好的控制，这也是考察结果是否可信的重要依据。最后，在结果呈现部分，尽量用图表的形式来呈现结果。采用图表的方式呈现不同条件下的反应时和准确率，图表呈现方式更为简洁，可以方便读者快速的理解，对实验结果的印象会更加深刻。

7. 实验范例

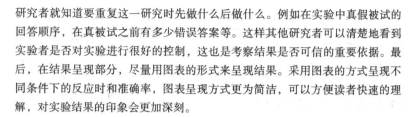

8～12岁儿童道德判断的从众现象

岑国桢、刘京海等人（1992）曾关注过儿童在进行道德判断过程中的从众现象。因为从众现象的研究内容大多集中于感知觉方面，对于更高级的认知过程则较少涉及，此外儿童道德认知方面的研究也大多只要求被试单独进行判断，脱离了实际情境，因而岑国桢等就群体情境中儿童道德判断过程中的从众现象进行了实验研究。

（1）被试

从一般学校分层整群抽样，初测被试共 360 名，分别为小学三、五年级和初中一年级的 8、10、12 岁的学生。共分为五组，即情境 I、II、III、IV 四个实验组和控制组，每一组 24 名被试，男女各半。实验阶段个别被试缺席，所得结果共 353 名。

（2）情境

初测后，将被试随机分入四种实验情境和控制情境中：I：有 2 名同龄假被试的微型群体情境；II：有 4 名同龄假被试的小群体情境；III：有 1 名同龄假被试和 1 名成人假被试的成人权威情境；IV：有 1 名同龄假被试和 1 名友伴群领袖的友伴群领袖情境。以上所说同龄假被试及友伴领袖均由 Moreno 社交测量确定。

（3）材料

材料取自"训练对儿童道德判断的影响的实验研究"（岑国桢、李伯黍，1982）中的两套故事，在本实验中用于不同阶段。每套含有三个故事，其中两个故事为对偶故事。两套故事结构相同但具体内容不同，如表10-1所示。

表10-1 道德判断的故事材料说明

第1对故事	A	行为者1	有意	财物损坏很小	要求回答:两人哪一个更不好?为什么?
	B	行为者2	无意	财物损害很大	
第2对故事	A	行为者1	有意	财物损害	要求回答:两人哪一个更不好?为什么?
	B	行为者2	无意	人身伤害	
第3对故事		行为者	无意	后果不好	要求回答:这样的惩罚应该么?
				成人给以惩罚	

两套故事材料分别用于不同的研究阶段。第一套材料用于初测,以了解、确定被试本身持有的道德观念;第二套则用于正式实验阶段,以判断被试是否出现从众行为。

(4)步骤

①先进行初测。被试单独进行,了解其当前的道德判断定向。初测时用指导语为:"我们在编写儿童故事,需要了解同学们的想法,所以对每个故事后的问题请按你们自己的想法来回答。"由主试依次向被试呈现第一套故事材料的3个故事,并对被试逐一做出的反应进行记录。初测后间隔一周左右时间,再进行实验研究。在此期间对假被试进行培训,以及使主试熟悉实验流程。

②假被试训练:让每一名假被试熟记第二套每一个故事的两种判断反应,并与主试配合,按要求做出意向/后果判断,并且表达顺畅,神色自然。

主试训练:熟记每位被试初测时对于每一个故事的判断,实验时可让假被试根据情况做出相反的判断,以确定被试是否表现出从众行为;需要把握实验情境,与被试、假被试围桌而坐,安排被试坐在自己一边。在要求对故事进行道德判断时总是让被试最后做出反应。除此之外,还应注意同假被试进行合作,通过姿势语言等方式暗示假被试做出相应的反应,这种配合应自然而无破绽。

③实验阶段:控制组使用第二套故事进行与初测一样的测试;其他被试则分别进入四个实验情境之一。保证被试不知道情境中其他被试是实验者同谋,在此之前彼此没有接触。令被试同主试位于同一侧,在故事展示完毕需做出判

断时，主试安排由假被试先回答。实验个别进行，逐一展示第二套的3个故事。对所有的反应都进行记录。

（5）反应记录

显示故事之后，假被试按照初测中被试的判断反应做出相反的判断。如果被试跟随假被试做出同初测结果相反的判断则记录为从众；若做出同假被试不一致、同初测结果相同的反应则记为未发生从众。

（6）资料处理

按被试的年龄、情境等整理从众反应。实验中每名被试做出3次判断，从众行为是否发生按照其中有两次及以上做出从众反应加以判定。数据用发生从众行为人数的比率差异的Z检验进行统计。

8. 参考文献与推荐阅读

岑国桢，李伯黍. (1982). 训练对儿童道德判断的影响的实验研究. 心理学报，4，432-440.

岑国桢等. (1992). 8～12岁儿童道德判断的从众现象. 心理学报，24（3），267-275.

宋官东. (1997). 对从众行为的新认识. 心理科学，20（1），88-90.

Aronson, E., & O'Leary, M. (1982-1983). The relative effectiveness of models and prompts on energy conservation: A field experiment in shower room. *Journal of Environmental Systems*, *12*, 219-224.

Aronson. E. (1988). *The Social Animal* (5 th Edition). New York: W. H. Freeman and Company.

Asch, S. E. (1951). Effects of group pressure upon the modification and distortion of judgements. In H. Guetzkow (ed.), *Groups*, *Leadership*, *and Men*, (*pp. 177-190*). Pittsburgh, PA: Carnegie Press.

Asch, S. E. (1956). Studies of independence and conformity: a minority of one against a unanimous majority. *Psychological Monographs*, *70* (9), Whole No. 416.

Bond, R. & Smith, P. B. (1996). Culture and conformity: A meta-analysis of studies using Asch's (1952b, 1956) line judgment task. *Psychological Bulletin*, *119*, 111-137.

9. 思考题

（1）我们为什么会从众？

（2）决定从众的因素有哪些？

（3）如何从社会影响论的角度来解释从众现象？

（4）阿希经典的从众实验设计对我们有什么启发？

二、实验 22 少数派影响的测量

1. 背景知识

"如果少数派的观点永远都不会成功，那么历史就会是静止的，一成不变。在实验中，当少数派具有一致性并且自信地坚持自己的观点时，当多数派中开始有人叛离时，少数派是最具有影响力的。即使这些因素并不能使多数派采纳少数派的观点，他们也会令多数派产生自我怀疑并且促使多数派考虑其他的可能性选择，并通常可以诞生更好的、更具创造性的决策。"（迈尔斯，2006）

社会影响是社会心理学中的重要内容，当我们谈论社会影响时，一般会想到社会助长、社会懈怠、从众等，这些都是群体对个体的影响。那么，个体会对群体产生影响吗？许多社会运动的开端，是由一小部分人引起的，接着演变为大多数人的行动。少数派在一定情况下，确实影响了多数人的选择，是什么使得他们能够说服其他人从而对群体产生影响的呢？需要强调的是，"少数派的影响"是指少部分人的意见，而非种族上的少数民族（迈尔斯，2006）。莫斯科维奇最早提出少数人影响的观点，并在 1969 年实施实验验证了少数派影响的几大决定因素：一致性、自信和叛离。

莫斯科维奇（Moscovici）在后来的研究中发现，多数派和少数派的影响是两种不一样的过程。多数派的影响更多是由于个人公开地与社会规范保持一致造成的，而鲜有个体层面的改变；少数派引起的改变行为更多是个体层面的改变，而不是公开的改变。因此，当前的研究争论主要在于多数派与少数派产生影响的过程是不是相同的，如 Moscovici（1908）、Nemeth（1986）等认为这是两种不同的进程，提出了双进程模型；但是，Latane（1981）、Tanford（1984）

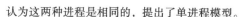

认为这两种进程是相同的，提出了单进程模型。

关于少数派导致转化行为最主要的证据为莫斯科维奇在 1969 年的实验。在这个实验中，六位女性被试被要求大声命名一系列蓝色幻灯片的颜色，不出所料，所有被试的回答都是蓝色。但当实验组中包含了两名实验同盟者，并且这两名同盟者一致地认为幻灯片是绿色的，此时，真实的被试偶尔也会回答幻灯片是绿色的，这个比例达到了显著水平。更深远的影响发生在实验的第二部分，让被试自己判定颜色在蓝色和绿色之间的范围。此时，那些被暴露在少数派影响条件下的被试，更多地将蓝色知觉为绿色。这说明，少数派确实影响了被试对颜色的知觉。

然而，在这种实验范式下，被试在命名颜色时是处于公共环境，而在第二阶段，判断颜色范围时为个体环境。因此，被试在第一阶段到第二阶段的回答也许不具有一致性。为了应对这个问题，莫斯科维奇在后来的研究中发明了色彩后像范式。这个范式依赖于人类对颜色进行知觉的视觉效应：当眼睛注视目标颜色一段时间后，个体的颜色知觉就会转向目标色的补色，比如蓝色会引起黄色后像，绿色会引起红色后像。色觉理论认为个体注视绿色一段时间后再看背景，由于绿纤维疲劳不再发生反应，而红纤维仍对白光中的红起反应，因而产生红色的后像。这个范式使用蓝色的颜色知觉作为测试，但私人环境的反应不同于先前的实验。在这种环境下，只有两个被试，一个是同盟者，坚持一致认为蓝色幻灯片是绿色的。真实的被试通过告知其他人的反应来判断同盟者的异常回答代表大多数或少数派。被试会被要求给予两个系列的反应。首先，在原始研究中，被试给颜色一个言语回答，在这之后，被试会注视蓝色幻灯片 10 秒然后注视一块白色屏幕，此时被试会看到一个颜色后像，要求被试用 9 点评分对后像颜色进行评定。蓝色会引起黄色后像，绿色会引起红色后像。

如果被试没有被同盟者影响，那么他们会报告后像为黄色，即知觉到蓝色。然而，如果被试的知觉图示改变了，不同于先前的言语报告，被试会认为白色屏幕上的颜色更接近红色。如果被试没有意识到口头报告（公开回答）与后像判断（私人回答）的联系，那么回答概括化的影响就被消除了。

然而，色彩后像范式的实验结果并不一致。Personnaz（1981）发现少数派影响下的被试确实更多地将后像知觉为红色，即绿色的补偿。Doms 与 Van Avermaet（1908）发现不管是少数派影响还是多数人情况，被试的行为都会受到影响。并且，他们认为这是由于异常回答加强了被试对刺激的注意，因此被试对任何绿色的信息更加敏感，最后导致了被试对后像知觉的改变。

对刺激注意增加的解释与莫斯科维奇等人的理论并不矛盾，两者的主要分歧在于是什么触发了被试对刺激的注意增加。双进程模型认为是少数派一致的判断导致了被试增加对刺激的注意，单进程模型认为是异常回答，不管这个异常回答是多数还是少数，使得被试增加了对刺激的注意。

到底少数派会不会对群体产生影响？我们可以使用色彩后像范式重新测量一下，看看实验结果更支持哪一种模型。

2. 科学问题

如何利用色彩后像范式测量少数派影响呢？我们给被试呈现的幻灯片为蓝色，同时，在实验组与被试一起参与实验的又知道实验目的的同盟者，他们会在实验过程中坚持宣称幻灯片的后像为红色（即幻灯片为绿色）。此时，若实验组的被试比控制组被试更多地报告其所看到的后像更接近红色，说明少数派确实对被试产生了影响。

3. 变量与假设

实验采用被试间设计，自变量为影响条件（无影响 vs. 少数派影响 vs. 多数人影响）（在莫斯科维奇等人的经典实验中没有设置对照组，但在最后讨论中提到这是该实验的缺陷之一），因变量为被试对幻灯片颜色后像的报告。控制组不设置同盟者，少数派影响与多数人影响条件下都设置同盟者，且同盟者在实验过程中一直保持一致的回答，认定后像为红色。

研究假设认为少数派条件下被试会受到影响，其对幻灯片颜色后像的知觉会发生改变，会将蓝色幻灯片的后像知觉为红色。而在控制条件或多数人影响的条件下，被试对幻灯片颜色后像的知觉不会发生变化，仍旧知觉其为黄色。

4. 实验准备

（1）色盲检测图

通常称为色盲本，它是利用色调深浅程度相同而颜色不同的点组成数字或图形，色觉障碍者辨认困难、错或不能读出，用于检测被试是否有颜色识别问题。

（2）幻灯片准备

在色彩后像范式中，一个重要的问题是使用的幻灯片颜色。最好选用波长在400～490nm之间的颜色，这个波长范围内几乎知觉不到绿色，以消除颜色不纯对实验的影响。

（3）仪器和软件

采用E-prime进行编程。

5. 程序和步骤

实验组中被试和同盟者同时进入放置两把椅子的实验室，同盟者总是坐在右边且先做出反应。首先对被试和同盟者都进行色盲测试，一方面是确认被试没有颜色识别障碍，另一方面是向被试证明同盟者没有颜色识别问题，确保被试不会将同盟者的异常反应归因为生理原因。

被试会被告知这个实验是关于颜色知觉的，他们会看一系列的幻灯片，要求被试报告幻灯片的颜色，以及幻灯片后像的颜色。被试被要求注视蓝色幻灯片10秒钟，然后注视白色屏幕，以此产生后像。一旦后像产生，被试被要求用9点评分评定颜色，（1＝黄色，黄色/橙色，橙色，橙色/红色，红色，红色/粉色，粉色，粉色/紫色，9＝紫色）。实验分为四个阶段进行，每个阶段包含五次实验，使用相同的幻灯片。

第一阶段：每个被试被呈现五次幻灯片，并报告幻灯片颜色及后像颜色。报告完成后，被试会被给予一张表格，表格上是先前实验其他被试的反应。在少数派影响的实验组，被试被告知82.8%的人认为幻灯片是蓝色的，18.2%的人认为幻灯片是绿色的。在多数人影响的实验组，这个结果是相反的。

第二阶段：在这一步，被试被要求大声命名幻灯片的颜色。同盟者首先回答且总是回答绿色。这一阶段不判断后像颜色。

第三阶段：这一阶段与第一阶段一样，被试报告幻灯片颜色及对后像的颜色做出判断。在判断完成后，主试告知被试这项研究还有最后两个部分，一个是问卷，另一个是最后一系列的幻灯片。接着主试将同盟者带到另一个房间，然后返回对真实的被试实施最后一个步骤。

第四阶段：当同盟者不在房间，被试会被再一次呈现幻灯片，并在表格上对幻灯片颜色和后像颜色做出判断。最后，被试需要完成一份问卷，关于对这个实验研究及程序是否有任何疑问，使用4点评分，1表示没有疑问，4表示非常怀疑。

6. 结果与实验报告要求

（1）数据分析

对影响条件（无影响 vs. 少数派影响 vs. 多数人影响）*实验阶段（阶段一vs. 阶段二 vs. 阶段三）进行方差分析。

对怀疑水平（高怀疑水平 vs. 低怀疑水平）*实验阶段（阶段一 vs. 阶段二vs. 阶段三）进行方差分析。

（2）报告写作意见

实验报告的写作中需要注意以下几点。首先，真实地记录被试和同盟者的颜色知觉状况，色盲者不适合作为实验被试和同盟者。其次，需要对实验中同盟者的作用做出清晰的界定，尤其是同盟者在实验中的角色扮演步骤。实验中对同盟者的界定和扮演步骤，不仅要在实验前做成详细的说明书供同盟者练习使用，也需要在实验结束后，作为重要的附录置于实验报告最后。再次，注意使用表格记录每个实验阶段被试的反应，包括颜色的判断和反应的时间等。最后，在结果呈现部分，尽量用图表的形式来呈现结果。采用图表的方式呈现不同阶段中的反应时和准确率，图表呈现方式更为简洁，可以方便读者快速的理解，对实验结果的印象会更加深刻。

7. 实验范例

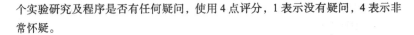

莫斯科维奇的少数派影响研究

莫斯科维奇（Moscovici）等（1969）利用后像范式研究了少数派影响这一社会心理学现象，结果发现，如果少数人一致认为蓝色幻灯片是绿色的，那么占大多数的成员偶尔也会表示赞同。这说明在一定条件下，个体会对其所在的群体产生影响。

该研究的对象为文科、法律和社会科学专业的女学生。前人的研究表明女性被试更适合这项实验，因为她们更擅长于评估物体的颜色。实验中使用的幻灯片使用了两种不同的滤镜：①照片过滤器，只允许波长为 483.5 的蓝色光通过；②中性过滤器，仅仅在一定程度上减少光的强度。在每组6张幻灯片中，三张幻灯片比其他三张更亮。这些光强的变化是为了使任务更逼真、避免无聊。它们的影响在实验中被控制。

　　各实验组由四个不明实验目的的真实被试和两个同盟者组成。当被试在播放幻灯片的屏幕前坐下时，她们被告知这是一个颜色知觉实验。同时，她们被告知，她们将被要求判断一系列幻灯片的颜色和光强度变化（简要说明光强的含义）。在正式开始判断之前，所有实验组成员被要求参与一个测试以检验参与者的"色感"。这个测试有两个目的：第一，要消除这些被试或许有视觉异常的可能；第二，要强调该组中每位成员都有正常视力，从而使同盟者的反应将不会归因于视力，或其他个人因素。

　　在测验完成并确认每个人视力正常以后，被试将被指导实验怎样进行，以及可能出现的反应。被试被要求大声命名一个简单的颜色，同时对光强给出一个估计（从0到5，0表示最暗，5表示最亮）。被试还将被告知，初步实验仅仅是为了练习，只需要做一个光强的判断。

　　这些初步实验的真正目的是让被试熟悉刺激的颜色，从而增强对将出现的不同意见的免疫。在这些初步实验中，同盟者们随机回答。在这些实验之后，该系列的六张不同的幻灯片会被呈现六次，每次呈现时六张幻灯片的顺序是系统变化的，因此，一共会有36次呈现。每次呈现时间为15秒，每两次呈现之间会有5秒的黑暗将其分开。在每次实验中，两位同盟者会声称颜色为"绿色"来施加影响。在这种模式下，两位同盟者会一直保持一致，从头到尾她们都将给出相同的回答。

　　在实验结束后，被试会填写一份关于实验刺激及其他组员的问卷。最后，在被试离开时会向其解释实验的真正目的。

两个额外变量在实验中得到平衡：

　　（1）同盟者的位置及反应顺序：在12个组中，同盟者并排坐，并在第一个、第二个做出反应。而在其他20个组中，两位同盟者被分开，并在第一个和第四个做出反应。同盟者位置的变化旨在显示两位同盟者之间是相互独立的。

　　（2）刺激呈现的变化：在13个组中，包括部分同盟者分开反应的实验组，幻灯片呈现中途，会出现两个一分钟的停顿，即幻灯片的呈现是不连贯的。其他组则是连续呈现36张幻灯片。

8. 参考文献与推荐阅读

戴维. 迈尔斯. (侯玉波, 乐国安等译). (2006). 社会心理学.

Domes. M and Van Avermaet. E. (1980). Majority influence, minority influence and conversion behavior: A replication. *Journal of Experimental Social Psychology*, *18* (3), 283−292.

Latan. B and Wolf. S. (1981). The social impact of majorities and minorities. *Psychological Review*, *88* (5), 438−453.

Martin, R. (1995). Majority and minority influence using the afterimage paradigm: A replication with an unambiguous blue slide. *European Journal of Social Psychology*, *25* (4), 373−381.

Moscovici. S.and Personnaz. B. (1980). Studies in social influence: V. Minority influence and conversion behavior in a perceptual task. *Journal of Experimental Social Psychology*, *16* (3), 270−282.

Moscovici. S., Lage. E. And Naffrechoux. M. (1969). Influence of a consistent minority on the responses of a majority in a colour perception task. *Sociometry*, *32*, 365−380.

Nemeth. G. (1986). Differential contributions of majority and minority influence. *Psychology Review*, *93*, 23−32.

Personnaz. B. (1981). Study in social influence using the spectrometer method: Dynamics of the phenomena of conversion and covertness in perceptual responses. *European Journal of Social Psychology*, *11* (4), 431−438.

Robin. M. (1995). Majority and minority influence using the afterimage paradigm: A series of attempted replications. *Journal of Experimental Social Psychology*, *34* (1), 373−381.

Tanford. S.and Penrod. S. (1984). Social Influence Model: A formal integration of research on majority and minority influence processes. *Psychological Bulletin*, *95* (2), 189−225.

9. 思考题

（1）色觉后像范式的基本原理是什么？

（2）多数派产生影响的解释模型有哪些？

（3）少数派产生影响的解释模型有哪些？

（4）想一想，该实验中同盟者的作用是什么？

（5）简述少数派影响的决定因素。

（6）少数人影响的色觉后像范式有什么缺点吗？

三、实验 23　社会助长与抑制

1. 背景知识

或许大多数人都曾注意到这样一种社会现象，同他人在一起时，自己的学习效率、工作效率比自己单独一人时有了明显的提高；体育比赛中，观众越多，许多运动员的劲头就越足，技术发挥的也就越好。早在 1897 年诺玛尔·特里普利特便对这种现象进行了研究。他在观察自行车比赛时发现，选手同其他选手一同竞赛时的成绩比独自一人时的成绩要好，对于这个有趣的现象，他认为是因为活动过程中有其他人在场会提高人们完成任务的速度。之后他以 40 名儿童为被试设计了一个实验加以研究。实验设有竞争和独立两种情境，要求被试用最快的速度将线缠绕在鱼竿卷轴上。结果发现在竞争情境下有 30 名儿童的成绩比独自一人时有所提高，这个结果也验证了他的假设（Dashiell，1930）。这种因知觉到他人在场所导致的作业效率提高的现象被称为社会助长或社会促进。Worchel 等人将社会助长定义为"由于观众或共同行动者的存在而引起的行为效率的提升"，国内学者章志光认为社会助长是"个人对别人的意识，包括别人在场或与别人一起活动所带来的行为效率的提高"。

在特里普利特之后，奥尔波特于 1916—1919 年间在哈佛大学心理学实验室进行了一系列更加严谨、深入的研究，证实了社会助长现象的存在。这一系列实验也成为了社会助长领域最经典的实验之一。此外 Dashiel（1930）在研究中同样发现在乘法运算、词语联想等测验中，观众的存在会使被试成绩显著提高。

然而他人在场并不总是能够带来行为效率的提高，有研究发现观众的存在会导致学习迷宫的被试的学习效率有所下降（Pessin & Husband，1933），这种同社会助长相反的作用，被称为社会抑制。因而有学者将社会助长定义为"他人存在对个体行为效率产生的一切影响"，同时包含了社会助长和社会抑制这两种现象。

对于为何他人的在场会对个体产生这两种完全不同的作用，Zajonc（1965）提出了社会助长的内驱力说，认为：①他人在场时会导致个体的唤起，进而表现为一种内驱力；②做出某一种反应的倾向强度为该反应的习惯强度与内驱力水平乘积的函数。因而 Zajonc 得出结论：若操作任务为个体所熟悉，那么他人在场会提高个体行为效率；反之则抑制个体表现。

这便是优势反应强化说。所谓优势反应，指的是个体已经完全掌握熟练，不需过多认知过程参与即可自动发生的行为反应。从这个角度出发，不难理解上文中提到的观众的存在会导致学习迷宫的被试的学习效率有所下降这一现象：被试在学习一个新的、有难度的行为，这种行为尚未成为被试的优势反应，此时他人的在场反而会抑制这种新行为的习得。

Cortell 等人（1968）在 Zajonc 理论的基础上提出了评价顾虑说（evaluation apprehension）对社会助长现象进行解释，认为观众或共同行动者会引起跟个体成绩有关的焦虑状态。他人的在场是一种习得的条件刺激，预示着积极的或消极的后果。对于消极后果的回避与积极后果的期望都会产生社会助长现象。

之后随着认知心理学的兴起，越来越多的学者从认知的角度做出了解释，如有学者认为观众的存在使得个体的注意负荷超载，导致对环境线索的忽略。如果忽略掉的是与任务无关的线索，则会导致行为效率提高；如果忽略掉同任务相关的线索则会使行为效率下降（Geen，1991）。研究证明了有众多因素影响着社会助长和社会抑制效应，如注意超载、行为习惯、竞争、评价焦虑等，而且有学者提出，这些因素有可能共同作用影响着社会助长（Geen，1991）。

2. 科学问题

在特里普利特的绕线圈实验，以及随后的众多模仿实验中，大都验证了"他人在场会使个体行为效率提高"这一假设的成立。然而在这些实验中往往包含着两种可能对个体行为效率造成影响的因素：社会助长以及竞争关系。奥尔波特认为虽然这两种因素在行为结果中难以区分，但实际上是两种截然不同的概念。竞争是个体由于自主的求胜意识所导致的行为情绪性强化；而社会助长则是指个体只要意识到他人在做同样的行动，其反应就会增加（周晓虹，2007）。因而有必要对这两种因素进行区分，在排除竞争因素的前提下考量社会助长效应。奥尔波特随后设计了一项词汇自由联想实验来验证自己的观点。

3. 变量与假设

采用单因素被试内设计，自变量为实验情境：独自完成任务（A）或有他人在场（T），即独立/共作两种条件。需注意的是在有他人在场（T）的共作条件下，被试仍然是独立完成任务。奥尔波特为了排除竞争因素的影响，采取了种种措施：如在实验中告知被试这只是一项小测验，并不是比赛，实验过程中被试也禁止互相比较；此外为了防止某一被试完成测验速度过快对于其他人造成心理压力，每个测试都规定了相同的时间限制，对于工作量则不加上限，以被试单位时间内的工作量作为衡量标准。

实验中的因变量为被试完成任务的速度及质量，即在实验规定时间内所写出的联想词的数量以及这些联想词的质量。联想词的质量指的是被试所写出的不同类型的联想词在总量中所占的比例，共分为四类："自我中心词""自由发挥词""直接刺激词"和"环境刺激词"。

实验假设：他人在场能够提高个体的工作速度和工作质量。

4. 实验准备

（1）实验材料准备

实验中所需材料主要有四种：在顶端写有刺激词的空白纸张、笔、计时器以及用于提示时间的蜂鸣器。共作组（T）中主试通过计时器来提醒被试时间，独立组中则通过蜂鸣器来提醒。

（2）实验室设置

实验室中放置一张 3 × 5 英尺的桌子。被试围绕桌子而坐，在整个实验过程中，被试的座位固定不变。实验室中的灯光、桌椅位置等均保持不变，以最大程度减小无关因素的作用。

5. 程序和步骤

正式实验中，将被试分为 A、B、C 三组，每一组被试 5 人左右。实验操作时，有两名被试需要同坐于桌子 5 英尺的一侧。实验共持续三周，每周进行两次实验，每次实验进行 4 次测试。实验中需要注意以下几点：①各组被试在每一次实验的四次测试中都要经历 A 和 T 两种实验条件，因而测试的顺序可能有以下几种：ATAT、TATA、AATT 或 TTAA；②C 组需要在同一次实验中经历两种条件，每种条件可以施测一次，也可以施测两次；而 A 和 B 两组在实验中则遵循相反的测试顺序，若 A 组以条件 A 开始、以条件 T 结束，则 B 组要以条件 T 开始、以条件 A 结束；③所有实验组若连续两天进行实验，则测试顺序需翻转。若在前一天实验中以条件 A 开始、以条件 T 结束，则在第二天实验中要以条件 T 开始、以条件 A 结束。通过这种设计可以平衡顺序效应，以消除无关变量对于实验结果的可能影响。此外独立工作（A）条件下施测使用的实验室房间每次均需更换，以避免被试对于实验环境的熟悉会对操作结果造成无关影响。

在实验开始前，由主试将纸笔发放给被试。每张纸在最顶端写有刺激词，纸张背面朝上。当听到开始信号之后，被试才可将纸张翻转，开始根据刺激词进行联想并写出联想词。在共作（T）条件下，由主试通过计时器计时；在单独（A）条件下，被试通过蜂鸣器来接收时间信号。实验中每个测试分为 3 个时间段，每段时长 1 分钟，每过一个时间段即发出时间信号。被试在听到时间信号之后需要快速地在该时间段内写下的联想词下画上一条横线，而后继续实验操作。每一次测试结束之后被试都要根据指示对自己写下的联想词进行标示，分为四类：①自我中心词（personal associations），即同自身直接或间接经验相关联的、同他人有所区别的词汇；②自由发挥词汇（free-rising ideas），同个人经验不存在明显关联、同之前所写词汇没有显著关系的词汇；③刺激衍生词，即实验中由刺激词直接作用下联想而得的词汇，如"图书馆"这一刺激词而联想到的"实验室"，便属于这一范畴；④环境联想词，即被试由于周围环境的影响而联想到的词汇。

每一次测试结束之后有短暂的休息时间。实验结束后，由主试收集被试的答案并加以整理、归类。

6. 结果与实验报告要求

（1）数据分析

为了验证假设"他人在场能够提高个体工作速度"，应对被试的作业水平，即写出联想词的数量进行比较分析。在正式分析前需要对数据进行检查，首先删除那些明显受到练习效应影响的数据：如 A、B 两组被试的第一天成绩都明显低于后来单独实验成绩，因此需要排除在统计过程之外。统计时需要计算每一名被试在 A 和 T 两种条件下的成绩均值并进行比较，以确定是否出现了社会助长——即作业成绩有所提高，并且需要计算出成绩提高的人数比例。此外还需总和比较 A 和 T 两种条件下所有被试成绩平均值的差异。为了了解社会助长在整个实验过程中的分布情况，应对于每个被试在 3 个为时 1 分的时间段里的测试成绩进行比较分析：既可以比较有多少被试在某一个时间段中出现了成绩的提升，也可以比较在 3 个时间段中被试成绩提高的平均值。

为了验证假设"他人在场能够提高个体的工作质量"，需要对被试所有回答中四种类型联想词的数量进行比较。需计算每一名被试在 A 和 T 两种条件下写出的四种联想词数量的均值和平均方差进行比较。

（2）报告写作意见

实验报告的写作中需要注意以下几点。

首先，对社会助长和竞争的区别关系要有明确的认识，并在实验的设计和操作过程中加以注意，力求在实验中减少甚至消除竞争因素可能造成的影响。

其次，对于他人在场对于工作速度和工作质量的影响要有明确的假设，如假设他人在场会提高个体的工作速度或是相反，在假设提出部分要写明假设及其提出。对于社会助长是否出现的判断标准也应在报告中加以解释，可以使用被试联想词写作数量的增加或减少来判定，同样可以用完成任务的速度来判定。实验结果中所使用的四种联想词的分类也应在实验报告中加以详细说明，包括如何判定被试的回答属于某一分类，分类的标准以及四种类型词各自对于实验结果的意义等。

最后，实验操作过程在报告中呈现时要尽可能简洁清晰又能抓住要点，这样其他研究者就知道要重复这一研究时先做什么后做什么，例如哪一阶段是练习，哪部分是正式实验，这样其他研究者可以清楚地看到实验者是否对实验进行很好的控制，这也是考察结果是否可信的重要依据。最后，在结果呈现部分，尽量用图表的形式来呈现结果。采用图表的方式呈现不同条件下的成绩差异及成绩提高/降低的被试所占的百分比，图表呈现方式更为简洁，可以方便读者快速的理解，对实验结果的印象会更加深刻。

7. 实验范例

群体对于联想及思维的影响作用——反驳观点实验

奥尔波特通过词语联想实验证明社会助长效应的存在。但是自由联想实验中所涉及的操作任务比较简单，并不会对个体造成太大智力和思考方面的压力。因而奥尔波特本人在此之后又设计了一个实验，研究当操作任务需要更多的逻辑思维、需要更多推理过程参与的情况下，社会助长效应是否依然会出现。该实验被设计成"对某一观点进行反驳"的模式，要求被试在实验过程中针对给出的观点，书写论据将之推翻，被试需要尽可能写有说服力的、详细的论据。实验选择了在西方流传甚广的古希腊罗马时期不同哲学家的作品作为靶子文章。

（1）被试

一共选取9名被试，分为两组：A组和B组。

（2）实验设计与假设

采用单因素被试内设计，自变量为实验情境：独自完成任务（A）或有他人在场（T），即独立/共作两种条件。在有他人在场（T）的共作条件下，被试仍然是独立完成任务。在该实验中，奥尔波特同样采取措施消除竞争因素的影响。除上文所提到的告知被试这只是一项小测验而非比赛，实验过程中被试也禁止互相比较，每个测试都规定了相同的时间限制之外，主试特意告诉被试每个人都是针对同样的主题、同样的观点进行议论。

实验假设：他人在场能够提高个体的工作速度和质量。

（3）实验材料

实验选择了 Epictetus（古希腊斯多葛学派哲学家）和马克斯·奥里利乌斯（Marcus Aurelius 古罗马皇帝，同样为斯多葛学派哲学家）的短篇议论文。需要注意的是，实验所用的两篇作品虽出自不同人之手，但是叙述方式近似一致，因而减少了整个实验中无关变量的干扰作用。

（4）因变量测量

实验者将被试的回答分为三种类型并赋予不同的分值：①逻辑缜密、论据有力的观点为3分；②通过多种例证、引用权威观点进行反驳的记为2分；③仅表明立场，但未能明确做出论证的记为1分。通过这样的标准对每一名被试在两种条件下的回答进行分值统计，得出每个被试的作业成绩。

（5）实验步骤

实验一共历时两月，进行 40 次，其中独立条件和共作条件下各 20 次。每一组都要分别经历不同的实验情境，如果之前一次在 A 条件下进行测试，则后一次便在 T 条件下进行。A 组被试由 T 条件开始，B 组则由 A 条件开始。

每一次实验中，两种情境下的被试均会得到一份作为靶子文章的手抄材料，以供参考。实验者要求被试针对材料中的观点写出自己的论据对其进行反驳，并且要求尽可能写得详细而有力。每次测试时间限制为 5 分钟，而且每一次测验均使用不同的文章。需要指出的是，虽然不同的文章观点有所差异，但是实验者尽力保证同一种实验条件下的 20 次测试所使用的文章观点类似。

每一次测试结束后，由实验者对被试的回答进行整理，按照上文所述的评分标准进行评分、统计。

8. 参考文献与推荐阅读

周晓虹.（2007）. 现代社会心理学名著菁华. 北京：社会科学文献出版社.

Allport, F. H.（1920）. The influence of the group upon association and thought. *Journal of Experimental Psychology*，*3*（3），159−182.

Dashiell, J. F.（1930）. An experimental analysis of some group effects. *The Journal of Abnormal and Social Psychology*，*25*（2），190−199.

Geen, R. G.（1991）. Social motivation. *Annual Review of Psychology*，*42*，377−399.

Worchel, S., Cooper, J., & Goethals, G. R.（1992）. *Understanding social psychology*. Pacific Grove, CA：Brooks/cole.

Zajonc, R. B.（1965）. Social facilitation. *Science*，*149*（3681），269−274.

9. 思考题

（1）你身边有哪些社会助长的例子？

（2）想一想，有哪些理论可以解释社会助长和社会抑制？

（3）你对优势反应强化这种观点有怎样的理解？

（4）社会助长在社会生活中可以应用到哪些方面？

（5）"男女搭配，干活不累"，这里面所讲的其实是社会助长的一种——性别助长，你对此有怎样的理解？

第十一章 态度改变与说服

一、实验 24 行为与态度一致性

1. 背景知识

态度是对某物或某人的一种喜欢与不喜欢的评价性反应，它在人们的信念、情感和倾向性行为中表现出来。人们通常认为，态度是一种内在的心理状态，由知、情、行三部分组成。其中，认知因素中，认知是指认识事物的过程。态度的形成，必须先有认知，才能确定人或事物的作用、意义、结果等。情感因素是对一事物的态度，总是掺杂或多或少的感情色彩，并且感情往往比认知更重要。意向因素是指态度直接导致人的行为意向（侯玉波，2002）。

态度会影响行为。有关态度影响行为的例子还是用那些层出不穷的香烟广告更为生动直观。要说服一个 15 岁的女孩开始抽烟，即使给她看 100 条说服信息，她也会无动于衷。但是，当香烟广告不停地将吸烟与快乐、时尚、性感、具有骨感美的明星联系在一起时，这个女孩可能就会萌生对吸烟的正面态度。烟的味道、口感不是她要关注的重点，而吸烟时可能会和她喜欢的明星看起来同样性感，这才是她关心的问题。另外，香烟广告中频繁出现过滤嘴之类的低危害香烟，或者身材健美的模特，可能也会使人们产生一种信念，吸烟好像也没有专家说的那样可怕，你瞧，这些吸烟的人不是看上去挺健康的吗？如果此时，这个女孩受到高年级同学的影响，在他们的压力下开始尝试吸烟，由于已经有了先前这些广告、健美外形、吸烟并非不健康等信念或态度的铺垫，她在抵制同伴要求她吸烟时的表现，与未接受这些信息的影响前，会是一样的吗？答案很明了，肯定是不一样的。信念和态度的改变，也许不会直接导致行为上的变化，但是它们使这个人更容易受到后续社会影响的作用（津巴多，利佩，2007）。

态度并不总是影响行为，言行不一好像是常有的事。人们的社会行为与他们口头表达的社会态度很少一致（LaPiere，1934）。社会心理学家艾伦·威客通过对各种人群、态度和行为的综述研究，提出了一个令人吃惊的结论：人们表现出来的态度很难预测他们的各种行为。学生对于作弊的态度与他们的实际作弊行为几乎没有关系。一个态度和行为分离的例子是道德伪善实验。给被试布置两个任务，一个十分诱人（被试有可能挣到一大笔钱），而另外一个任务却无聊并且没有奖励，被试可以自由分配任务给自己还是给另外一个实验者。调查的 20 个被试都认为第二个任务分配给别的实验者是不道德的行为，但是只有 1 个人会把无聊的任务给自己。当道德与贪婪同处在竞技场时，通常是贪婪大获全胜（迈尔斯，2013）。Fishbein 和 Ajzen（1975）指出情境、社会压力等因素可能会导致态度测量与真实行为间的不一致．

Taylor（2002）等人对态度测量何时或什么条件下才能预测人的行为进行了较为详尽的探讨。这些影响因素可以分为以下几类：

（1）态度的特殊性水平：态度是指向一般群体还是特殊个体，会影响到态度对行为的预测力。比如在拉皮尔的研究中，美国人对亚洲人的整体态度与对某一个亚洲人的态度存在特殊性上的不同，因此，对象越具体越有针对性，态度对行为的预测就越准确。

（2）态度的强度：强烈的感受可以驱使你在真正面对某人或某种情境时，按你的感受或态度去行事。而微弱的态度则对行为的产生没有多大影响。Kallgren（1986）等人发现要增加人们的态度强度，只需让他了解更多有关态度对象的信息或知识，就能达到效果。

（3）态度的可接近性：越容易被意识到的态度，它的可接近性就越大，人们的行为与态度的一致性就越高。这种可接近性可以通过反应按键的快慢来测量。通常，人们在做决策时，头脑中若能迅速出现某种态度，且被人们意识到，那么人们就很可能做出与该态度相一致的行为。例如，超市往往将自己的产品放在货架的最显眼处，就是运用了态度的可接近性高可以诱发更多的购买行为这一原理。

（4）行为与态度的相关性：如果所测量的态度与某种行为越相关，那么态度对行为的预测效果就越好。例如，一项研究调查女大学生对避孕套的态度以及避孕套使用行为间的关系，向一半女生询问"你们关于计划生育的态度？"，另一半询问"随后两年是否会使用避孕套？"，结果发现后者与避孕套实际使用行为间的相关达到非常显著的水平，而前者则不能预测实际的避孕套使用行为。

（5）情境压力：受制于社会的主观规范，在某种特殊的情境下必须得按照某种行为准则行事。比如，在拉皮尔的研究中，当那些旅店老板面对一对中国夫妇要求住店或用餐时，迫于行业或职业规范，或者衣着考究的中国夫妇本身所带来的无形气场影响，都可能增强情境压力而使业主接待这对中国夫妇。

自拉皮尔的研究发表后，关于态度与行为、偏见与歧视方面的研究和应用，已经在一定程度上改变了华裔美国人在美国所受到的社会歧视。通过广泛地对美籍华人进行大范围调查，研究者获得了美籍华人所遭受的社会不公平对待的现状，并引发一系列消除歧视和偏见的应用性研究。比如，基于接触假说，倡导直接与不同种族的人接触、增加互动机会，从而减少歧视与刻板印象。

行为也会影响态度。现实生活中也有很多现实影响态度的现象。社会心理学的研究提出三种可能性的原因。自我展示理论指出，出于某些重要的原因，我们会表现出一致的态度，以使我们看起来一致。认知不协调理论指出为了减少自己的内心的不适，我们说服自己某些行为是合理的。自我知觉理论指出当我们对自己的感觉或信念不坚定的时候，我们会观察自己的行为（迈尔斯，2013）。

2. 科学问题

行为也会影响态度。我们试图探讨面部表情对个体态度的影响，以及自我知觉的调节作用。自我知觉理论指出当我们观察自己的行为时，我们会做出类似的推断。

3. 变量与假设

采用2（面部表情：用牙咬住一支钢笔 vs. 用嘴含住一支钢笔）×2（自我知觉：面前有镜子 vs. 面前没有镜子）混合设计。让被试在不同的实验环境中（面前有镜子或者面前没有镜子）使用不同的面部表情看动画片。有研究指出当人们用牙咬住一支钢笔时，会牵动笑肌。用嘴唇含住则不会。因变量为被试对自己当下情绪的评价。

研究假设认为"用牙咬住一支钢笔"组要比"用嘴含住一支钢笔"组被试对自己当下的情绪进行更加积极的评价。并且，"用牙咬住一支钢笔"组被试

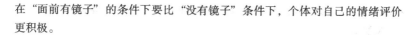

在"面前有镜子"的条件下要比"没有镜子"条件下，个体对自己的情绪评价更积极。

4. 实验准备

实验室能满足两种情况，一种情况下，被试的位置前面有镜子，另外一组被试的位置前面没有镜子。另需准备多支干净的笔。

5. 程序与步骤

实验者带被试进入实验室，自由分配各组被试的实验条件，要求被试观看一个5分钟左右的动画片，之后让被试填写情绪评定量表。最后向被试解释试验中的困惑并且感谢他/她的参与。

6. 结果与实验报告要求

（1）数据分析
采用方差分析探索面部表情和自我知觉的主效应以及交互效应。
（2）报告写作意见
实验报告的写作中需要注意以下几点。首先，提出明确假设。其次，报告情绪评定问卷的信效度。再次，实验操作过程在报告中呈现时要尽可能简洁清晰又能抓住要点，这样其他研究者就知道要重复这一研究时先做什么后做什么，可以清楚地看到实验者是否对实验进行很好的控制，这也是考察结果是否可信的重要依据。最后，在结果呈现部分，尽量用图表的形式来呈现结果。采用图表的方式呈现不同条件下的反应时和准确率，更为简洁，可以方便读者快速的理解，对实验结果的印象会更加深刻。

7. 实验范例

行为与态度一致性的相关经典研究

实验一
沃恩和兰泽塔进行实验研究表明：模仿他人的表情能够帮助我们了解他人的感受。他让达特茅斯学院的学生观察他人遭受电击。他们要求一些观察者在电击到来的时候做出痛苦的表情。结果发现相比于没有表现出痛苦表情的学生而言，当看到电击者时，这些扮苦相的学生出汗更多，并且心率更快。

实验二

威尔斯和佩蒂要求艾伯塔大学的学生在收听广播社论时，上下或者左右摇摆头以"测量耳机装置"。研究发现那些曾经上下点头的人要比那些左右摇头的人有更大的可能性同意那篇社论。研究者指出：上下点头行为代表的是认知、支持，而摇头代表的是反对、不支持，因此身体行为也会影响个体的态度。

实验三

卡乔波与同事进行了一个实验，要求符兹堡的大学生评价汉字。试验分为两组，一组被试在评价汉字的时候要求他们的手臂向上弯（如同举起物体）。另外一组被试在评价汉字的时候则要求手臂向下弯（如同将某个物或者某个人推开）。因变量为辨别词的褒贬义的速度。学生用同一只手的两个手指在电脑上进行判断（褒义按左键、贬义按右键）。与此同时一只手需要做出相应的动作（向上推或者向下压）。实验结果发现：手臂向上弯组的被试对不认识的汉字会进行更多的积极评价。

实验四

拉皮尔关注态度与行为一致性的研究在拉皮尔与两位中国朋友周游美国的途中，研究者拉皮尔对所经 67 家旅店、汽车旅馆以及 184 家咖啡馆进行观察，记录接待员或服务员等人对中国夫妇的态度与行为。记录的评定标准分为"非常好，即比预期中还要好很多；好但表现出异样的好奇；接待质量与预期的一样；可觉察到行为的迟疑；接待中存在不安；不接受，共 6 个标准"。六个月后，拉皮尔给曾经过的地方寄出问卷，询问当地人们"你愿意在自己的旅店或餐厅接待中国客人吗？"。回答分"不愿意、不确定、愿意"三个等级。

为避免中国夫妇曾在某旅店停留过而引发调查对象的态度改变，拉皮尔同时选取处于同一个区的另外 32 家旅馆和 96 家餐馆发放问卷，作为对照组，与逗留过的餐馆和旅店的老板所反馈的态度进行对比（霍克，2012）。

对结果的解释

（1）对于招待者的真实招待行为测量而言，在 251 个曾光顾过的旅馆和餐馆中，中国夫妇只受到过一次冷漠的招待。为防止无关变量，比如拉皮尔自身美国本土人出现对研究结果造成影响，拉皮尔每次都让中国夫妇先进入参观、独立订房间、买食宿用品等。拉皮尔对服务质量进行等级评价。

（2）针对 6 个月后的问卷调查，以简单的是非评判问题来确定一群人的态度，询问当地人们"你愿意在自己的旅店或餐厅接待中国客人吗？"。回答分"不愿意、不确定、愿意"三个等级，来评价当地旅店或餐馆对中国游客的接受程度。

表 11-1 拉皮尔对所接受服务的等级评定

接待质量	旅馆	餐馆和咖啡屋
非常好，比预想的调查者自己前往时受到的待遇更好	25	72
好，但是接待人员因为好奇而显得异样	25	82
接待质量与预期相同	11	24
能觉察到接待人员由于对种族问题的敏感而服务有所迟疑	4	5
有明显的但很短暂的不安	1	1
拒绝接待	1	0
总数	67	184

表 11-2 态度问卷调查

问卷问题："你愿意接待中国游客吗？"

回答	到过的旅馆	到过的餐馆	未到过的旅馆	未到过的餐馆
不愿意	43	75	30	76
不能确定视具体情况而定	3	6	2	7
原意	1	0	0	1

　　本调查研究发现，人们经常会出现言行不一的情况，换句话说，就是报告的态度对行为的预测很有限。皮拉尔强调，如果你想预测一个人在面对某一真实的特定情境或特定人物时将如何表现，通过态度问卷获得的对假设性情境的口头回答是不够完全的。要想可靠地测量一个人的社会态度，只有在真实社会情境中研究这个人的行为，才能测到准确的态度。因此，在使用态度问卷时，这种针对假设性态度的测量，有其适用的限制条件。

8. 参考文献与推荐阅读

戴维. 迈尔斯.（侯玉波，乐国安，张智勇译），社会心理学（第八版），北京：

人民邮电出版社.

菲利普·津巴多，迈克尔·利佩.（邓羽，肖莉，唐小艳译）.（2007）. 态度改变
　与社会影响. 北京：人民邮电出版社.

侯玉波.（2002）. 社会心理学. 北京：北京大学出版社.

罗杰·霍克（Roger R. Hock）.（白学军译）.（2012）. 改变心理学的 40 项研究（第
　5 版）. 北京：人民邮电出版社.

Fishbein, M., & Ajzen, I.（1975）. *Belief, attitude, intention, and behavior*：*An
　introduction to the theory and research*. Reading, MA：Addison-Wesley.

LaPiere, R. T.（1934）. Attitudes and Actions. *Social Forces*, *13*, 230–237.

Taylor, S., Peplau, L., & Sears, D.（2002）. *Social psychology*（11 th *ed*）. Upper
　Saddle River, NJ：Prentice Hall.

9. 思考题

（1）态度的结构是什么？

（2）请尝试设计一个能证明行为可能改变态度的实验。

二、实验 25　态度差异与宣传者可信性对态度改变的影响

1. 背景知识

很多有关说服的实证研究都证实了说服者的可信度会影响被说服者的态度
转变（Aronson & Turner, 1963；Bochner & Insko, 1996）。越可信的说服者对态
度改变的作用越大。但是后来有研究者指出说服者可信性与态度转变的关系似
乎并非那么简单。沟通者的可信性与沟通信息与自己观点间的差异程度也是影
响态度改变的重要因素（Aronson & Turner, 1963）。著名社会心理学家阿伦森
在《社会性动物》一书中举了这样一个有趣的生活化例子，与体育锻炼有关。

设想现在有一位 73 岁的老年人，他的体格硬朗，精神焕发，从他的身上全
然看不出衰老与羸弱，他的体质简直可以与青壮年相比。令人兴奋的是，他刚
刚赢得了一场世界级规格的马拉松赛。这时，还未等你向他表示祝贺，他便朝

你走来，拍拍你的肩膀说："小伙子，得加强锻炼了。如果想像我一般健壮，那么我告诉你保持健康长寿的不二法门——每天至少进行两个小时的大运动量锻炼。"这时，你会不会相信他说的话？你可能很难对他的话表示质疑吧。他这样说，比建议我每天锻炼十分钟，更能对我产生实际而又长远的影响。因为，他都这把年龄了，还能在激烈的竞技比赛中获胜，这不是最好的证据吗？但是，现在再设想另一种场景，假如一个中学的体育课教练朝你走来，看他的身份，好像可信度不是太高的样子，他郑重其事地对你说："如果你想要保持健美的体型，那么至少每天要完成两个小时的大运动量计划，相信我，没错的。"这时，你一定会觉得他是不是脑袋一热，突发奇想才这么说，或者压根就觉得他是个骗子或健身狂热分子，对他的建议可能会置之不理，只当听听罢了，你就可以安心地继续享受慵懒的生活。但是，如果他换了一种建议："你若想保持身体的健壮，可以选择每日锻炼十分钟。"这样的建议会显得格外可信，因为，这种程度的建议完全在你的可接受限度之内，也许你也会因此改变看法和行为，开始每天慢跑十分钟。

阿伦森从这样一个生活化的假设出发，在前人霍夫兰德、哈维和谢里夫的研究发现的基础上，发现两种存在差异的实验结果——当实际提供的信息与接收者的态度存在中等水平的差异时，意见改变最大；而另一些研究则证明提供的信息与接收者的态度差异越大，态度改变越大。基于此，阿伦森提出这样的观点：宣传者的可信度在观点差异与态度改变间起到了调节作用。细究那些观点差异与看法改变之间存在线性关系的实验，恰恰比那些存在曲线关系的实验，将宣传者描述得更为可信。

2. 科学问题

宣传者的可信度在观点差异上对态度改变的影响。

3. 变量与假设

（1）自变量

①宣传者的可信性：高可信度（让一半被试认为短文的作者是具有一定威望的诗人，他是一位可信度很高的诗歌评论家）；低可信度（另一半被试则被告知短文的作者是一个想要在高校里当英语教师的大学生，具有中度的可信性）。

②观点间的差异性：短文评论者的观点与被试的观点存在三个水平的差异。

轻度差异，即评论者对诗歌的评价与被试的评价在 3 首诗歌上存在大的差异，被试评价最差的诗在短文中列为最好；中度差异，即两方观点在 5 首诗歌的评价上存在大的差异；重度差异，即两方观点在 7 首诗歌的评价上存在大的差异。

（2）因变量

① 观点改变程度。

② 对宣传者的贬低程度。

（3）实验假设

本实验用来探究在什么条件下被试会选择改变观点及贬低宣传者，以便减少当一种观点与其自身观点不一致时所带来的失调。

假设在被试接触与其最初观点存在不同差异程度的说服性信息时：

① 当被试接触高可信性的宣传者时，观点改变与观点的不一致性呈线性关系，即当宣传者可信度高时，信息提供的观点与被试本身的观点差异越大，态度改变越大。

② 当被试接触比较不可信的宣传者时，被试通过贬低宣传者来减少失调，因而预测曲线会在最末端下降，即观点不一致增加，态度改变越来越小，因为这时贬低策略会显得更加容易。

4. 实验准备

（1）选取 9 首朦胧诗。

（2）草拟一份对这 9 首诗歌评论的文章，并且对这些诗进行排序。

5. 程序与步骤

（1）实验佯称为要进行一项美学实验而招募志愿者，实验者告诉他们本实验对他们如何评价诗歌很感兴趣。

（2）大学生首先阅读了 9 首朦胧诗的节选，然后要求他们按照自己认为的从好到差的顺序对诗歌进行排列，排列的标准说得很模糊——诗歌在用来表达意义时所采用的形式。接着，每个被试被要求阅读两页标题为"诗歌中头韵的使用"的短文，短文最后半页阐述了对于每首诗的评价，对于每个被试来说，短文中所评价的每首诗，他们在先前已经按照喜欢程度排好了顺序。

（3）接近三分之一的被试对诗所持的观点与评论者的观点有少量的差异；

另三分之一的被试体验到中等程度的差异；余下三分之一的被试的观点与评论者的观点有极度的差异。短文中通过将被试排名为较好的诗评价为比较差的诗，来产生观点的差异。具体操作为，轻度差异为有 3 首诗的评价与被试的排行截然相反，中度差异为有 5 首诗的评价与被试的排行截然相反，重度差异则通过 7 首诗的评价不一致来产生。

（4）在这三种条件下，我们让实验中一半的被试认为，短文的作者是一位具有高可信度的专业评论人员——诗人艾略特，让另一半被试认为短文评论的作者是一位大学生，具有中等可信度。被试被告知实验者感兴趣的是，那些短文是否能帮助他们更好地评价诗篇。

（5）被试读完短文，便被告知他们最开始对诗的排行知识可以帮助他们熟悉诗作及排序流程，实验者解释道，现在重新开始用刚熟悉的规则对诗作进行第二次排序。最后，被试被要求对短文进行 7 点量表的评价，用来表示他们对短文中 14 首诗的评价的同意程度，以及他们对短文作者的认同程度。

（6）实验最后一部分，实验者向被试解释实验的目的。

6. 结果与实验报告要求

（1）数据分析

①当被试接触高可信性的宣传者时，采用方差分析比较三组"信息提供的观点与被试本身的观点差异"条件下，个体的态度改变是否存在差异。

②当被试接触比较不可信的宣传者时，采用方差分析比较三组"信息提供的观点与被试本身的观点差异"条件下，个体的态度改变是否存在差异。

（2）报告写作意见

实验报告的写作中需要注意以下几点。首先，提出明确假设。其次，报告情绪评定问卷的信度数据。再次，实验操作过程在报告中呈现时要尽可能简洁清晰又能抓住要点，这样其他研究者就知道要重复这一研究时先做什么后做什么。最后，在结果呈现部分，尽量用图表的形式来呈现结果。采用图表的方式呈现不同条件下的反应时和准确率，图表呈现方式更为简洁，可以方便读者快速的理解，对实验结果的印象会更加深刻。

7. 实验范例

沟通者因素对态度改变的影响

实验一

在说服导致的态度改变过程中，人们普遍认为沟通者没有偏见和可信赖是很重要的。沟通者实现这一目标的办法是，赞同看起来与他们的利益相反的立场。比如，在这样一个情境中，某地方的检察官和某罪犯就执法机构是否应该被赋予更大的权力而展开争论。按照常理推论，检察官可能具有更高的社会威望，因而他们的陈述理所应当得到较多人的支持，也就是说，他们具有更高的说服力。在阿伦森、沃尔斯特、亚伯拉罕和罗特曼进行的一项研究中，对这种假设展开了多种情况的讨论。当检察官提倡的观点是减少执法机构的权力时，说服效果较罪犯声称此观点时更好。但是，当针对支持增加执法机构的权力立场时，此时罪犯的讲话则更具有说服力。也就是说，当说服者持有与自己看起来相悖的观点时，人们会认为他们是公正的、不偏不倚的，因为他们从这样的立场中看似得不到什么好处，也就显得更加可信，说服效果更好。

实验二

关于观点差异方面的研究，后续研究者指出，在沟通者的可信度很高的情况下，人们会更可能容忍他提出差距更大的观点而不遭到拒绝；而对于低可靠性的信息，差距越大则越容易被拒绝。博克纳等人在研究中分别让一名高可信性的诺贝尔获奖者和一名低可信性的普通基督教会牧师来向人们提供睡眠时间的信息，结果显示，当牧师提倡人们仅需 3 小时的睡眠时间即可的观点时，人们的态度改变最大，而当诺贝尔获奖者提出人们仅需 1 小时的睡眠时间时，人们的态度发生最大程度的改变。也就是说，关于必要睡眠时间的观点的态度改变发生在中等程度差异的沟通信息中，而在高可靠性的说服者条件下，更大的差距会导致更大程度的态度改变。

8. 参考文献与推荐阅读

阿伦森. (邢占军译). (2007). 社会性动物. 上海：华东师范大学出版社.

菲利普·津巴多, 迈克尔·利佩. (邓羽, 肖莉, 唐小艳译). (2007). 态度改变与社会影响. 北京：人民邮电出版社.

Bochner, S., & Insko, C. A.（1996）. Communicator discrepancy, source credibility, and opinion change. *Journal of Personality and Social Psychology*，4，614−621.

Elliot, A., & Judith, A. T.（1963）. Communication credibility and communication discrepancy as determinants of opinion change. *Journal of Abnormal and Social Psychology*，67，31−36.

9. 思考题

（1）对于"态度差异与宣传者可信性对态度改变的影响"的实验研究，有哪些不足？

（2）联系实际，想想宣传者的哪些因素会对我们的态度改变产生影响？

三、实验 26　恐惧诉求对态度改变的影响

1. 背景知识

阿伦森在《社会性动物》一书中列举了这样一个例子：

他描述了几年前在他所居住的社区发起了一项投票，让社区居民选择是否在自来水中加入少量氟来防止蛀牙。支持在自来水中添加氟的一派人，发布了一份材料，读上去很符合逻辑、说得头头是道——根据一些著名牙医的劝告，他们认为在自来水中加入少量的氟对身体大有裨益，并且，据他们所收集的证据来看，那些在饮用加氟水地区的人们有更健康的牙齿，而且，身体并未受到有害影响。

另一派反对在自来水中加氟的人则更多地走情感路线。他们通过在一张宣传单上画出一只很丑陋的老鼠并配有这样的文字"不要让那些不怀好意的人向你们的饮用水中投放老鼠药"。投票的结果如何呢？那些反对加氟的人大获全胜，而支持者们则遭到了彻底的失败。

虽然这并不是一项科学严密的实验，也不能推论出情感性宣传比理性宣传更有说服力，但可以从这个例子中看到情感宣传的威力。媒体的各种宣传内容中，往往同时包含着理性信息与情感元素。因为在反对者设计的传单中，虽然目的是为了激发人们的恐惧情绪，但也同时包含了一定的理性信息，就危害性

而言，大含量的氟确实可以被视为老鼠药。另一方支持者在呈现专家意见时也并非完全脱离了情感，如果人们内心中有对使用含氟自来水的隐忧，恰好有专家打消了自己的疑虑，那在情绪上自然会产生出一种舒适感。

那么，问题就变成了——"某种情感的不同水平对人们观点改变的影响"，这里我们选取"恐惧情感"。很多实验研究证实了唤起恐惧情绪会增加态度改变的可能性。在控制其他因素的条件下，若人们受到宣传的恐吓越大，唤起的恐惧越多，那么他/她的态度或行为越有可能发生积极的改变。现实生活中人们也常用这种策略。这是试图改变别人态度的一种通用方式。母亲常对小儿子说："你要再吃糖不刷牙，牙就会坏，拔牙可痛呀！"佛教徒说："你要再不修善，来世就会下地狱，下油锅！"竞选者对选民说："要让某某人上台，你们就会遭殃，将永无翻身出头之日！"环境保护者宣传说："人们要是再任意砍伐树木，将来绿色的森林田野都将变成荒漠，连水都喝不上！"和平主义者呼吁："如果大家不起来反对战争，人类就会自取灭亡。"等等。这些例子表明，人们在劝说别人改变态度时较普遍地使用着唤起恐惧的办法。一些实证研究也证实了恐惧唤起对态度改变的作用（Leventhal, & Niles, 1964; Leventhal, 1970）。在恐惧诉求的相关研究成果的基础上，许多研究者现在采取期望价值框架来理解恐惧对说服的效果——恐惧事件的特征、个体易感性和所提供解决方式的有效性等因素，在这一框架中都给予充分考虑。当一个人感到易受恐惧事件的伤害，并且信息给出了有效的方法时，恐惧会增加态度的改变，但是，当信息没有提供有效的解决方案，或者个体没有感到恐惧时，恐惧的说服效果就不好。

Rogers（1983）用防卫动机理论（protection motivation theory）进一步总结了恐惧诉求的有效成分。具体来说，人们为避免健康威胁，而采取一系列健康行动，是因为他们相信：①威胁是有害的，即令人恐惧的；②自己是易感的，易受健康威胁的侵害；③一些具体的行为或措施能够有效地阻挡威胁，即行动具有反应效能；④自我效能感，即自己有自信通过努力采取行动解决问题（津巴多，2007）。

健康信息的传达通过恐惧诉求能达到很好的效果，但很多时候，许多人仍然不采取健康生活的行动。利文撒尔假设自尊水平在其中起调节作用，自尊高的人相较自尊低的人更有可能在高度恐惧条件下采取行动。但自尊水平的高低在唤起恐惧却不给予行动指导的宣传中的差异却会消失，这是由于缺乏指导，人们都被恐惧信息所惊吓到不能采取任何行动。其次，恐惧诉求要确保反应功效，信息必须呈现强有力的证据，比如在戒烟说服中，让人们相信只要自己采取了这样的行动，受到尼古丁污染的肺部就能渐渐恢复清洁，肺痊愈的意向就在人们头脑中锚定下来，增强了戒烟的信心，从而更容易戒掉烟瘾。于是，诀窍不再是恐吓人们，而是清晰明了地就所面临的威胁情况向他们提出具体的建议，让他们开始思考自己如何才能控制这一威胁——采取一些具体的、即时的行动以实施这一控制。

2. 科学问题

就恐惧情绪而言，过度的惊吓会促使人们去行动？还是会抑制人们的行动？利文撒尔等人在1970年针对这一有趣的现象进行了一系列的研究，探索恐惧情绪的唤醒是否会更容易引起人们的吸烟态度的转变。

3. 变量与假设

（1）自变量：
恐惧唤起程度（高恐惧唤起、中恐惧唤起、控制组）。
（2）因变量：
①"吸烟导致肺癌"这一主题的接受程度。
②采取戒烟行动的行为意向。
③进行 X 光胸透检查的意向。
（3）实验假设：
①如果某一宣传激发的恐惧情绪越大，个体对"吸烟导致肺癌"这一主题的接受程度越高。
②如果某一宣传激发的恐惧情绪越大，个体越会戒烟。
③如果某一宣传激发的恐惧情绪越大，个体越有可能做体检。

4. 实验准备

选择适当的影片。影片分为两种类型：高度恐惧戒烟宣传和中度恐惧戒烟宣传。高度恐惧组片段是关于一个年轻人由于吸烟而患上肺癌最终移除了他的左肺的手术过程；中度恐惧组只观看了电影的前半部分，即年轻人因吸烟而在做 X 光胸片时得知患上肺癌。

5. 程序和步骤

（1）将学生分配到三种实验处理条件下，其中两种运用电影来激发恐惧情绪，第三组为实验控制组。高度恐惧组安排被试观看一部关于一个年轻人由于吸烟而患上肺癌最终移除了他的左肺的手术过程；中度恐惧组只观看了电影的前半部分，即年轻人因吸烟而在做 X 光胸片时得知患上肺癌。控制组不看任何电影。

（2）观看完电影，实验者立即劝导被试去做一个 X 光胸透："X 光是唯一一种检测出你是否患有肺癌的有效方式，国家生物研究协会建议每一个人都应该去照照 X 光片。"此外，实验者还强调 X 光机就在剧院走廊的尽头，而且被试均能清晰地从窗内看到 X 光机所处的位置。

（3）实验者口头强调后，给每位被试都发放了一本小册子，呈现了大量吸烟与癌症和死亡间关系的统计和实验数据，并再次重复烟瘾大的人需要在一年内至少进行两次胸透。并在最后概述，"总而言之，那些吸烟更少的人会活得更长。"

（4）在被试看完册子后，给每位被试发放问卷，测量：①两种不同恐惧刺激条件下被试的恐惧水平；②对吸烟能导致肺癌这一主题的接受程度；③询问关于减少或停止吸烟的意图；④询问想要去做 X 光胸透的愿望的强烈程度。

（5）真实行为测量：每个做了 X 光胸透的人的姓名和地址都有记录，与之前的问卷对比后确定哪些参加实验的学生实际上去做了 X 光检查。

6. 结果与实验报告要求

（1）数据分析

首先比较三组实验组被试的恐惧自我评定的差异，来进行实验控制的操作性检验。其次，采用方差分析比较三种实验条件下，个体对"吸烟导致肺癌"这一主题的接受程度、是否会戒烟、是否会做 X 光检查的差异。

（2）报告写作意见

实验报告的写作中需要注意以下几点。首先，提出明确假设。其次，实验操作过程在报告中呈现时要尽可能简洁清晰又能抓住要点，这样其他研究者就知道要重复这一研究时先做什么后做什么。最后，在结果呈现部分，尽量用图表的形式来呈现结果。采用图表的方式呈现不同条件下的反应时和准确率，更为简洁，可以方便读者快速的理解，对实验结果的印象会更加深刻。

7. 实验范例

恐惧唤醒对态度改变的影响

戴伯斯与利文撒尔（1966）考察了不同程度的恐惧唤醒，对沟通中说服效应的影响。该实验以大学生为被试，让其来参与一项关于破伤风预防注射的劝说活动，在活动中向被试说明破伤风的危害性，并告知其进行预防注射的有效性。与此同时，将被试随机分成三组，分别接受高、中和低恐惧条件的处理。首先，在高恐惧条件下，破伤风的病情和病状描述非常清晰逼真，形成一种高恐惧的情境；在中等恐惧条件下，所唤醒的恐惧感程度相对中等；在低恐惧条件，唤醒极少的恐惧感。随后，对被试认为打预防注射的重要性及他们是否会去打预防针的意愿进行等级评价，并且对附近保健医院在此后一个月内学生的预防注射实际情况进行登记。结果发现，相对而言，高恐惧条件下的被试表现出的注射意愿更高，并且实际采取更多的注射行为。此实验表明，恐惧唤醒不仅引起更多态度上的改变，同时也对相关行为产生较大影响。

但贾尼斯和费希巴赫（1953）也发现了相反的结果，他们也以大学生为被试，让其看一场强调饭后要刷牙，一天刷三次重要性的电影，并不指明这样做的好处与不这样做的危害。同样，将被试随机分配在高、中和无恐惧唤醒的条件下接受处理。高恐惧条件下，被试看到的是非常清晰逼真齿龈溃烂、脱落等镜头；中等恐惧条件下，被试看到相对较少惊吓画面；无恐惧条件下，即控制组的被试看到的牙齿没有病害。结果表明，高恐惧条件下的被试认为所呈现的镜头给他们留下了很深的印象，并且对电影中呈现的观点也赞同。但是，出乎意料的是，一周后，控制组即无恐惧组的被试刷牙行为的改变远远超过另外两组的被试。因此，研究者提出恐惧唤醒具有回返效应，即由赞同回到原先不在乎的态度，而不带有恐惧唤醒的劝说论点可以产生最大的效应。

8. 参考文献与推荐阅读

阿伦森.（邢占军译).（2007).社会性动物.上海：华东师范大学出版社.

菲利普·津巴多，迈克尔·利佩.（邓羽，肖莉，唐小艳译).（2007).态度改变与社会影响. 北京：人民邮电出版社.

Dabbs，J. M. & Leventhal，H.（1966）. Effects of varying the recommendations in a fear-arousing communication. *Journal of Personality and Social Psychology*，*4*，525–531.

Janis，I. L.，& Feshbach，S.（1953）. Effects of fear-arousing communication. *Journal of Abnormal and Social Psychology*，*48*，78–92.

Leventhal，H.，& Niles，P.（1964）. A field experiment on fear arousal with data on the validity of questionnaire measures. *Journal of Personality and Social Psychology*，*32*，459–479.

Leventhal，H.（1970）. Findings and theory in the study of fear communication. In L. Berkowiz（Ed.），*Advances in experimental social psychology*（vol. 5，pp. 119–186）. New York：Academic Press.

9. 思考题

（1）除了恐惧诉求外，还有哪些因素会影响我们的态度改变？

（2）请选择一个影响态度改变的重要因素，设计一个小实验加以验证。

第十二章 文化心理实验

一、实验 27 自我构念的情境激活

1. 背景知识

文化与自我有着十分密切的关系，可以说自我是文化的产物。1980 年，荷兰学者 Hofstede 调查总结出个人主义和集体主义是东西方文化差异中的重要维度。此后个人主义、集体主义成为文化差异测量的首要差异。1991 年，Markus 和 Kitayama 从文化心理学对自我理解的研究视角，提出了一个重要概念——自我构念，指的是个体如何理解自我与他人的关系。至此，有关文化对自我影响的研究主要集中于从个人主义——集体主义文化差异维度来探讨个体的自我构念差异。Markus 等人最早将自我构念分为独立型自我构念和依赖型自我构念。他们研究表明，在看待自我与他人的关系方面，不同文化背景的人视角不同。西方个人主义文化下的个体侧重独立型的自我构念，即他们更重视自我的独特性及其与他人的差异；而东方集体主义文化下的个体则侧重依赖型自我构念，他们更关注自我的关联性，重视人际关系及社会和谐融洽。

经济全球化和社会现代化的快速发展，使得越来越多的个体受到多元文化的影响。文化心理学的研究热点因此也逐渐从关注文化差异本身转移到多元文化与心理的相互作用。Hong 等人基于文化与情景互动的视角提出了文化心理学的动态建构理论，并基于此提出了文化框架转换模型。动态建构理论认为文化并非固定不变，并且也不具有情境一致性，它强调内隐文化机制的动态性，及其与情境共同对个体的交互作用。一方面，文化不是以整合统一的形式对人产生影响，而是以情境特异性的方式内化形成对个体心理的影响；另一方面，

个体可以习得多样的文化意义系统，甚至有些文化意义系统之间存在一定的矛盾和冲突，这两个方面是文化的动态建构理论的两大前提。许多不同类型的文化启动已经显示能稳定地引发被试的个人主义或集体主义文化取向。基于此，学者们进一步提出了文化启动范式，用于对同一文化下个体自我概念的动态化研究。

文化启动范式，指的是一种采用具有不同文化内涵的刺激物作为先行启动刺激，进而对随后的任务产生影响的研究范式。文化启动的研究方法主要有：①典型图像启动法。这是目前使用最广的文化启动法，指的是使用具有文化内涵的典型图像作为启动刺激呈现给被试，让其形成某种文化印象，随后要求他们作答，以进一步加深对此种文化的理解，然后完成相应任务；②文字材料启动法。这种方法采用的启动材料是，让被试阅读有特定文化内涵的材料，然后再完成特定任务。常用的有阅读故事法和圈代词任务法。③语言启动法。通常将量表或者任务形成两种语言版本，选取相应语言的双语者做被试进行研究。

2. 科学问题

在具体研究过程中，怎么样利用文化启动范式进行自我构念情境激活呢？情境激活实验中，实验材料的收集是很重要的工作，要找出不同文化的启动材料十分关键。假如存在文化启动效应，那么，在不同文化启动条件下被试的自我构念特点会发生变化。基于这种思想，可以通过设置不同的文化情境，考察特定文化背景中的个体在文化启动条件下，其自我构念是否发生与即时文化情境一致的变化。

3. 变量与假设

采用被试间设计。自变量为文化启动的类型，包括三个水平：个人主义文化启动、集体主义文化启动以及控制组。因变量为自我构念的方式。

实验假设个体的自我构念在不同文化启动条件下发生了相应的变化。其中，个人主义文化启动对被试自我构念的影响更大，在独立维度上比集体主义文化启动组和对照组得分更高；集体主义文化启动对被试自我构念的影响可能不是很大，三组在互依维度上的得分可能没有很显著的差异。

4. 实验准备

（1）苏美尔士兵故事

Trafimow 等编撰的 Sumerian warrior story（苏美尔士兵故事）的中文版。故事由两部分组成：第一部分为故事背景，是相同的，第二部分分成了个人主义文化主题和集体主义文化主题，要求被试仔细阅读故事。

（2）圈代词任务：乡下旅行

选用的乡下旅行短文除了使用的人称代词不一样其余内容完全一致。一篇使用第一人称单数"我"，而另一篇使用第一人称复数"我们"。要求被试阅读该篇短文，仔细圈出文中所有的人称代词。

（3）自我构念量表

参考使用唐桂梅（2010）在 Singelis 的自我构念量表基础上的修订版本。该量表共计 30 个项目，分为独立和依赖两个独立维度，每个维度包含 15 个题项。两个维度包含六个因子，独立维度包含四个因子：自主性、个人主义、行为一致性和个人本位；依赖维度包含两个因子：集体尊重和关系依赖。该量表的内部一致性系数为 0.806，分半信度为 0.693。因为自我构念类型对自尊水平具有预测作用，以 Rosenberg 自尊量表作为效标，其效标关联度为 0.930。

5. 程序和步骤

将被试随机分为三组，第一组进行个人主义文化启动，第二组进行集体主义文化启动，第三组为无启动组。启动组由主试宣读指导语，被试按照要求依次阅读苏美尔士兵故事和圈代词短文，在阅读圈代词短文的过程中圈出里面的人称代词，然后填写自我构念量表。其中个人主义文化启动组的苏美尔故事第二部分为个人主义文化，圈代词短文的人称代词为第一人称单数"我"；集体主义文化启动组的苏美尔士兵故事第二部分主题为集体主义文化，圈代词短文中的人称代词为第一人称复数"我们"。

文化启动组所用时间约为 15 分钟，无启动组则不用启动材料而直接完成自我构念量表，时间约 12 分钟。交卷时可适当赠送一份小礼物。

6. 结果与实验报告要求

（1）数据分析

所有数据均采用 SPSS 软件进行统计处理。

先求出三个实验组在各维度及分量表上的均值，然后进行单因素方差分析。

（2）报告写作意见

本研究，不同任务中对被试相应自我构念下的启动效果尤为重要。我们所担心的是没有认真阅读实验材料或者说是不可信的被试有意或者无意地不认真做反应。在数据收集过程中，记录被试完成实验的时间是十分必要的。可以考虑删除那些完成实验太快的被试的数据。如果所有的数据都存在计算机里，有一个方法可供考虑。新建一个变量，表示一个被试在所有项目上的反应情况（不考虑其中的量）。还有一个方法就是，在数据集合中建立几个验证项目。

7. 实验范例

自我构念的情境激活研究

如果自我构念确实是习得的认知表征，那么环境线索应该能够唤醒相对不易提取的自我构念。依照这种观点，研究者可以通过控制实验中的环境线索来激活独立的或者互依的自我。让美国被试和中国被试思考他们与自己家人和朋友的不同点是什么（独立我提示条件），或者思考他们与自己的家人和朋友的相同点是什么（互依我提示条件）。随后，研究者要求被试对自己进行描述。

刺激：被试被随机分配到独立我提示条件组或互依我提示条件组，被分配到独立我提示条件组的被试得到的指导语是："在接下来的两分钟里，你不需要书写任何东西。请你想一想你和你的家人及朋友有什么区别。你希望你自己做些什么？"被分配到互依我提示条件组的被试得到的指导语是："在接下来的两分钟里，你不需要书写任何东西。请你想一想你和你的家人及朋友的共同点有哪些。他们期望你做些什么？"随后被试完成因变量的测量。

因变量采用 Kuhn 和 McPartland（1954）编制的自我态度测量工作，该量表需要完成 20 个以"我"开头的句子。其中以个体中心的认知包含的是私密自我，而群体认知包含的是集体自我。个体中心的认知反映的是与他人无关的自我的品质、态度、信念或行为，群体认知反映的是人口学分类或者群体中的主体分享"共同命运"，例如，"我很聪明"反映的是个体中心的认知，而"我是天主教徒"反映的是群体认知。

研究结果：与互依我提示条件下相比，美国被试和中国被试在独立我提示条件下都更多地提及到个人特质（如个人的观点和品质），更少地提及到集体特质（如群体成员身份）。

8. 参考文献与推荐阅读

Gardner, W. L., Gabriel, S., & Lee, A. Y. (1999). "I" value freedom, but "we" value relationships: Self-construal priming mirrors cultural differences in j udgment. *Psychological Science*, *10* (4), 321−326.

Haberstroh, S., Oyserman, D., Schwarz, N., Kühnen, U., & Ji, L. J. (2002). Is the interdependent self more sensitive to question context than the independent self? Self-construal and the observation of conversational norms. *Journal of Experimental Social Psychology*, *38* (3), 323−329.

Kim, H. S., & Drolet, A. (2003). Choice and self-expression: a cultural analysis of variety-seeking. *Journal of Personality and Social Psychology*, *85* (2), 373.

Kitayama, S., Markus, H. R., Matsumoto, H., & Norasakkunkit, V. (1997). Individual and collective processes in the construction of the self: self-enhancement in the United States and self-criticism in Japan. *Journal of Personality and Social Psychology*, *72* (6), 1245.

Kuhn, M. H., & McPartland, T. S. (1954). An empirical investigation of self-attitudes. *American Sociological Review*, 68−76.

Kühnen, U., & Oyserman, D. (2002). Thinking about the self influences thinking in general: Cognitive consequences of salient self-concept. *Journal of Experimental Social Psychology*, *38* (5), 492−499.

Markus, H. R., & Kitayama, S. (1991). Culture and the self: Implications for cognition, emotion, and motivation. *Psychological Review*, *98* (2), 224.

Markus, H. R., & Kitayama, S. (2003). Culture, self, and the reality of the social. *Psychological Inquiry*, *14* (3−4), 277−283.

Trafimow, D., Triandis, H. C., & Goto, S. G. (1991). Some tests of the distinction between the private self and the collective self. *Journal of Personality and Social Psychology*, *60* (5), 649−655.

Triandis, H. C. (1989). The self and social behavior in differing cultural contexts.

Psychological Review, 96（3）, 506.

van Baaren, R. B., Maddux, W. W., Chartrand, T. L., de Bouter, C., & van Knippenberg, A.（2003）. It takes two to mimic: behavioral consequences of self-construals. *Journal of Personality and Social Psychology*, 84（5）, 1093.

9. 思考题

（1）在自我构念的维度上，独立和互依是否能代表人的文化自我结构？

（2）文化启动范式的基本原理是什么？

（3）文化启动有哪些优点和缺点？

（4）自我构念的测量工具有哪些？

二、实验 28   文化与归因差异

1. 背景知识

休谟认为因果关系是构成自然世界的混凝土。我们如何对他人的行为进行因果关系分析呢？这就形成了心理学研究中的归因问题。归因，指人们如何解释自己和他人行为的原因，是人对影响或解释其行为的因素做出结论的一种认知过程（McCabe & Dutton, 1993）。它普遍存在于人类社会的各个领域，不论是群体水平还是个体水平。自 Heider（1958）提出归因概念和理论至今，归因始终是社会心理学的热点研究领域。

Miller（1984）研究表明，人们在社会化过程中形成的归因方式存在文化差异。比如，印度人将他人的行为通常归因为其社会义务、角色等情境因素，而美国人则将他人行为归因为个人特质因素。与之类似，在美国发生的两件案例引起了社会的轰动，这两件案例具有相似之处，均为当事人认为受到不公正待遇，一件为美国中西部的中国博士留学生开枪杀死了自己的导师和几位在场人员；另一件则为一位邮递员开枪杀死了老板和几个在场人员。Morris 和 Peng（1994）分析比较了英文和中文报纸对美国的这两件案件的报道。结果发现，英文报纸几乎均从两位谋杀者的心理不稳定等个人消极因素来进行推测报道，而中文报纸则主要从谋杀者当时所处情境和背景等社会因素来加以推测报道。他们进一步分别以美国和中国大学生为被试，考察其对这一事件的解释，结果发

现，美国大学生倾向于采用个性归因的方式，而中国大学生则倾向于采取情境归因方式。总之，上述研究结果显示，美国人更多用个体的因素来解释行为，而中国人更多用在总体环境中的各种因素来解释行为。

文化究竟是怎样影响归因的？有一种理论模型认为，亚洲人和北美人之间的差异起源于文化内隐理论的差异。文化内隐理论是指一定文化背景下普通人关于某一问题的理解或者认知结构。不同文化背景的人分享不同的内隐理论，这种内隐理论指导个体的推理、判断等认知过程。目前提出的和归因相关的内隐理论主要有内隐人格理论和内隐主体理论。内隐人格理论，也可称为特质观，指普通人对于特质的理解或持有的基本认知图式。不同的内隐人格理论会影响个体在归因时的倾向，具体表现在人格理论者倾向于特质归因，人格渐变论者倾向于环境归因。内隐主题理论是关于行为者性质的理论，是关于何种类型的行为主体具有的行为意图和主动性的理论。根据对群体和个体的看法不同，可分为群体自主理论和个体自主理论。西方主要是个体自主论，东亚人主要是群体自主论。

用运动情境研究社会归因是 Hider 和 Simmel（1944）首次运用的。后来 Morris 和 Peng（1994）设计了鱼游动范式，动画材料呈现的主体是 5 条鱼，鱼的大小（从鳃到尾长 6cm）、特征和游动方式都一样，唯一区别的是它们的颜色各不相同，其中四条鱼靠得近一些而且它们的游动轨迹基本一致，而有一条蓝色的鱼运动轨迹和其他四条不同，这条鱼就成了一个单独的个体，其他四条鱼形成一个群体。作者对运动的要求是，在技术允许范围内尽可能类似真鱼的动画，目的在于避免激活被试对鱼运动进行人格化的理解，这样的理解超出了鱼本身的能力。

2. 科学问题

根据已有的研究，归因倾向受文化的影响，而一定文化中的内隐理论是影响归因的直接因素。具体来说，我们可以通过启动不同的文化内隐理论考察归因倾向的变化并最终证明文化内隐理论和归因倾向之间的因果关系。首先要设计一定的归因情境，然后才能让被试针对不同文化内隐情境进行归因反应。

3. 变量与假设

该实验为被试间设计。将被试随机分为两组，一组进行群体自主信念启动；

另一组进行个体自主信念启动，然后比较两组被试的归因倾向有无差异。

本研究的假设为两种启动条件下被试的归因倾向有差异。个体自主信念的启动会增强被试在个体运动情境上的特质归因倾向而减弱其在群体运动情境上的特质归因倾向；群体自主信念的启动会增强被试在群体运动情境上的特质归因倾向而减弱其在个体运动情境上的特质倾向。

4. 实验准备

（1）材料

①内隐理论启动材料

内隐理论启动材料分为个体自主理论材料和群体自主理论材料，材料内容来自 Hong（1999）编制的群体个体内隐理论问卷。该量表包含 12 个项目，其中 6 个项目是支持群体自主的，另外 6 个项目是支持个体自主的。选取其中支持个体自主的 6 个项目组成个体自主材料，支持群体自主的 6 个项目作为群体自主材料。

②归因材料

归因情境材料：分为群体运动情境和个体运动情境。采用 Morris 和 Peng（1994）设计的鱼游经典范式。群体情境材料是让群体鱼按一定轨迹游动，分别是群体被个体推动和群体被个体发动。个体情境材料是让个体鱼按一定轨迹游动，分别是个体被群体推动和个体被群体发动。

归因反应问卷：用来记录被试对每一个运动事件的归因结果，问卷中的每一个项目都对事件进行描述，然后提问被试事件的原因，每个项目下分内部和外部两个原因，被试要对两个原因采用五分等级评定法。

个体运动的归因反应问卷项目如："在这幅图中，最右边的那只鱼向前游的原因是：

自己内部的原因：可能性很小；可能性比较小；可能性占一半；可能性比较大；可能性非常大。

受四只鱼的影响：可能性很小；可能性比较小；可能性占一半；可能性比较大；可能性非常大。"

（2）仪器和软件

群体运动材料和个体运动材料需要通过 Flash 软件制作，在计算机上呈现。

5. 程序和步骤

（1）启动阶段

在启动阶段，两组被试分别阅读群体启动材料和个体启动材料。

（2）归因阶段

被试阅读完启动材料后，给两组被试呈现群体运动情境动画（群体被推动和群体被发动）和个体运动情境动画（个体被推动和个体被发动），群体和个体两种运动情境的呈现顺序在被试间进行平衡，每一种类型内部的两个运动情境随机进行呈现，每次呈现一个，每个呈现 3 次，然后让被试在归因问卷上回答。

6. 结果与实验报告要求

（1）数据分析

将被试在归因问卷上群体被推动、群体被发动两个个体运动情境上归因倾向的得分和个体被推动、个体被发动两个运动情境上归因倾向的得分录入 SPSS 软件中，进行统计处理。

（2）报告写作意见

对研究结果的报告总体上是比较难的一部分。新手经常忽视展示研究结果时的细微之处，尤其既要是做到一目了然，又要使结果报告集中于感兴趣的问题上。巧妙地处理是找到结果部分合适的聚焦水平，不要太细致也不要太概括。报告统计结果时，全面和精确都非常重要，但是不要落到过分依赖统计复杂性来加深印象的陷阱中。研究应该深刻、新颖，但是最终想表述的应该是研究的数据是怎么样说明研究问题的。

7. 实验范例

中国人和美国人在社会和物理事件上的归因差异

中国人和美国人将分别观看物理事件和社会事件的卡通画，并且报告其对卡通的解释。卡通内容的选择在两种文化中是相似的：物理事件是一个物体在足球场上移动，社会事件是一群鱼在水中游动。研究者认为在物理事件的解释中不存在文化差异，但是在社会事件的解释上存在文化差异。研究者分别从中国高中生中选取了 100 名被试，从美国高中生中选取 95 名被试，随着进行实验组和控制组的操控，正式实施实验。

刺激：将实验材料转换成录像，进行动态演示，供被试观看。

在物理事件中，一个圆形物体穿过足球场，是直径为 5 cm 的黑色实心圆，另外一个是 10 cm × 2 cm 的黄色长方体。这两个物体出现五种不同的展示：

（1）冲撞。圆球首先固定在屏幕的中心，随后向右移动，不同的是长方体的移动在发生改变。通过以下 5 种展示让圆球不再保持静止状态：通过与长方体的连续推动来进行移动；被长方体碰撞后移动；在碰撞后移动 500 ms；在碰撞前就开始移动；没有长方体的情况下自己开始移动。

（2）加速。圆球出现在左上角，然后穿过屏幕，其穿过屏幕的速度有所不同。当物体受到摩擦时，速度减慢；保持一定速度；静止；明显加速运动；突然静止、接着运动、静止、运动，如此反复。

在社会事件中，展示的是一群鱼的群体角色事件。卡通中所有的鱼大小都相同，游动方式也相同，唯独在颜色上有区别。其中蓝色的鱼与其他鱼是分离的。实验随后展示了三种游动方式：

（1）追逐。这种动态演示中蓝色的鱼与鱼群似乎游动不一致，蓝色的鱼追逐鱼群或者鱼群追逐蓝色的鱼，迫使其游动。包括两种形式：一种是和谐的加入，即一部分游动，另一部分加入后它们同步游动；另一种是不一致的行动，它们的游动并不同步。

（2）联结。这种动态演示中游动导致蓝色的鱼与其他鱼形成联结或者出现分离。它们加入或者离开另一部分。

（3）聚集。这种动态演示中当蓝色的鱼出现之后，鱼群可能分散或聚集。该动态演示中鱼群的游动轨迹呈放射状，蓝色的鱼在中心或者边缘地方游动。

这些刺激都是在教室的电视中呈现的，5～10 名被试观看动态演示后，回答一份用中文或者英文编写的问卷。该问卷是由英文翻译成中文的，并且可以成功回译。

因变量：

第一部分——物理事件

（1）这个黑色的东西是否像一个足球或者像一种动物？

（2）这个东西的移动多大程度上是受内在因素的影响？

（3）这个东西的移动多大程度上是受外在因素的影响？

第二部分——社会事件

（1）蓝色的鱼看上去是否像鱼群的重要成员？

（2）蓝色的鱼的移动看上去多大程度上是受内在因素影响的？

（3）蓝色的鱼的移动看上去多大程度上是受其他鱼的影响的？

（4）其他的鱼的移动看上去多大程度上是受蓝色的鱼的影响的？

自变量：

（1）文化水平：个体主义文化中的个体（美国人）和集体主义文化中的个体（中国人）。

（2）个体差异：高中生和研究生。

（3）卡通演示类型：物理事件、社会事件。

（4）卡通演示内容：冲撞/加速、追逐/联结/聚集。

研究结果：

（1）物理事件的归因倾向：对物理事件的归因倾向不存在文化差异。

（2）社会事件的归因倾向：对社会事件的归因倾向存在显著差异，中国被试倾向于将这条鱼的行为归结于外部原因，而美国被试却倾向于将其归结于内部原因。

如何来解释这种差异性呢？是否是由于文化差异导致这种结果呢？研究者有两种不同的观点。第一种观点认为，东西方文化在社会知觉归因中的确存在不同的取向。这种观点认为西方文化中体现出来的分析性和机械论支撑着个体活动的特质归因，而东方文化则倾向于用"非普遍化、情景范围和特殊背景"来解释个体活动（Shweder & Bounle, 1982）。另一种观点则认为，东方集体主义文化下的社会知觉者在对知觉对象的行为进行归因时，会优先考虑稳定的情境特性，而不是稳定的行动者倾向（Krull, 1993）。随后，Menon, Morris, Chiu和Hong（1999）提出个人和团体的内隐理论存在文化差异这个观点。也即北美人将个体看作是自由活动者，而东亚人将个体看作是受到限制的，个人的自主性比集体的自主性少得多。因此，两者在归因上存在很大差异。

该研究发现东西方对物理事件的归因是一致的，对社会事件的归因具有差异性。那么，东西方在物理事件的归因上真的就是一致的吗？东西方的物理历史截然不同（Nakamura, 1964/1985; Needham, 1962），西方文化中存在一种将行为看作物体属性的倾向（有学者称之为"亚里士多德式物理偏见"），而东方文化中的中国，早在2000多年前就知晓物体间相互作用的这一原理。Peng和Nisbett（1998）也有着类似的观点，他们认为，中国人更有可能从周围环境的角度来解释模糊的物理事件，而美国人更可能将它解释为物体单独的内在属性。

8. 参考文献与推荐阅读

Chandler, T. A., Shama, D. D., Wolf, F. M., & Planchard, S. K. (1981). Multiattributional Causality A Five Cross-National Samples Study. *Journal of Cross-Cultural Psychology*, *12* (2), 207–221.

Heine, S. J., & Lehman, D. R. (1995). Cultural variation in unrealistic optimism: Does the West feel more vulnerable than the East. *Journal of Personality and Social Psychology*, *68* (4), 595.

Kashima, Y., & Triandis, H. C. (1986). The Self-Serving Bias in Attributions as a Coping Strategy A Cross-Cultural Study. *Journal of Cross-Cultural Psychology*, *17* (1), 83–97.

Krull, D. S. (1993). Does the grist change the mill? The effect of the perceiver's inferential goal on the process of social inference. *Personality and Social Psychology Bulletin*, *19* (3), 340–348.

Markus, H. R., & Kitayama, S. (1991). Culture and the self: Implications for cognition, emotion, and motivation. *Psychological Review*, *98* (2), 224.

Menon, T., Morris, M. W., Chiu, C. Y., & Hong, Y. Y. (1999). Culture and the construal of agency: Attribution to individual versus group dispositions. *Journal of Personality and Social Psychology*, *76* (5), 701.

Miller, J. G. (1984). Culture and the development of everyday social explanation. *Journal of Personality and Social Psychology*, *46* (5), 961.

Morris, M. W., & Peng, K. (1994). Culture and cause: American and Chinese attributions for social and physical events. *Journal of Personality and Social Psychology*, *67* (6), 949.

Peng, K., & Nisbett, R. E. (1998). Naïve dialecticism and reasoning about contradiction. *American Psychologist*.

Shweder, R. A., & Bourne, E. J. (1982). *Does the concept of the person vary cross-culturally?* (pp. 97–137). Springer Netherlands.

Takata, T. (1987). Self-deprecative tendencies in self-evaluation through social comparison. *Japanese Journal of Experimental Social Psychology*, *27* (1), 27–36.

9. 思考题

（1）归因倾向反应方式主要有哪些评定方式？

（2）文化心理学的研究一般要对被试进行哪些匹配？

（3）说说内隐文化理论的启动原理？

（4）文化对归因倾向的影响有哪几种途径？

三、实验 29　水稻理论

1. 背景知识

对于生活在东方文化与西方文化中人们的心理差别进行研究和比较，在跨文化心理学中已经是屡见不鲜了。这些研究都揭示出一个有意思的现象：作为东方人的我们，偏重整体性思维；相比之下，西方人则偏重分析性思维。

西方人将自我视作是独立的，他们的自我不包括其他人。而我们东方人往往将自我视为互倚的，中国人的自我范畴里是包括母亲的。因此，西方人习惯用人格特点来解释人的行为；东方人则偏好用环境因素来解释人的行为。

美国研究者 Talhelm 似乎对长期以来东西方文化心理的对比研究并不满意。他认为，这些研究都是建立在比较畜牧业与农业的生态基础上的。他相信，种植小麦和种植水稻的差别才是西方人与东方人心理上存在差别的生态基础。

众所周知，种植水稻与小麦之间存在很大不同。种植水稻，灌溉系统最为重要。显然，我们筑坝、蓄水，修建与维护一个灌溉系统不是一个家庭能够独立完成的。于是，水稻农业就造就了一种文化：人与人的相互依赖。与之相反，小麦农业却塑造了人的独立性。

这就是 Talhelm 等人提出的"水稻理论"。在我国，长江以北主要是小麦的种植区域，而长江以南则主要是水稻的种植区域。研究者认为，中国南方人与北方人在心理上有重大差别（Talhelm，2014）。

Talhelm 为了证明自己的"水稻理论"，他决定选取中国被试进行研究。因为，这样可以控制东西方由于政府不同、宗教不同等无关变量造成的影响。

2. 科学问题

辨别分析性与整体性思维。我们认为一般分析性思维（小麦产区）的人更加倾向于去抽取事物之间的共同属性；而整体性思维（水稻产区）的人则更加注重事物之间的关系。

个人主义。分析性思维（独立型）与整体性思维（互倚型）在个人主义强烈程度上也是不同的。一般来说，小麦产区的被试会表现出更强的自我膨胀。

对于裙带关系的偏好。水稻产区的人们更倾向于应用整体性思维，他们更多地表现出裙带关系的偏好；小麦产区更倾向于应用分析思维，他们更少地表现出裙带关系的偏好。

3. 变量与假设

（1）实验一：自变量分为两个水平，水稻区人 vs 小麦区人。因变量为思维方式。

对整体性思维与分析性思维进行测量。如，呈现一幅图画，图中分别有：胡萝卜、狗和兔子三种事物。主试会指出一个事物，如兔子，被试需要回答其余两个（狗、胡萝卜）哪一个与兔子更合适，或者说可归为一类。

假设：小麦产区的人们更倾向于表现出分析思维，偏好将兔子和狗归为一类，显然它们都是动物，拥有共同的属性；水稻产区的人们更倾向于整体性思维，倾向将兔子与胡萝卜归为一类，因为兔子喜爱吃胡萝卜，两者存在匹配关系。

（2）实验二：自变量同样分为两个水平，即水稻区人 vs 小麦区人。因变量为被试所画圆圈直径。

实验要求被试画圆圈来代表自己和自己的三位朋友，通过测量圆圈的直径，比较自己所画圆圈直径和代表三个朋友圆圈直径的平均值，来判断个人主义的强烈程度。

实验假设：小麦产区被试所画的自我圆圈直径大于朋友圆圈直径，表现出一定的个人主义；而水稻产区，代表自我的圆圈直径则小于代表朋友的圆圈直径，不存在自我膨胀，而是表现为一定的依附性。

4. 实验准备

（1）实验一材料

实验者需要准备一张整体性思维与分析性思维辨析图（图中包括狗、兔子、

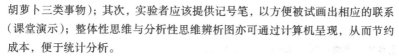

胡萝卜三类事物）；其次，实验者应该提供记号笔，以方便被试画出相应的联系（课堂演示）；整体性思维与分析性思维辨析图亦可通过计算机呈现，从而节约成本，便于统计分析。

（2）实验一仪器和软件

研究中需要仪器设备和软件程序来呈现思维辨析图，以及让被试对不同类别做出反应。因此最好使用带键盘或者其他反应键的计算机来呈现刺激材料和做出反应。

另外，刺激的呈现需要使用到心理学编程软件，可以用 E—Prime 等心理学常用软件来编制实验程序。

（3）实验二材料

实验二为纸笔测验，较为简单。实验者向被试提供一个信封，信封里面包括实验的指导语、测试统一用的白纸、圆规、直尺等。被试可以通过指导语了解实验要求，完成测试。当然在条件允许的情况下，我们同样可以应用计算机呈现指导语，并且在计算机上作图。这样能更快统计出自我与他人圆圈直径，并进行数据分析比较。

（4）实验二仪器和软件

研究中需要仪器设备和软件程序来呈现指导语及计算机作图，因此最好使用带键盘、鼠标等符合实验要求的计算机。

另外，指导语的呈现、被试的操作记录，需要使用到心理学编程软件，可以用 E—Prime 等心理学常用软件来编制实验程序。

5. 程序和步骤

（1）实验一

如果被试进行上机操作，首先计算机会录入被试的一些基本信息如家乡所属作物产区是"水稻产区"或者"小麦产区"。其次，在计算机上向被试呈现整体性思维与分析性思维辨析图（图中包括狗、兔子、胡萝卜三类事物），接着计算机程序会呈现三类事物之一，如兔子，要求被试回答其余两件事物哪一件与兔子可以归为一类。被试通过敲击键盘完成作答。

E—Prime 等软件会记录下被试的作答情况及基本信息，以便进一步分析，检验假设。（实验操作亦可由主试替代计算机完成）。

（2）实验二

被试每个人会收到一个信封，被要求在测试卷上完成基本信息录入（如，家乡所在作物产区：水稻产区 vs. 小麦产区）。

被试通过阅读指导语要求被试"通过画圆圈来代表自己和三位朋友"。根据标准化测验流程，被试运用纸笔在规定时间内完成作图要求。运用圆规，分别画出代表自己的圆圈和代表三位朋友的圆圈。

主试将收集上来的测试卷中自我、朋友所代表的圆圈直径进行测量，收集人口学及圆圈直径数据。将数据录入计算机，进行比较分析，以验证假设。

6. 结果与实验报告要求

（1）数据分析

实验一收集上来的数据即自变量的两个水平（水稻产区与小麦产区）以及配对的不同结果（兔子、胡萝卜），（兔子、狗），可以运用 SPSS 采用 t 检验的方式进行分析。从而了解水稻产区与小麦产区配对是否存在显著差异。

实验二收集上来的数据同样是自变量两个水平（水稻区 vs. 小麦区）和自我圆圈直径的均数与朋友圆圈直径的均数，比较两者之间的均值，同样可以运用 t 检验的方式。通过 t 检验，可以了解水稻产区与小麦产区，自我圆圈直径和朋友圆圈直径的差值，是否存在显著差异。

（2）报告写作意见

首先，对于某些概念需要有一个明确的界定。自变量的水平应该是水稻种植区的人而不仅仅是种水稻的人。研究更加强调的是千百年来人们种植小麦和水稻的文化，尽管在这种文化下大多数人并不是真正从事小麦和水稻的生产。简单地说，你不种小麦却可以继承小麦文化；你不种水稻也可以继承水稻文化。其次，实验操作过程在报告中呈现时要尽可能简洁清晰又能抓住要点，这样其他研究者就知道要重复这一研究时先做什么后做什么，例如实验一中先启动"兔子"这一刺激，然后要求被试进行分类配对。

7. 实验范例

Talhelm 的"水稻理论"

Talhelm 等为了证明"水稻理论"，他们选取中国被试进行研究，他们相信这样做可以避免东西方比较研究中，其他变量如政府不同、宗教不同造成的混淆。选取的 1162 名被试来自中国的 6 个地区：四川（西部中心）、云南（西南方）、广东（南方）、福建（东南方）、辽宁（东北方）、北京（北方）。以种植面积来判断该省属于小麦产区还是水稻产区，而不是通过产量判断。作者引用的是国家统计局 1996 年提供的资料。

Talhelm 设计了三个实验来验证其假设，即采用三类量表来测量小麦区与水稻区人们的差别。

（1）对整体性思维与分析性思维进行测量。如，呈现一幅图画，图中分别有：兔子、狗和胡萝卜三种事物。主试会指出一个事物，如兔子，被试需要回答其余两个（狗、胡萝卜）哪一个与兔子更合适，或者说可归为一类。假设：分析思维的人更偏好将兔子和狗归为一类，显然它们都是动物，拥有共同的属性；而偏好整体性思维的人，则倾向将兔子与胡萝卜归为一类，因为兔子喜爱吃胡萝卜，两者存在匹配关系。Talhelm 等经过检验发现，水稻区的人更可能将兔子和胡萝卜归为一类，因此水稻区的被试偏好整体思维；小麦区的被试更偏好把兔子和狗归为一类，因此小麦区的被试更偏好分析思维。

（2）个人主义的测量：实验要求被试画圆圈来代表自己和自己的三位朋友，通过测量圆圈的直径，比较自己所画圆圈直径和代表三个朋友圆圈直径的平均值，来判断个人主义的强烈程度。

实验假设：小麦产区被试所画的自我圆圈直径大于朋友圆圈直径，表现出一定的个人主义；而水稻产区，代表自我的圆圈直径则小于代表朋友的圆圈直径，不存在自我膨胀，而是表现为一定的依附性。

经过研究发现，小麦区被试画的自我圆圈的直径大于朋友圆圈的直径 1.5 mm，显示出小麦区被试具有一定的自我膨胀的特点。研究者同样指出，以往的研究显示：欧洲人的自我圆圈直径平均大于朋友圆圈 3.5 mm，美国人为 6 mm；研究还发现，来自水稻区的被试相关结果为 −0.03 mm，即自我圆圈直径小于朋友圆圈直径。

由此，研究者做出推论：虽然按照富裕程度来说东亚应该发展出个人主义，因为日本、新加坡、韩国等均为富裕的新兴经济体。但实际上东亚所表现出的个人主义倾向并不像欧美表现得那么多，这可能是水稻产区的一个特点。Talhelm 等人（2014）似乎希望通过水稻农业和小麦农业的差别来解释东西文化的差异，甚至是中国国内南北文化的差异。

测量裙带关系，假设被试做生意时要面对四类人：①诚实的朋友，②不诚实的朋友，③诚实的陌生人，④不诚实的陌生人。如果朋友或陌生人的不诚实行为会导致被试亏钱，或者朋友、陌生人的诚实行为导致被试赚钱。那么在各种情况下，被试会花多少钱来奖励他们，或者惩罚他们多少钱呢？

实验研究表明，对于裙带关系，水稻区的被试更加接纳。也就是说，他们更喜欢奖励自己的朋友，而不是去惩罚他们。研究同样表明，水稻区与小麦区的被试对待陌生人上没有表现出任何差别。

8. 参考文献与推荐阅读

朱滢. (2014). 检验"水稻理论". 心理科学，37（5），1261-1262.

Han, S., & Northoff, G. (2008). Culture-sensitive neural substrates of human cognition：A transcultural neuroimaging approach. *Nature Review Neuroscience*, 9, 646-654

Markus, H., & Kitayama, S. (1991). Culture and self：Implications for cognition, emotion and motivation. *Psychological Review*, 98（2），224-253.

Nisbett, R. E., & Masuda, T. (2003). Culture and point of view. *PNAS*, 100（9），11163-11170.

Nisbett, R. H., & Miyamoto, Y. (2005). The influence of culture：holistic versus analytic perception. *Trends in Cognitive Sciences*, 9（10），467-473

Talhelm, T., Zhang, X., Oishi, S., Shimin, C., Duan, D., Lan, X., & Kitayama, S. (2014). Large-scale psychological differences within China explained by rice versus wheat agriculture, *Science*, 344, 603-607.

9. 思考题

（1）"水稻理论"研究我国南方水稻区与北方小麦区文化的结论，是否具备较好的生态效度，是否可以进行推论？

（2）自变量中水稻种植区人与种水稻的人、小麦种植区人与种小麦的人有哪些不同，请尝试辨析？

（3）研究者通过测量圆圈半径来衡量个人主义倾向，运用了哪些心理理论？

（4）小麦区的被试为什么被认为更具自我膨胀的倾向？

（5）为什么说水稻区的被试更接纳"裙带关系"？

（6）Talhelm 等人勇敢挑战已有的东亚西方比较研究，提出基于水稻农业和小麦农业新思路来解释中国国内文化差异，对我们发现问题、提出研究问题有哪些启示？

主要参考文献

代涛涛，佐斌，温芳芳.（2014）. 社会认知中热情与能力的补偿效应. 心理科学进展，22（3），502−511.

管健.（2009）. 刻板印象从内容模型到系统模型的发展与应用. 心理科学进展，17（4），845−851.

兰玉娟，佐斌.（2009）. 去个性化效应的社会认同模型. 心理科学进展，17（2），467−472.

李陈，陈午晴.（2006）. 基本归因错误. 心理科学进展，14（6），938−943.

李鸥，陈红.（2010）. 面孔吸引力的回顾与前瞻. 心理科学进展，18（3），472−479.

连淑芳.（2013）. 内隐刻板印象中反刻板印象信息的干预研究. 心理学探新，33（6），525−531.

刘晅，佐斌.（2006）. 性别刻板印象维护的心理机制. 心理科学进展，14（3），456−461.

马华维，俞琴燕，陈浩.（2007）. 面孔吸引力研究方法综述. 心理科学，30（4），906−908.

秦向荣，高晓波，佐斌.（2009）. 青少年民族认同的发展特点及影响因素. 社会心理科学，24（2），59−63.

宋淑娟，刘华山.（2014）. 反刻板印象信息对减弱数学—性别刻板印象威胁效应的作用. 中国临床心理学杂志，22（3），386−389.

王娟.（2006）. 中国人爱情的心理结构及其影响因素. 硕士论文. 武汉：华中师范大学心理学院.

王凯，王沛.（2012）. 印象形成中交叉刻板印象的加工机制. 心理科学，35（6），1343−1348.

魏谨，佐斌，温芳芳，杨晓.（2009）. 暴力网络游戏与青少年攻击内隐联结的研究. 中国临床心理学杂志，17（6），715−717.

温芳芳，佐斌.（2011）. 注视方向和性别二态线索对面孔吸引力的影响. 中国临床心理学杂志，19（4），441−444.

温芳芳，佐斌.（2012）. 男性化与女性化对面孔偏好的影响——基于图像处理技术和眼动的检验. 心理学报，44（1），14−29.

温芳芳，佐斌.（2013）. 无偏见目标对内隐与外显相貌偏见的调节效应——基于IAT与AMP的测量. 中国特殊教育，1，73−78.

温芳芳，佐斌.（2014）. 面孔参照或观察者参照：性别二态线索，面孔吸引力与表情对正视面孔偏好的影响. 心理科学，37（4），834−839.

叶娜，佐斌，张陆.（2009）. 大学生网络游戏动机与成瘾的关系研究. 黑龙江高教研究，180，97−99.

张妍，孔繁昌，陈红，向燕辉，高笑，陈敏燕.（2010）. 男性对女性面孔吸引力的认知偏好：来自ERP的证据. 心理学报，42（11），1060−1072.

张艳红，佐斌.（2012）. 民族认同的概念，测量及研究述评. 心理科学，35（2），467−471.

张莹瑞，佐斌.（2006）. 社会认同理论及其发展. 心理科学进展，14（3），475−480.

钟毅平，杨治良.（1998）. 内隐社会认知：印象形成的启动效应研究. 心理学报，30（1），21−26.

朱滢.（2014）. 检验"水稻理论". 心理科学，5，038.

朱滢.（2015）. 再谈检验"水稻理论". 心理研究，8（3），3−4.

佐斌，代涛涛，温芳芳，索玉贤.（2015）. 社会认知内容的"大二"模型. 心理科学，38（4），1019−1023.

佐斌，代涛涛，温芳芳，滕婷婷.（2014）. 热情与能力的关系及其影响因素. 心理科学进展，22（9），011.

佐斌，黄永林.（2014）. 论网络游戏暴力与暴力指数的构建. 华中师范大学学报（人文社会科学版），53（1），49−57.

佐斌，刘晅.（2006）. 基于IAT和SEB的内隐性别刻板印象研究. 心理发展与教育，22（4），57−63.

佐斌，马红宇.（2010）. 青少年网络游戏成瘾的现状研究——基于十省市的调查与分析. 华中师范大学学报（人文社会科学版），49（4），117−122.

佐斌，秦向荣.（2011）. 中华民族认同的心理成分和形成机制. 上海师范大学学报（哲学社会科学版），40（4），68－76.

佐斌，温芳芳.（2012）. 性别二态线索对男性面孔吸引力影响的方法差异之争. 心理学探新，32（2），166－170.

佐斌，张阳阳，赵菊，王娟.（2006）. 刻板印象内容模型：理论假设及研究. 心理科学进展，14（1），138－145.

Abele, A. E., Cuddy, A. J. C., Judd, C. M., & Yzerbyt, V. Y.（2008）. *Fundamental dimensions of social judgment.* Wiley and Sons.

Abrams, D., & Hogg, M. A.（2006）. Social identifications: *A social psychology of intergroup relations and group processes.* Routledge.

Abrams, D., Wetherell, M., Cochrane, S., Hogg, M. A., & Turner, J. C.（1990）. Knowing what to think by knowing who you are: Self-categorization and the nature of norm formation, conformity and group polarization. *British Journal of Social Psychology, 29*（2），97－119.

Ajzen, I.（1991）. The theory of planned behavior. *Organizational Behavior and Human Decision Processes, 50*（2），179－211.

Ajzen, I., & Fishbein, M.（1977）. Attitude-behavior relations: A theoretical analysis and review of empirical research. *Psychological Bulletin, 84*（5），888－918.

Ajzen, I., & Madden, T. J.（1986）. Prediction of goal-directed behavior: Attitudes, intentions, and perceived behavioral control. *Journal of Experimental Social Psychology, 22*（5），453－474.

Albarracin, D., Johnson, B. T., & Zanna, M. P.（2014）. *The Handbook of Attitudes.* Psychology Press.

Ambady, N., & Rosenthal, R.（1993）. Half a minute: Predicting teacher evaluations from thin slices of nonverbal behavior and physical attractiveness. *Journal of Personality and Social Psychology, 64*（3），431－441.

Ames, D. L., Fiske, S. T., & Todorov, A.（2011）. Impression formation: A focus on others' intents. *The Oxford Handbook of Social Neuroscience*, 419－433.

Ames, D. L., Jenkins, A. C., Banaji, M. R., & Mitchell, J. P.（2008）. Taking another person's perspective increases self-referential neural processing. *Psychological Science, 19*（7），642－644.

Anderson, C. A, & Bushman, B. J.（2001）. Effects of violent video games on a ggressive behavior, aggressive cognition, aggressive affect, physiological arousal, and prosocial behavior: A meta-analytic review of the scientific literature. *Psychological Science*, *12* (5), 353−359.

Anderson, C. A. (2004). An update on the effects of playing violent video games. *Journal of Adolescence*, *27* (1), 113−122.

Anderson, C. A., & Dill, K. E. (2000). Video games and aggressive thoughts, feelings, and behavior in the laboratory and in life. *Journal of Personality and Social Psychology*, *78* (4), 772−790.

Anderson, C. A., Gentile, D. A., & Buckley, K. E. (2007). *Violent video game effects on children and adolescents*: New York: Oxford University Press.

Anderson, C. A., Shibuya, A., Ihori, N., Swing, E. L., Bushman, B. J., Sakamoto, A.,... Saleem, M. (2010). Violent video game effects on aggression, empathy, and prosocial behavior in eastern and western countries: a meta-analytic review. *Psychological Bulletin*, *136* (2), 151−173.

Aronson, E. (1969). The theory of cognitive dissonance: A current perspective. *Advances in Experimental Social Psychology*, *4*, 1−34.

Asch, S. E. (1946). Forming impressions of personality. *The Journal of Abnormal and Social Psychology*, *41* (3), 258−290.

Asch, S. E. (1956). Studies of independence and conformity: A minority of one against a unanimous majority. *Psychological Monographs*: *General and Applied*, *70* (9), 1−70.

Baker, L. R., & McNulty, J. K. (2013). When low self-esteem encourages behaviors that risk rejection to increase interdependence: The role of relational self-construal. *Journal of Personality and Social Psychology*, *104* (6), 995−1018.

Banaji, M. R., & Greenwald, A. G. (1995). Implicit gender stereotyping in judgments of fame. *Journal of Personality and Social Psychology*, *68* (2), 181−198.

Bandura, A. (1965). Influence of models' reinforcement contingencies on the acquisition of imitative responses. *Journal of personality and social psychology*, *1* (6), 589−595.

Bandura, A. (1973). *Aggression*: *A social learning analysis*. Prentice-Hall.

Bandura, A. (1978). Social learning theory of aggression. *Journal of Communication*, *28* (3), 12−29.

Bandura, A., & McClelland, D. C. (1977). *Social learning theory*. Oxford, England: Prentice-Hall.

Bandura, A., & Walters, R. H. (1963). *Social learning and personality development*. Holt Rinehart and Winston: New York.

Bandura, A., Ross, D., & Ross, S. A. (1963). Imitation of film-mediated aggressive models. *The Journal of Abnormal and Social Psychology*, *66* (1), 3−11.

Baron, R. A., & Richardson, D. R. (2004). *Human aggression*. Springer Science and Business Media.

Bazarova, N. N., Walther, J. B., & McLeod, P. L. (2012). Minority influence in virtual groups a comparison of four theories of minority influence. *Communication Research*, *39* (3), 295−316.

Bechtoldt, M. N., Choi, H. -S., & Nijstad, B. A. (2012). Individuals in mind, mates by heart: Individualistic self-construal and collective value orientation as predictors of group creativity. *Journal of Experimental Social Psychology*, *48* (4), 838−844.

Beilin, H., & Eisenberg, N. (2013). *The development of prosocial behavior*. Academic Press.

Bem, D. J. (1967). Self-perception: An alternative interpretation of cognitive dissonance phenomena. *Psychological Review*, *74* (3), 183−200.

Benson, P. L., Karabenick, S. A., & Lerner, R. M. (1976). Pretty pleases: The effects of physical attractiveness, race, and sex on receiving help. *Journal of Experimental Social Psychology*, *12* (5), 409−415.

Bentler, P. M., & Speckart, G. (1979). Models of attitude−behavior relations. *Psychological Review*, *86* (5), 452−464.

Berndt, T. J. (1979). Developmental changes in conformity to peers and parents. *Developmental Psychology*, *15* (6), 608−616.

Berscheid, E., Dion, K., Walster, E., & Walster, G. W. (1971). Physical attractiveness and dating choice: A test of the matching hypothesis. *Journal of Experimental Social Psychology*, *7* (2), 173−189.

Bond, R., & Smith, P. B. (1996). Culture and conformity: A meta-analysis of studies using Asch's (1952b, 1956) line judgment task. *Psychological Bulletin*,

119 (1), 111—137.

Brambilla, M., Ravenna, M., & Hewstone, M. (2012). Changing stereotype content through mental imagery: Imagining intergroup contact promotes stereotype change. *Group Processes and Intergroup Relations*, *15* (3), 305—315.

Brambilla, M., Sacchi, S. Pagliaro, S., & Ellemers, N. (2013). Morality and intergroup relations: Threats to safety and group image predict the desire to interact with outgroup and ingroup members. *Journal of Experimental Social Psychology*, *49* (5), 811—821.

Brambilla, M., Sacchi, S., Rusconi, P., Cherubini, P., & Yzerbyt, V. Y. (2012). You want to give a good impression? Be honest! Moral traits dominate group impression formation. *British Journal of Social Psychology*, *51* (1), 149—166.

Brehm, J. W., & Cohen, A. R. (1962). *Explorations in cognitive dissonance.* Hoboken, NJ, US: John Wiley and Sons Inc.

Brewer, M. (1988). A dual process model of impression formation. In T. K. Srull & R. S. Wyer (Eds.), *Advances in social cognition* (Vol. 1, pp. 1—36). Hillsdale, NJ: Erlbaum.

Chaiken, S. (1979). Communicator physical attractiveness and persuasion. *Journal of Personality and Social Psychology*, *37* (8), 1387—1397.

Chiu, C., Morris, M. W., Hong, Y., & Menon, T. (2000). Motivated cultural cognition: The impact of implicit cultural theories on dispositional attribution varies as a function of need for closure. *Journal of Personality and Social Psychology*, *78* (2), 247—259.

Cialdini, R. B., & Goldstein, N. J. (2004). Social influence: Compliance and conformity. *Annual Review of Psychology*, *55*, 591—621.

Cialdini, R. B., & Trost, M. R. (1998). Social influence: Social norms, conformity and compliance. In D. T. Gilbert, S. T. Fiske, & G. Lindzey (Eds.), *The handbook of social psychology* (4th ed., Vols. 2, pp. 151—192). Boston: McGraw—Hill.

Cocchi, L., Zalesky, A., Fornito, A., & Mattingley, J. B. (2013). Dynamic cooperation and competition between brain systems during cognitive control. *Trends in Cognitive Sciences*, *17* (10), 493—501.

Columb, C., & Plant, E. A. (2011). Revisiting the Obama effect: Exposure to Obama reduces implicit prejudice. *Journal of Experimental Social Psychology*, *47* (2), 499–501.

Cooper, J. (2007). *Cognitive dissonance: 50 years of a classic theory*. Sage.

Craig, M. A., & Richeson, J. A. (2012). Coalition or derogation? How perceived discrimination influences intraminority intergroup relations. *Journal of Personality and Social Psychology*, *102* (4), 759–777.

Crisp, R. J., & Hewstone, M. (2000). Crossed categorization and intergroup bias: The moderating roles of intergroup and affective context. *Journal of Experimental Social Psychology*, *36* (4), 357–383.

Crisp, R. J., & Hewstone, M. (2006). *Multiple social categorization: Context, process, and social consequences*. Psychology Press.

Crisp, R. J., Walsh, J., & Hewstone, M. (2006). Crossed categorization in common ingroup contexts. *Personality and Social Psychology Bulletin*, *32* (9), 1204–1218.

Cross, S. E., Bacon, P. L., & Morris, M. L. (2000). The relational-interdependent self-construal and relationships. *Journal of Personality and Social Psychology*, *78* (4), 791–808.

Crutchfield, R. S. (1955). Conformity and character. *American Psychologist*, *10* (5), 191–198.

Cuddy, A. J. C., Fiske, S. T., & Glick, P. (2004). When professionals become mothers, warmth doesn't cut the ice. *Journal of Social Issues*, *60* (4), 701–718.

Cuddy, A. J. C., Fiske, S. T., & Glick, P. (2008). Warmth and competence as universal dimensions of social perception: The stereotype content model and the BIAS map. *Advances in Experimental Social Psychology*, *40*, 61–149.

Cuddy, A. J. C., Fiske, S. T., Kwan, V. S. Y., Glick, P., Demoulin, S., Leyens, J. -P.,... Sleebos, E. (2009). Stereotype content model across cultures: Towards universal similarities and some differences. *British Journal of Social Psychology*, *48* (1), 1–33.

Cunningham, M. R. (1986). Measuring the physical in physical attractiveness: quasi-experiments on the sociobiology of female facial beauty. *Journal of Personality and Social Psychology*, *50* (5), 925–935.

Davis, M. H., Conklin, L., Smith, A., & Luce, C. (1996). Effect of perspective taking on the cognitive representation of persons: A merging of self and other. *Journal of Personality and Social Psychology*, *70* (4), 713−726.

Decety, J., Jackson, P. L., Sommerville, J. A., Chaminade, T., & Meltzoff, A. N. (2004). The neural bases of cooperation and competition: An fMRI investigation. *Neuroimage*, *23* (2), 744−751.

Deutsch, M. (1949). An experimental study of the effects of cooperation and competition upon group process. *Human relations*, *2* (3), 199−231.

Dovidio, J. F. (2013). Bridging intragroup processes and intergroup relations: Needing the twain to meet. *British Journal of Social Psychology*, *52* (1), 1−24.

Dovidio, J. F., Eller, A., & Hewstone, M. (2011). Improving intergroup relations through direct, extended and other forms of indirect contact. *Group Processes and Intergroup Relations*, *14* (2), 147−160.

Dovidio, J. F., Piliavin, J. A., Schroeder, D. A., & Penner, L. (2006). *The social psychology of prosocial behavior*. Lawrence Erlbaum Associates Publishers.

Eagly, A. H., Ashmore, R. D., Makhijani, M. G., & Longo, L. C. (1991). What is beautiful is good, but⋯: A meta-analytic review of research on the physical attractiveness stereotype. *Psychological Bulletin*, *110* (1), 109−128.

Eastin, M. S. (2006). Video game violence and the female game player: Self and opponent gender effects on presence and aggressive thoughts. *Human Communication Research*, *32* (3), 351−372.

Egan, L. C., Santos, L. R., & Bloom, P. (2007). The origins of cognitive dissonance evidence from children and monkeys. *Psychological Science*, *18* (11), 978−983.

Elliot, A. J., & Devine, P. G. (1994). On the motivational nature of cognitive dissonance: Dissonance as psychological discomfort. *Journal of Personality and Social Psychology*, *67* (3), 382−394.

Elliot, A. J., Maier, M. A., Binser, M. J., Friedman, R., & Pekrun, R. (2009). The effect of red on avoidance behavior in achievement contexts. *Personality and Social Psychology Bulletin*, *35* (3), 365−375.

Elliot, A. J., Maier, M. A., Moller, A. C., Friedman, R., & Meinhardt, J. (2007). Color and psychological functioning: The effect of red on performance attainment. *Journal of Experimental Psychology*: *General*, *136*（1）, 154-168.

Epley, N., & Gilovich, T.（1999）. Just going along: Nonconscious priming and conformity to social pressure. *Journal of Experimental Social Psychology*, *35*（6）, 578-589.

Fazio, R. H., & Zanna, M. P.（1978）. Attitudinal qualities relating to the strength of the attitude-behavior relationship. *Journal of Experimental Social Psychology*, *14*（4）, 398-408.

Fazio, R. H., Chen, J. -M., McDonel, E. C., & Sherman, S. J.（1982）. Attitude accessibility, attitude-behavior consistency, and the strength of the object-evaluation association. *Journal of Experimental Social Psychology*, *18*（4）, 339-357.

Ferguson, C. J., San Miguel, C., Garza, A., & Jerabeck, J. M.（2012）. A longitudinal test of video game violence influences on dating and aggression: A 3-year longitudinal study of adolescents. *Journal of Psychiatric Research*, *46*（2）, 141-146.

Festinger, L.（1962）. *A theory of cognitive dissonance*（Vol. 2）. Stanford University Press.

Fiske, S. T., & Neuberg, S. L.（1990）. A continuum of impression formation, from category-based to individuating processes: Influences of information and motivation on attention and interpretation. *Advances in Experimental Social Psychology*, *23*, 1-74.

Fiske, S. T., & Taylor, S. E.（2013）. *Social cognition*: *From brains to culture*. Sage.

Fiske, S. T., Cuddy, A. J. C., & Glick, P.（2007）. Universal dimensions of social cognition: Warmth and competence. *Trends in Cognitive Sciences*, *11*（2）, 77-83.

Fiske, S. T., Cuddy, A. J. C., Glick, P., & Xu, J.（2002）. A model of（often mixed）stereotype content: competence and warmth respectively follow from perceived status and competition. *Journal of Personality and Social Psychology*, *82*（6）, 878-902.

Forgas, J. P.（1998）. On being happy and mistaken: Mood effects on the fundamental attribution error. *Journal of Personality and Social Psychology*, *75*（2）, 318-331.

Forgas, J. P.（2011）. Can negative affect eliminate the power of first impressions? Affective influences on primacy and recency effects in impression formation.

Journal of Experimental Social Psychology, *47*（2）, 425−429.

Freeman, L. C.（1977）. A set of measures of centrality based on betweenness. *Sociometry*, *40*（1）, 35−41.

Galinsky, A. D., & Ku, G.（2004）. The effects of perspective-taking on prejudice: The moderating role of self-evaluation. *Personality and Social Psychology Bulletin*, *30*（5）, 594−604.

Galinsky, A. D., & Moskowitz, G. B.（2000）. Perspective-taking: Decreasing stereotype expression, stereotype accessibility, and in-group favoritism. *Journal of Personality and Social Psychology*, *78*（4）, 708−724.

Galinsky, A. D., Ku, G., & Wang, C. S.（2005）. Perspective-taking and self-other overlap: Fostering social bonds and facilitating social coordination. *Group Processes and Intergroup Relations*, *8*（2）, 109−124.

Galinsky, A. D., Wang, C. S., & Ku, G.（2008）. Perspective-takers behave more stereotypically. *Journal of Personality and Social Psychology*, *95*（2）, 404−419.

Gangestad, S. W., & Scheyd, G. J.（2005）. The evolution of human physical attractiveness. *Annual Review of Anthropology*, *34*, 523−548.

Gardner, W. L., Gabriel, S., & Lee, A. Y.（1999）. "I" value freedom, but "we" value relationships: Self-construal priming mirrors cultural differences in judgment. *Psychological Science*, *10*（4）, 321−326.

Gawronski, B., & Bodenhausen, G. V.（2006）. Associative and propositional processes in evaluation: An integrative review of implicit and explicit attitude change. *Psychological Bulletin*, *132*（5）, 692−731.

Gawronski, B., Deutsch, R., Mbirkou, S., Seibt, B., & Strack, F.（2008）. When "just say no" is not enough: Affirmation versus negation training and the reduction of automatic stereotype activation. *Journal of Experimental Social Psychology*, *44*（2）, 370−377.

Goc? owska, M. A., & Crisp, R. J.（2013）. On counter-stereotypes and creative cognition: When interventions for reducing prejudice can boost divergent thinking. *Thinking Skills and Creativity*, *8*, 72−79.

Gocłowska, M. A., Crisp, R. J., & Labuschagne, K.（2013）. Can counter-stereotypes boost flexible thinking? *Group Processes and Intergroup Relations*, *16*（2）,

217−231.

Grant, A. M., & Gino, F. (2010). A little thanks goes a long way: Explaining why gratitude expressions motivate prosocial behavior. *Journal of Personality and Social Psychology*, *98* (6), 946−955.

Grant, A., & Dutton, J. (2012). Beneficiary or benefactor are people more prosocial when they reflect on receiving or giving? *Psychological Science*, *23* (9), 1033−1039.

Grant, F., & Hogg, M. A. (2012). Self-uncertainty, social identity prominence and group identification. *Journal of Experimental Social Psychology*, *48* (2), 538−542.

Greenwald, A. G. (1968). Cognitive learning, cognitive response to persuasion, and attitude change. In A. G. Greenwald, T. C. Brock, & T. M. Ostrom (Eds.), *Psychological Foundations of Attitudes* (pp. 147−170). New York: Academic Press.

Greenwald, A. G., & Banaji, M. R. (1995). Implicit social cognition: attitudes, self-esteem, and stereotypes. *Psychological Review*, *102* (1), 4−27.

Greenwald, A. G., Banaji, M. R., Rudman, L. A., Farnham, S. D., Nosek, B. A., & Mellott, D. S. (2002). A unified theory of implicit attitudes, stereotypes, self-esteem, and self-concept. *Psychological Review*, *109* (1), 3−25.

Greenwald, A. G., McGhee, D. E., & Schwartz, J. L. K. (1998). Measuring individual differences in implicit cognition: The implicit association test. *Journal of Personality and Social Psychology*, *74* (6), 1464−1480.

Greitemeyer, T., & Osswald, S. (2010). Effects of prosocial video games on prosocial behavior. *Journal of Personality and Social Psychology*, *98* (2), 211−221.

Griffiths, M. (1999). Violent video games and aggression: A review of the literature. *Aggression and Violent Behavior*, *4* (2), 203−212.

Gronlund, N. E. (1959). *Sociometry in the classroom*. Harper.

Guan, Y., Deng, H., & Bond, M. H. (2010). Examining stereotype content model in a Chinese context: Inter-group structural relations and Mainland Chinese's stereotypes towards Hong Kong Chinese. *International Journal of Intercultural Relations*, *34* (4), 393−399.

Guimond, S., Crisp, R. J., De Oliveira, P., Kamiejski, R., Kteily, N., Kuepper, B.,... Tougas, F. (2013). Diversity policy, social dominance, and intergroup relations: Predicting prejudice in changing social and political contexts. *Journal of Personality and Social Psychology*, *104* (6), 941−958.

Haberstroh, S., Oyserman, D., Schwarz, N., Kühnen, Ul., & Ji, L. -J. (2002). Is the interdependent self more sensitive to question context than the independent self? Self-construal and the observation of conversational norms. *Journal of Experimental Social Psychology*, *38* (3), 323−329.

Harvey, J. H., Town, J. P., & Yarkin, K. L. (1981). How fundamental is "the fundamental attribution error"? *Journal of Personality and Social Psychology*, *40* (2), 346−349.

Haslam, S. A., & Reicher, S. (2006). Stressing the group: Social identity and the unfolding dynamics of responses to stress. *Journal of Applied Psychology*, *91* (5), 1037−1052.

Hatfield, E., & Sprecher, S.(1986).Measuring passionate love in intimate relationships. *Journal of Adolescence*, *9* (4), 383−410.

Hatfield, E., Utne, M. K., & Traupmann, J. (1979). Equity theory and intimate relationships. In R. L. Burgess & T. L. Huston (Eds.), *Social exchange in developing relationships* (pp. 99−133). New York: Academic Press.

Henrich, J.(2014). Rice, psychology, and innovation. *Science*, *344*(6184), 593−594.

Henrich, J. (2015). Culture and social behavior. *Current Opinion in Behavioral Sciences*, *3*, 84−89.

Hewstone, M., Islam, M. R., & Judd, C. M.(1993). Models of crossed categorization and intergroup relations. *Journal of Personality and Social Psychology*, *64*(5), 779.

Heyder, A., & Kessels, U. (2013). Is school feminine? Implicit gender stereotyping of school as a predictor of academic achievement. *Sex Roles*, *69* (11), 605−617.

Higgins, E. T., & Bryant, S. L. (1982). Consensus information and fundamental attribution error: The role of development and in-group versus out-group knowledge. *Journal of Personality and Social Psychology*, *43* (5), 889−900.

Higgins, E. T., Rholes, W. S., & Jones, C. R. (1977). Category accessibility and impression formation. *Journal of Experimental Social Psychology*, *13*(2), 141−154.

Hogg, M. A. (2006). Social identity theory. *Contemporary Social Psychological Theories*, *13*, 111−1369.

Hogg, M. A. (2013). Intergroup relations. *Handbook of social psychology* (pp. 533−561). Springer.

Hogg, M. A., Turner, J. C., & Davidson, B. (1990). Polarized norms and social frames of reference: A test of the self-categorization theory of group polarization. *Basic and Applied Social Psychology*, *11* (1), 77−100.

Hollander, E. P. (1958). Conformity, status, and idiosyncrasy credit. *Psychological Review*, *65* (2), 117−127.

Hong, Y., Morris, M. W., Chiu, C., & Benet-Martinez, V. (2000). Multicultural minds: A dynamic constructivist approach to culture and cognition. *American Psychologist*, *55* (7), 709−720.

Horcajo, J., Briñol, P., & Petty, R. E. (2014). Multiple roles for majority versus minority source status on persuasion when source status follows the message. *Social Influence*, *9* (1), 37−51.

Hoshino-Browne, E., Zanna, A. S., Spencer, S. J., Zanna, M. P., Kitayama, S., & Lackenbauer, S. (2005). On the cultural guises of cognitive dissonance: The case of easterners and westerners. *Journal of Personality and Social Psychology*, *89* (3), 294−310.

Huesmann, L. R. (2010). Nailing the coffin shut on doubts that violent video games stimulate aggression: comment on Anderson et al. (2010). *Psychological Bulletin*, *136* (2), 179−181.

Insko, C. A., Arkoff, A., & Insko, V. M. (1965). Effects of high and low fear-arousing communications upon opinions toward smoking. *Journal of Experimental Social Psychology*, *1* (3), 256−266.

Isenberg, D. J. (1986). Group polarization: A critical review and meta-analysis. *Journal of Personality and Social Psychology*, *50* (6), 1141−1151.

Jäger, T., & Eisend, M. (2013). Effects of fear-arousing and humorous appeals in social marketing advertising: The moderating role of prior attitude toward the advertised behavior. *Journal of Current Issues and Research in Advertising*, *34* (1), 125−134.

Janis, I. L., & Feshbach, S. (1953). Effects of fear-arousing communications. *The Journal of Abnormal and Social Psychology*, *48* (1), 78−92.

Janis, I. L., & Terwilliger, R. F. (1962). An experimental study of psychological resistances to fear arousing communications. *The Journal of Abnormal and Social Psychology*, *65* (6), 403−410.

Jarcho, J. M., Berkman, E. T., & Lieberman, M. D. (2011). The neural basis of rationalization: Cognitive dissonance reduction during decision-making. *Social Cognitive and Affective Neuroscience*, *6* (4), 460−467.

Jellison, J. M., & Green, J. (1981). A self-presentation approach to the fundamental attribution error: The norm of internality. *Journal of Personality and Social Psychology*, *40* (4), 643−649.

Jenkins, R. (2014). *Social identity*. Routledge.

Jiang, C., Varnum, M. E. W., Hou, Y., & Han, S. (2014). Distinct effects of self-construal priming on empathic neural responses in Chinese and Westerners. *Social neuroscience*, *9* (2), 130−138.

Johnson, D. W., & Johnson, R. T. (1989). *Cooperation and competition: Theory and research*. Interaction Book Company.

Kawabata, Y., Crick, N. R., & Hamaguchi, Y. (2013). The association of relational and physical victimization with hostile attribution bias, emotional distress, and depressive symptoms: A cross-cultural study. *Asian Journal of Social Psychology*, *16* (4), 260−270.

Kelley, H. H. (1950). The warm-cold variable in first impressions of persons. *Journal of Personality*, *18* (4), 431−439.

Kelman, H. C. (1958). Compliance, identification, and internalization: Three processes of attitude change. *Journal of Conflict Resolution*, *2* (1), 51−60.

Kirschner, S., & Tomasello, M. (2010). Joint music making promotes prosocial behavior in 4−year−old children. *Evolution and Human Behavior*, *31*(5), 354−364.

Klauer, K. C., Ehrenberg, K., & Wegener, I. (2003). Crossed categorization and stereotyping: Structural analyses, effect patterns, and dissociative effects of context relevance. *Journal of Experimental Social Psychology*, *39* (4), 332−354.

Komissarouk, S., & Nadler, A. (2014). "I" Seek Autonomy, "We" Rely on Each Other Self-Construal and Regulatory Focus as Determinants of Autonomy-and Dependency-Oriented Help-Seeking Behavior. *Personality and Social Psychology*

Bulletin, *40* (6), 726−738.

Košir, K., & Pečjak, S. (2005). Sociometry as a method for investigating peer relationships: what does it actually measure? *Educational Research*, *47* (1), 127−144.

Landy, D., & Sigall, H. (1974). Beauty is talent: Task evaluation as a function of the performer's physical attractiveness. *Journal of Personality and Social Psychology*, *29* (3), 299−304.

Lanzetta, J. T., & Englis, B. G. (1989). Expectations of cooperation and competition and their effects on observers' vicarious emotional responses. *Journal of Personality and Social Psychology*, *56* (4), 543−554.

Lea, M., & Spears, R. (1991). Computer-mediated communication, de-individuation and group decision-making. *International Journal of Man-Machine Studies*, *34* (2), 283−301.

Lee, T. L., & Fiske, S. T. (2006). Not an outgroup, not yet an ingroup: Immigrants in the stereotype content model. *International Journal of Intercultural Relations*, *30* (6), 751−768.

Leventhal, H., & Watts, J. C. (1966). Sources of resistance to fear-arousing communications on smoking and lung cancer1. *Journal of Personality*, *34* (2), 155−175.

Lichtenfeld, S., Maier, M. A., Elliot, A. J., & Pekrun, R. (2009). The semantic red effect: Processing the word red undermines intellectual performance. *Journal of Experimental Social Psychology*, *45* (6), 1273−1276.

Long, M., Boiarsky, G., & Thayer, G. (2001). Gender and racial counter-stereotypes in science education television: A content analysis. *Public Understanding of Science*, *10* (3), 255−269.

Mackie, D. M. (1986). Social identification effects in group polarization. *Journal of Personality and Social Psychology*, *50* (4), 720−728.

Martin, R., & Hewstone, M. (2008). Majority versus minority influence, message processing and attitude change: The source context elaboration model. *Advances in Experimental Social Psychology*, *40*, 237−326.

Martin, R., & Hewstone, M. (2012). Minority influence: Revisiting Moscovici's blue-green afterimage studies. In J. R. Smith, & S. A. Haslam, (eds) *Psychology: Revisiting the classic studies*. London (UK): Sage.

Martin, R., Hewstone, M., & Martin, P. Y. (2008). Majority versus minority influence: The role of message processing in determining resistance to counter persuasion. *European Journal of Social Psychology*, *38* (1), 16−34.

Mason, M. F., & Morris, M. W. (2010). Culture, attribution and automaticity: A social cognitive neuroscience view. *Social Cognitive and Affective Neuroscience*, *5*, 292−306.

Matz, D. C., & Wood, W. (2005). Cognitive dissonance in groups: The consequences of disagreement. *Journal of Personality and Social Psychology*, *88* (1), 22−37.

McGuire W. J. (1985). Attitudes and attitude change. In G. Lindzey, E. Aronson (eds.), *Handbook of social psychology* (3rd ed, pp. 233−346). New York: Random House.

Menon, T., Morris, M. W., Chiu, C., & Hong, Y. (1999). Culture and the construal of agency: Attribution to individual versus group dispositions. *Journal of Personality and Social Psychology*, *76* (5), 701−717.

Meyer, M., & Schoen, H. (2014). Response Latencies and Attitude Behavior Consistency in a Direct Democratic Setting: Evidence from a Subnational Referendum in Germany. *Political Psychology*, *35* (3), 431−440.

Milgram, S. & Van den Haag, E. (1978). *Obedience to authority*. Ziff-Davis Publishing Company.

Miller, A. G. (1970). Role of physical attractiveness in impression formation. *Psychonomic Science*, *19* (4), 241−243.

Miller, J. G. (1984). Culture and the development of everyday social explanation. *Journal of Personality and Social Psychology*, *46* (5), 961−978.

Miller, R. (2007). *Intimate relationships*. McGraw-Hill Higher Education.

Moreno, J. L. (1937). Sociometry in relation to other social sciences. *Sociometry*, *1* (1/2), 206−219.

Moreno, J. L. (1953). *Who shall survive? Foundations of sociometry, group psychotherapy and socio-drama* (2nd ed.). Oxford, England: Beacon House.

Morris, M. W., & Peng, K.. (1994). Culture and cause: American and Chinese attributions for social and physical events. *Journal of Personality and Social psychology*, *67* (6), 949−971.

Moscovici, S., & Personnaz, B. (1980). Studies in social influence: Minority influence and conversion behavior in a perceptual task. *Journal of Experimental Social Psychology*, *16* (3), 270−282.

Moscovici, S., Lage, E., & Naffrechoux, M. (1969). Influence of a consistent minority on the responses of a majority in a color perception task. *Sociometry*, *32* (4), 365−380.

Mullen, B., Migdal, M. J., & Hewstone, M. (2001). Crossed categorization versus simple categorization and intergroup evaluations: a meta analysis. *European Journal of Social Psychology*, *31* (6), 721−736.

Myers, D. G., & Lamm, H. (1976). The group polarization phenomenon. *Psychological Bulletin*, *83* (4), 602−627.

Nemeth, C. J. (1986). Differential contributions of majority and minority influence. *Psychological Review*, *93* (1), 23−32.

Nemeth, C. J. (2010). Minority influence theory. Working Paper Series Berkeley: University of California Institute for Research on Labor and Employment. *Retrieved September*, *18*, 2012.

Nisbett, R. E., Peng, K., Choi, I., & Norenzayan, A. (2001). Culture and systems of thought: Holistic versus analytic cognition. *Psychological Review*, *108* (2), 291−310.

Njoroge, K. S., & Mberia, H. (2014). Fear arousing persuasive communication: The use of threat and coping appraisal in breast cancer messages. *International Journal of Academic Research in Business and Social Sciences*, *4* (10), 543−554.

Norenzayan, A., & Nisbett, R. E. (2000). Culture and causal cognition. *Current Directions in Psychological Science*, *9* (4), 132−135.

Osgood, C. E., & Tannenbaum, P. H. (1955). The principle of congruity in the prediction of attitude change. *Psychological Review*, *62* (1), 42−55.

Peng, K., & Knowles, E. D. (2003). Culture, education, and the attribution of physical causality. *Personality and Social Psychology Bulletin*, *29* (10), 1272−1284.

Penner, L. A., Dovidio, J. F., Piliavin, J. A., & Schroeder, D. A. (2005). Prosocial behavior: Multilevel perspectives. *Annual Review of Psychology*, *56*, 365−392.

Peters, G. -J. Y., Ruiter, R. A. C., & Kok, G. (2013). Threatening communication: A critical re-analysis and a revised meta-analytic test of fear appeal theory. *Health Psychology Review*, *7* (supl), S8−S31.

Petty, R. E., & Cacioppo, J. T. (2012). *Communication and persuasion: Central and peripheral routes to attitude change*. Springer Science and Business Media.

Petty, R. E., & Krosnick, Jon A. (2014). *Attitude strength: Antecedents and consequences*. Psychology Press.

Petty, R., Ostrom, T. M., & Brock, T. C. (2014). *Cognitive responses in persuasion*. Psychology Press.

Pierro, A., Mannetti, L., Kruglanski, A. W., Klein, K., & Orehek, E. (2012). Persistence of attitude change and attitude−behavior correspondence based on extensive processing of source information. *European Journal of Social Psychology*, *42* (1), 103−111.

Piff, P. K., Kraus, M. W., Côté, S., Cheng, B. H., & Keltner, D. (2010). Having less, giving more: The influence of social class on prosocial behavior. *Journal of Personality and Social Psychology*, *99* (5), 771−784.

Poortinga, W., Whitmarsh, L., & Suffolk, C. (2013). The introduction of a single-use carrier bag charge in Wales: Attitude change and behavioural spillover effects. *Journal of Environmental Psychology*, *36*, 240−247.

Power, J. G. Murphy, S. T., & Coover, G. (1996). Priming prejudice how stereotypes and counter stereotypes influence attribution of responsibility and credibility among ingroups and outgroups. *Human Communication Research*, *23* (1), 36−58.

Ray, D. G., Mackie, D. M., Smith, E. R., & Terman, A. W. (2012). Discrete emotions elucidate the effects of crossed-categorization on prejudice. *Journal of Experimental Social Psychology*, *48* (1), 55−69.

Regan, D. T., & Fazio, R. (1977). On the consistency between attitudes and behavior: Look to the method of attitude formation. *Journal of Experimental*

Social Psychology, *13*（1）, 28−45.

Rosenberg, S., Nelson, C., & Vivekananthan, P. S.（1968）. A multidimensional approach to the structure of personality impressions. *Journal of Personality and Social Psychology*, *9*（4）, 283−294.

Ross, L.（1977）. The intuitive psychologist and his shortcomings: Distortions in the attribution process. *Advances in Experimental Social Psychology*, *10*, 173−220.

Rudman, L. A., & Glick, P.（2001）. Prescriptive gender stereotypes and backlash toward agentic women. *Journal of Social Issues*, *57*（4）, 743−762.

Rudman, L. A., & Phelan, J. E.（2015）. The effect of priming gender roles on women's implicit gender beliefs and career aspirations. *Social Psychology*, *41*（3）, 192−202.

Rydell, R. J., McConnell, A. R., & Mackie, D. M.（2008）. Consequences of discrepant explicit and implicit attitudes: Cognitive dissonance and increased information processing. *Journal of Experimental Social Psychology*, *44*（6）, 1526−1532.

San Martin, A., Swaab, R. I., Sinaceur, M., & Vasiljevic, D.（2015）. The double-edged impact of future expectations in groups: Minority influence depends on minorities' and majorities' expectations to interact again. *Organizational Behavior and Human Decision Processes*, *128*, 49−60.

Saribay, S. A., Rim, S., & Uleman, J. S.（2015）. Primed self-construal, culture, and stages of impression formation. *Social Psychology*, *43*（4）, 196−204.

Scheepers, D.（2009）. Turning social identity threat into challenge: Status stability and cardiovascular reactivity during inter-group competition. *Journal of Experimental Social Psychology*, *45*（1）, 228−233.

Sellers, C. S., Cochran, J. K., & Branch, K. A.（2005）. Social learning theory and partner violence: A research note. *Deviant Behavior*, *26*（4）, 379−395.

Shelton, M. L., & Rogers, R. W.（1981）. Fear arousing and empathy arousing appeals to help: The pathos of persuasion. *Journal of Applied Social Psychology*, *11*（4）, 366−378.

Shen, L.（2011）. The effectiveness of empathy-versus fear-arousing antismoking PSAs. *Health Communication*, *26*（5）, 404−415.

Sherif, M., & Sherif, C. W. (1953). *Groups in harmony and tension; an integration of studies of intergroup relations*. Oxford, England: Harper and Brothers.

Sherif, M., Harvey, O. J., White, B. J., Hood, W. R., & Sherif, C. W. (1961). *Intergroup cooperation and competition: The Robbers Cave experiment*. Norman, OK: University Book Exchange.

Sherry, J. L. (2001). The effects of violent video games on aggression. *Human Communication Research*, *27* (3), 409−431.

Singelis, T. M. (1994). The measurement of independent and interdependent self-construals. *Personality and Social Psychology Bulletin*, *20* (5), 580−591.

Singelis, T. M., & Sharkey, W. F. (1995). Culture, self-construal, and embarrassability. *Journal of Cross-Cultural Psychology*, *26* (6), 622−644.

Singh, D. (1993). Adaptive significance of female physical attractiveness: Role of waist-to-hip ratio. *Journal of Personality and Social Psychology*, *65* (2), 293−307.

Skorinko, J. L., & Sinclair, S. A. (2013). Perspective taking can increase stereotyping: The role of apparent stereotype confirmation. *Journal of Experimental Social Psychology*, *49* (1), 10−18.

Skowronski, J. J., & Carlston, D. E. (1989). Negativity and extremity biases in impression formation: A review of explanations. *Psychological Bulletin*, *105* (1), 131−142.

Spears, R., Lea, M., & Lee, S. (1990). De individuation and group polarization in computer mediated communication. *British Journal of Social Psychology*, *29* (2), 121−134.

Steffens, M. C., & Jelenec, P. (2011). Separating implicit gender stereotypes regarding math and language: Implicit ability stereotypes are self-serving for boys and men, but not for girls and women. *Sex Roles*, *64* (5), 324−335.

Sternberg, R. J. (1988). *The triangle of love: Intimacy, passion, commitment*. Basic Books (AZ).

Sternberg, R. J., & Barnes, M. L. (1988). *The psychology of love*. Yale University Press.

Sternberg, R. J., & Weis, K. (2006). *The new psychology of love*. Yale University Press.

Sugiyama, L. S. (2005). Physical attractiveness in adaptationist perspective. *The Handbook of Evolutionary Psychology*, *1*, 292−343.

Sutton, S. R. (1982). Fear arousing communications: A critical examination of theory and research. In J. R. Eiser (Ed.), *Social psychology and behavioral medicine* (pp. 303−338). New York: Wiley.

Tajfel, H. (Ed.) (1978). *Differentiation between social groups: Studies in the social psychology of intergroup relations*. Oxford, England: Academic Press.

Tajfel, H. (1982). Social psychology of intergroup relations. *Annual Review of Psychology*, *33* (1), 1−39.

Tajfel, H. (2010). *Social identity and intergroup relations*: Cambridge University Press.

Talhelm, T., Zhang, X., Oishi, S., Shimin, C., Duan, D., Lan, X., & Kitayama, S. (2014). Large-scale psychological differences within China explained by rice versus wheat agriculture. *Science*, *344* (6184), 603−608.

Tauer, J. M., & Harackiewicz, J. M. (2004). The effects of cooperation and competition on intrinsic motivation and performance. *Journal of Personality and Social Psychology*, *86* (6), 849−861.

Till, B. D., & Busler, M. (2000). The match-up hypothesis: Physical attractiveness, expertise, and the role of fit on brand attitude, purchase intent and brand beliefs. *Journal of Advertising*, *29* (3), 1−13.

Todd, A. R., Bodenhausen, G. V., Richeson, J. A., & Galinsky, A. D. (2011). Perspective taking combats automatic expressions of racial bias. *Journal of Personality and Social Psychology*, *100* (6), 1027−1042.

Todd, A. R., Galinsky, A. D., & Bodenhausen, G. V. (2012). Perspective taking undermines stereotype maintenance processes: Evidence from social memory, behavior explanation, and information solicitation. *Social Cognition*, *30*(1), 94−108.

Toma, C., Yzerbyt, V., & Corneille, O. (2010). Anticipated cooperation vs. competition moderates interpersonal projection. *Journal of Experimental Social Psychology*, *46* (2), 375−381.

Travers, J., & Milgram, S. (1969). An experimental study of the small world problem. *Sociometry*, *32* (4), 425−443.

Twenge, J. M., Baumeister, R. F., DeWall, C. N., Ciarocco, N. J., & Bartels,

J. M. (2007). Social exclusion decreases prosocial behavior. *Journal of Personality and Social Psychology*, *92* (1), 56−66.

Ufkes, E. G., Otten, S., Van der Zee, K. I., Giebels, E., & Dovidio, J. F. (2012). The effect of stereotype content on anger versus contempt in "day-to-day" conflicts. *Group Processes and Intergroup Relations*, *15*, 57−74.

Urada, D. I., & Miller, N. (2000). The impact of positive mood and category importance on crossed categorization effects. *Journal of Personality and Social Psychology*, *78* (3), 417−433.

Urban, L. M., & Miller, N. (1998). A theoretical analysis of crossed categorization effects: A meta-analysis. *Journal of Personality and Social Psychology*, *74* (4), 894−908.

Van Vugt, M., De Cremer, D., & Janssen, D. P. (2007). Gender differences in cooperation and competition the Male-Warrior hypothesis. *Psychological Science*, *18* (1), 19−23.

Varnum, M. E. W., Shi, Z., Chen, A., Qiu, J., & Han, S. (2014). When "Your" reward is the same as "My" reward: Self-construal priming shifts neural responses to own vs. friends' rewards. *NeuroImage*, *87*, 164−169.

Vescio, T. K., Judd, C. M., & Kwan, V. S. Y. (2004). The crossed-categorization hypothesis: Evidence of reductions in the strength of categorization, but not intergroup bias. *Journal of Experimental Social Psychology*, *40* (4), 478−496.

Vescio, T. K., Sechrist, G. B., & Paolucci, M. P. (2003). Perspective taking and prejudice reduction: The mediational role of empathy arousal and situational attributions. *European Journal of Social Psychology*, *33* (4), 455−472.

Vorauer, J. D., & Sucharyna, T. A. (2013). Potential negative effects of perspective-taking efforts in the context of close relationships: Increased bias and reduced satisfaction. *Journal of Personality and Social Psychology*, *104* (1), 70−86.

Walster, E., Aronson, V., Abrahams, D., & Rottman, L. (1966). Importance of physical attractiveness in dating behavior. *Journal of Personality and Social Psychology*, *4* (5), 508−516.

Weeden, Jason, & Sabini, John. (2005). Physical attractiveness and health in Western societies: A review. *Psychological Bulletin*, *131* (5), 635−653.

Wicklund, R. A., & Brehm, J. W. (2013). *Perspectives on cognitive dissonance.* Psychology Press.

Williams, L. E., & Bargh, J. A. (2008). Experiencing physical warmth promotes interpersonal warmth. *Science, 322* (5901), 606−607.

Wolosin, R. J., Sherman, S. J., & Till, A. (1973). Effects of cooperation and competition on responsibility attribution after success and failure. *Journal of Experimental Social Psychology, 9* (3), 220−235.

Wood, W., Lundgren, S., Ouellette, J. A., Busceme, S., & Blackstone, T. (1994). Minority influence: A meta-analytic review of social influence processes. *Psychological Bulletin, 115* (3), 323−345.

Wen, F., Zuo, B., Wu, Y., Sun, S., & Liu, K. (2014). Red is romantic, but only for feminine females: Sexual dimorphism moderates red effect on sexual attraction. *Evolutionary Psychology, 12* (4), 719−735.

Yang, G. S., Gibson, B., Lueke, A. K., Huesmann, L. R., & Bushman, B. J. (2014). Effects of avatar race in violent video games on racial attitudes and aggression. *Social Psychological and Personality Science, 5* (6), 698−704.

Yang, G. S., Huesmann, L. R., & Bushman, B. J. (2014). Effects of playing a violent video game as male versus female avatar on subsequent aggression in male and female players. *Aggressive Behavior, 40* (6), 537−541.

Yogeeswaran, K., & Dasgupta, N. (2014). The devil is in the details: Abstract versus concrete construals of multiculturalism differentially impact intergroup relations. *Journal of Personality and Social Psychology, 106* (5), 772−789.

Zimbardo, P. (2007). *The Lucifer Effect: Understanding how good people turn evil.* New York, NY: Random House.